Familie als Gegenstruktur zur Gesellschaft

Kritik grundlegender theoretischer Ansätze der westdeutschen Familiensoziologie

Von

Heidi Rosenbaum

Ferdinand Enke Verlag Stuttgart 1973

Dr. Heidi Rosenbaum
Marburg/Lahn

Das Manuskript wurde im Frühsommer 1971 abgeschlossen. Für den Druck sind die beiden ersten Teile gekürzt und der dritte leicht überarbeitet worden. H. R.

ISBN 3 432 01829 0

Druck: Buchdruckerei Gottlieb Holoch GmbH, Stuttgart

Inhalt

Einleitung

In der Entwicklung der familiensoziologischen Forschung in der Bundesrepublik Deutschland lassen sich seit 1945 drei Phasen unterscheiden:

Die Familiensoziologie erlebte Ende der vierziger und Anfang der fünfziger Jahre einen großen Aufschwung. Hier sind insbesondere zu nennen die Arbeiten G. Baumerts, R. Königs, H. Schelskys und G. Wurzbachers[1]. Danach flaute das Interesse an familiensoziologischen Problemen merklich ab. Lediglich einzelne kleinere empirische und theoretische Arbeiten mit sehr unterschiedlichen Fragestellungen wurden veröffentlicht[2]. Ungefähr seit Mitte der sechziger Jahre sind wieder eine Reihe umfangreicherer Publikationen zu familiensoziologischen Fragestellungen erschienen: die Arbeiten von Claessens[3], Neidhardt[4], die Sammelbände von Wurzbacher[5] und Oeter[6], neuere größere Aufsätze von König[7] sowie eine vorwiegend dogmengeschichtliche Arbeit von Schwägler[8]. Dieses neuerliche lebhafte Interesse an der Familie als Gegenstand soziologischer Forschung dokumentiert sich auch darin, daß das letzte Son-

---

[1] G. Baumert und E. Hünninger: Deutsche Familien nach dem Kriege, Darmstadt 1954; R. König: Materialien zur Soziologie der Familie, Bern 1946; ders.: Abhängigkeit und Selbständigkeit in der Familie, in: L. v. Wiese (Hrsg.): Abhängigkeit und Selbständigkeit im sozialen Leben, Opladen 1951, S. 232 ff.; H. Schelsky: Wandlungen der deutschen Familie in der Gegenwart, Stuttgart 1953 (5. unveränderte Aufl. 1967); G. Wurzbacher: Leitbilder gegenwärtigen deutschen Familienlebens, Stuttgart 1952 (4. unveränderte Aufl. 1969).

[2] Vgl. dazu die in dieser Zeit in der Kölner Zeitschrift für Soziologie und Sozialpsychologie erschienenen Artikel, die m. E. diesen Entwicklungsstand der familiensoziologischen Forschung deutlich widerspiegeln.

[3] D. Claessens: Familie und Wertsystem. Eine Studie zur „zweiten, sozio-kulturellen Geburt" des Menschen, Berlin 1962.

[4] F. Neidhardt: Die Familie in Deutschland, Opladen 1966; ders.: Die Familie in Deutschland, in: M. Bolte/F. Neidhardt/H. Holzer: Deutsche Gesellschaft im Wandel, Bd. 2, Opladen 1970.

[5] G. Wurzbacher (Hrsg.): Der Mensch als soziales und personales Wesen, Stuttgart 1963; ders. (Hrsg.): Die Familie als Sozialisationsfaktor, Stuttgart 1968.

[6] F. Oeter (Hrsg.): Familie im Umbruch, Gütersloh 1960; ders. (Hrsg.): Familie und Gesellschaft, Tübingen 1966.

[7] Um nur die wichtigsten zu nennen: König: Soziologie der Familie, in: ders. (Hrsg.): Handbuch der empirischen Sozialforschung, Bd. II, Stuttgart 1969, S. 172 ff.; ders.: Die Stellung der Frau in der modernen Gesellschaft, in: O. Käser u. a. (Hrsg.): Gynäkologie und Geburtshilfe, Bd. I: Die geschlechtsspezifischen Funktionen der Frau und ihre Störungen, Stuttgart 1969; ders.: „Ehe und Ehescheidung", in: W. Bernsdorf (Hrsg.): Wörterbuch der Soziologie, 2. neubearb. u. erw. Aufl., Stuttgart 1969, S. 197 ff.; ders.: „Familie und Familiensoziologie", ebenda, S. 247 ff.

[8] G. Schwägler: Soziologie der Familie. Ursprung und Entwicklung. Mit einem einleitenden Essay: Die Bevölkerungsexplosion und die Zukunft der Familie von W. E. Mühlmann, Tübingen 1970.

derheft der Kölner Zeitschrift für Soziologie und Sozialpsychologie der Familiensoziologie gewidmet ist[9].

Das unterschiedliche Interesse, das die Familie in der bundesdeutschen Nachkriegssoziologie gefunden hat, kann man ansatzweise folgendermaßen erklären:

Die Blüte familiensoziologischer Forschung im ersten Nachkriegsjahrzehnt hängt offensichtlich unmittelbar zusammen mit der Erschütterung der gesellschaftlichen Strukturen durch die Kriegs- und Nachkriegsereignisse. Die familialen und verwandtschaftlichen Beziehungen hatten sich als die einzig noch halbwegs intakt gebliebenen, verläßlichen Stützen für den einzelnen erwiesen, so daß die Frage nach dem Bestand und der Zukunft der deutschen Familie von großer gesellschaftspolitischer Relevanz war. Unterstützend für die Beschäftigung mit den familiensoziologischen Problemen kam hinzu, daß sich in allen „westlichen" Staaten Soziologen und Politik-Wissenschaftler — auf dem Hintergrund der Erfahrungen mit dem Faschismus und dem Stalinismus — um die Beantwortung der Frage bemühten, wie größtmögliche Freiheit und größtmögliche gesellschaftliche Kohäsion miteinander vereinbart werden können[10]. Die Lösung wurde überwiegend gesehen in einer Verstärkung der kleingruppenhaften und zwischenmenschlichen Beziehungen, die die Möglichkeit des Entstehens einer für politische „Verführer" besonders empfänglichen „Massengesellschaft" abschwächen könnten. Für die sinnvolle Gestaltung der künftigen Gesellschaft seien deshalb die „anonymen Großorganisationen und die ‚unorganisierten Massen' in kleinere, übersichtliche Gruppen aufzugliedern, Dezentralisierung und Selbstverwaltungsaktivitäten zu fördern ..."[11]. In diesem Bestreben, die Gesellschaft durch die Stärkung der kleinen Gruppen, der zwischenmenschlichen Beziehungen aufzubauen und politisch zu stabilisieren, fanden sich Anhänger der unterschiedlichsten politischen Lager zusammen. Wenn auch mit gewissen Modifikationen versehen, wurde dieses Konzept gleichermaßen vertreten von katholischen Gesellschaftspolitikern, den Neoliberalen sowie liberalen bis konservativen Politikern und Wissenschaftlern, die sich als Verfechter eines „Dritten Weges" zwischen Kapitalismus und Sozialismus verstanden[12].

Bei diesen Bemühungen um die Stärkung der primären Bindungen, der „zwischenmenschlichen Beziehungen" bot sich die Stabilisierung der Familienbindungen als

[9] G. Lüschen und E. Lupri (Hrsg.): Soziologie der Familie, Sonderheft 14/1970 der Kölner Zeitschrift für Soziologie und Sozialpsychologie (im folgenden zitiert als: KZfSS), Opladen 1970.

[10] Vgl. dazu z. B. den Aufsatz von J. L. Moreno: Die Soziometrie und ihre Anwendbarkeit auf die praktische Politik der Gegenwart, in: K. G. Specht (Hrsg.): Soziologische Forschung in unserer Zeit, Köln, Opladen 1950, insbes. S. 162 ff.

[11] So die Konzeption Karl Mannheims. Vgl. D. Boris: Krise und Planung. Die politische Soziologie im Spätwerk Karl Mannheims. Stuttgart 1971, S. 261.

[12] Zu der starken Bedeutung, die die Frage nach dem „Dritten Weg" im Nachkriegsdeutschland gehabt hat, vgl. H.-P. Schwarz: Vom Reich zur Bundesrepublik. Deutschland im Widerstreit der außenpolitischen Konzeptionen in den Jahren der Besatzungsherrschaft 1945 bis 1949, Neuwied, Berlin 1966, S. 565 ff.

Schelsky

erstes an. Aus diesem Kontext erklärt sich, daß die Beschäftigung mit familiensoziologischen Problemen in dem ersten Nachkriegsjahrzehnt unter der beherrschenden Fragestellung nach der Stabilität der Familie bzw. den Möglichkeiten zu ihrer Stabilisierung stand. Selbst die vorwiegend theoretischen Publikationen Königs und Schelskys sind von dieser praktisch-politischen Intention ganz entscheidend geprägt. Königs Arbeit — schon zu Beginn der vierziger Jahre in der Schweiz entstanden — ist unmittelbar familienpolitisch motiviert[13]. Für Schelsky stellt sich sogar die Frage nach der Möglichkeit einer Reform der Gesellschaft von der Familie her[14].

Die westdeutsche Nachkriegsentwicklung erwies, daß die gesellschaftlichen Strukturen offenbar doch nicht in dem Ausmaß erschüttert waren, wie man zunächst vermutet hatte[15]. Mit der Etablierung des kapitalistischen Wirtschaftssystems stabilisierten sich die Verhältnisse zusehends, und die Soziologen wendeten sich in der Folgezeit stärker anderen gesellschaftlichen Problemen zu — beispielsweise industrie- und betriebssoziologischen Fragestellungen[16]. Die in den letzten Jahren zu verzeichnende Zunahme der Beschäftigung mit der Familie steht, soweit sie nicht mit bildungspolitischen Fragestellungen wie z. B. der Frage nach den Ursachen für den geringen Anteil der Arbeiterkinder an den Universitäten zusammenhängt, in enger Verbindung mit der Rezeption der strukturell-funktionalen Theorie Parsonsscher Provenienz, die der Familie seit ihrem Entstehen große Aufmerksamkeit zugewendet hat. Denn in der Familie erfolgt durch die Sozialisation der Kinder die Vermittlung der für die Aufrechterhaltung und Stabilisierung des sozialen Systems Gesellschaft notwendigen Verhaltensnormen und Einstellungen[17]. Die neueren relevanten familiensoziologischen Arbeiten in der Bundesrepublik zeichnen sich denn auch überwiegend durch die Verwendung der strukturell-funktionalen Methode aus[18].

Die Aufgabenstellung dieser Arbeit besteht jedoch nicht in der Untersuchung dieser vorstehend angedeuteten Zusammenhänge. Vielmehr sollen die wichtigsten methodisch-theoretischen Ansätze in der westdeutschen Familiensoziologie unter-

---

[13] Vgl. dazu das Vorwort zu den „Materialien", a. a. O.

[14] Vgl. Schelsky: Wandlungen der deutschen Familie in der Gegenwart, a. a. O., S. 14.

[15] Vgl. beispielsweise die Gegenwarts- und Zukunftsdeutungen Schelskys (ebenda).

[16] Zu deren gesellschaftspolitischer Intention vgl. F. Deppe und H. Lange: Zur Soziologie des Arbeiter- und Klassenbewußtseins, Teil I, in: Das Argument 61, 12. Jg. (1970), Heft 9/10, S. 699.

[17] "With special reference to the relations of social systems and personalities, we feel that the study of the process of socialization in the family constitutes a particularly strategic case. This is because we are here dealing with the relations of the two classes of system on the simplest possible level. By virtue of being a small group, the nuclear family is relatively a very simple social system, and we believe this fact to be of the greatest importance for its functioning as an agency of socialization and of personality stabilization." (T. Parsons u. R. F. Bales: Family, Socialization and Interaction Process, New York, London 1955, S. VIII.)

[18] Dies betrifft insbes. die Arbeiten von Claessens und König.

sucht und durch deren Aufarbeitung eine Vorarbeit für die weitere Entwicklung der Familiensoziologie geleistet werden.

Unter dieser Aufgabenstellung kann die familiensoziologische Literatur, die in der BRD nach 1945 erschienen ist, in drei Kategorien unterteilt werden[19]:

Eine erste Kategorie bilden die überwiegend empirisch orientierten Arbeiten, die ohne eine explizierte familientheoretische Position erarbeitet wurden und zu einem großen Teil zur „Bestandsaufnahme" dienten. Hierzu gehören insbesondere die Arbeit H. Thurnwalds und die Untersuchung Wurzbachers, aber auch die sehr verdienstvolle und empirisch solideste Arbeit von Baumert und Hünninger.

Eine zweite Kategorie bilden die stärker theoretisch orientierten Arbeiten, d. h. jene, die ansatzweise eine Theorie der Familie entwickeln wollen. Hierzu zählen die familiensoziologischen Veröffentlichungen Königs, die inzwischen zu einem umfangreichen Œuvre angeschwollen sind, aber auch die Arbeit Schelskys über die „Wandlungen der deutschen Familie in der Gegenwart", die zwar empirisches Material verwendet, das jedoch weniger zur Fundierung denn zur Illustration der theoretischen Überlegungen dient. In diese Kategorie gehört gleichfalls die Arbeit Claessens' über „Familie und Wertsystem".

Unter die dritte Kategorie schließlich können alle anderen familiensoziologischen Publikationen subsumiert werden, die — ohne eigenständiges theoretisches Fundament — lediglich empirische und theoretische Ergebnisse der Familienforschung zusammentragen. Darunter fallen insbesondere die beiden Arbeiten Neidhardts über „Die Familie in Deutschland" sowie auch die von Wurzbacher und Scharmann herausgegebenen Sammelbände.

Bei den theoretischen Arbeiten lassen sich zwei verschiedene methodische Ansätze erkennen: einer, der die Familie als eine Institution begreift, ein zweiter, der die Familie als Gruppe bzw. System auffaßt.

Der erste Ansatz — Familie als Institution — wird, wenn man von der christlichen Sozialwissenschaft im engeren Sinne einmal absieht, am ausgeprägtesten von Schelsky vertreten. Der zweite Ansatz — Familie als Gruppe bzw. System — wird durch die Arbeiten Königs und Claessens' repräsentiert. Die Arbeit von Claessens, die sich vorwiegend mit dem Problem der Werte-Tradierung durch das Medium der Kernfamilie beschäftigt, soll wegen dieser begrenzten Fragestellung bei der Untersuchung des theoretisch-methodischen Ansatzes unberücksichtigt bleiben. Diese Ausklammerung ist dadurch gerechtfertigt, daß auch König in seinen neueren Veröffentlichungen die von Claessens vertretene strukturell-funktionale Methode, die die Familie als System begreift, verwendet und deshalb die Beschränkung auf die Königsche Familiensoziologie keine inhaltliche Einschränkung bedeutet.

---

[19] Die folgende Klassifizierung ist notwendig sehr grob und vergleichsweise undifferenziert. Sie ist jedoch für den hier verfolgten Zweck ausreichend.

Im folgenden sollen deshalb die methodisch-theoretischen Ansätze Schelskys und Königs als *exemplarisch* für zwei unterschiedliche, in der Familiensoziologie verbreitete Vorgehensweisen behandelt werden: Schelskys Arbeit als exemplarisch für das Begreifen der Familie als Institution, Königs für das der Familie als Gruppe bzw. System.

Die Untersuchung dieser beiden methodisch-theoretischen Ansätze erfolgt unter der Hypothese, daß die Wahl eines spezifischen methodischen Zugangs zum Phänomen der Familie zugleich ein mehr oder weniger bewußtes familienpolitisches Interesse widerspiegelt, das heißt, der methodische Ansatz die Ergebnisse der Untersuchung präformiert. Unabhängig von dieser Überlegung läßt sich von vornherein vermuten, daß dies „Begreifen der Familie als ..." deren Herauslösung aus dem Gesamtzusammenhang des gesellschaftlichen Lebensprozesses impliziert, eine Trennung, die nicht „nachträglich" durch das Aufweisen von Beziehungen zwischen Familie und Gesellschaft wieder überwunden werden kann, weil die Ausklammerung der gesamtgesellschaftlichen ökonomischen und historischen Entwicklung aus der Analyse eines Einzelphänomens die Ergebnisse von Anfang an in spezifischer Weise prägt. Deshalb wird im dritten Teil der Arbeit versucht, an zwei Problemkomplexen aufzuzeigen, wie eine Familiensoziologie vorgehen müßte, die den gesamtgesellschaftlichen Zusammenhang, dem ihr Gegenstand untrennbar zugehört, in jedem Schritt ihrer Analyse reflektiert. Dieses Unterfangen kann von vornherein nicht den Anspruch erheben, umfassend und theoretisch-methodisch vollständig abgesichert zu sein. Dazu fehlen allein schon die notwendigsten Vorarbeiten. Die Diskussion der zwei Problemkomplexe im 3. Teil kann deshalb nur als exemplarisch verstanden werden. Es ist oben schon darauf hingewiesen worden, daß die Verfasserin diese Arbeit in erster Linie als eine — längst fällige — Aufarbeitung des heutigen Standes familiensoziologischer Forschung in der BRD und als *Vorarbeit* für die Entwicklung einer Familiensoziologie verstanden wissen will, die ihren Gegenstand nicht von der gesellschaftlichen Totalität isoliert, sondern ihn im sozialökonomischen und historischen Kontext analysiert.

Ausblick: Fam. soziologie in Abhängigkeit von geschichtlichen, ökonomischen Bedingungen

1. Teil: Die institutionalistische Methode in der Familiensoziologie

I. Vorbemerkung

In diesem Teil der Arbeit soll die Familiensoziologie H. Schelskys als *exemplarisch* für eine institutionalistische Familiensoziologie untersucht werden, die insbesondere auch von kirchlichen Gesellschaftstheoretikern verwendet wird[1]. Die Ergebnisse von Schelskys familiensoziologischer Untersuchung — veröffentlicht unter dem Titel „Wandlungen der deutschen Familie in der Gegenwart" — haben eine weite Verbreitung gefunden und sind von ihm auch in anderen Publikationen immer wieder als Beleg angeführt worden[2].

Schelsky selbst hat keine geschlossene Theorie der Institution entwickelt. Seine Bemerkungen zu Begriff und Methode sind in verschiedenen Aufsätzen verstreut[3]. Hinzu kommt, daß der Begriff der Institution, wie im Anhang zu diesem Teil nachgewiesen wird[4], außerordentlich unscharf und in vielerlei verschiedenen Bedeutungen in der Soziologie verwendet wird. Die Spannweite des Begriffs reicht von der Bezeichnung jeglicher gesellschaftlicher Norm (Durkheim) oder irgendwie obligatorischen Verhaltensweise (Gehlen) als Institution über gesellschaftliche Einrichtungen wie Betrieb, Krankenhaus etc. bis zu Strukturprinzipien wie „wirtschaftliche Rationalität" (Parsons). Folglich können allein aus der Aussage, daß die Familie als eine Institution begriffen und analysiert werden soll, keine weiteren Schlüsse über die Besonderheiten dieses Ansatzes in der Soziologie gezogen werden.

Es ist deshalb notwendig, den institutionalistischen Ansatz und seine Auswirkungen in verschiedenen sozialwissenschaftlichen Disziplinen zu untersuchen, um daran anschließend das Spezifische eines institutionalistischen Ansatzes in der Soziologie im allgemeinen und der Schelskyschen Variante im besonderen in den Griff zu bekom-

---

[1] Vgl. H.-D. Wendland: Person und Gesellschaft in evangelischer Sicht, Hannover 1963, S. 40 ff.; H. Begemann: Strukturwandel der Familie, Hamburg 1960.

[2] Vgl. beispielsweise Schelsky: Die skeptische Generation, Köln, Düsseldorf 1963 (gekürzte Sonderausgabe); ders.: Einführung zu: D. Riesman u. a.: Die einsame Masse, Hamburg 1962, S. 15 f. Zudem deutet die Tatsache, daß Schelsky die „Wandlungen" bis jetzt in unveränderter Auflage erscheinen ließ, ohne in einem Zusatz auf möglicherweise eingetretene andere Tendenzen einzugehen, darauf hin, daß er in den wesentlichen Punkten an seinen Ergebnissen festhält.

[3] Insbesondere in „Über die Stabilität von Institutionen, besonders Verfassungen", in: R. Schnur (Hrsg.): Institution und Recht, Darmstadt 1968, S. 265 ff. und „Ist die Dauerreflexion institutionalisierbar?" in: ders.: Auf der Suche nach der Wirklichkeit, Düsseldorf 1965, S. 250 ff.; neuerdings wieder: Zur soziologischen Theorie der Institution, in: Schelsky (Hrsg.): Zur Theorie der Institution, Gütersloh 1970, S. 9 ff.

[4] Vgl. dazu unten S. 48 ff.

men. Der Institutionalismus hat als Methode außer in der Soziologie in der Sozial-Anthropologie und der Rechtswissenschaft größere Bedeutung erlangt[5]. Der Institutionalismus in der Sozial-Anthropologie — verbunden mit dem Funktionalismus — ist hauptsächlich von B. Malinowski vertreten worden. In der Rechtswissenschaft hat der Institutionalismus eine längere Tradition. Zuletzt hat der französische Verwaltungsjurist M. Hauriou eine ausformulierte juristische Institutionentheorie geliefert. In der Soziologie hat A. Gehlen eine Theorie der Institution entwickelt. Die Untersuchung der Theorien Malinowskis, Haurious und Gehlens bieten sich daher für die Untersuchung an. Im übrigen hat sich auch Schelsky — offensichtlich um die theoretische Position anzudeuten, in der er seinen institutionalistischen Ansatz sieht — in seinem familiensoziologischen Hauptwerk explizit auf den Institutionalismus Malinowskis, Haurious und dessen Schüler R. Renards[6] sowie Gehlens berufen[7]. Im folgenden sollen daher die theoretischen Positionen der genannten Autoren kurz skizziert und auf ihre wissenschaftliche Bedeutung hin untersucht werden. Dabei wird der Institutionentheorie Gehlens besondere Aufmerksamkeit gelten müssen, nicht nur, weil er — wie auch Schelsky — Soziologe ist[8], sondern auch wegen der engen wissenschaftlichen Verbindung, die zwischen beiden besteht.

vgl.

---

[5] Eine institutionalistische Richtung gibt es auch in der Nationalökonomie. Sie soll hier aber aus zwei Gründen nicht behandelt werden. Erstens scheint diese Richtung speziell auf Schelskys Methode keinen Einfluß gehabt zu haben — jedenfalls findet sich bei ihm keinerlei Hinweis darauf. Zweitens führt eine Untersuchung des Institutionalismus in der Nationalökonomie nicht zu brauchbaren Ergebnissen für eine Beurteilung der institutionalistischen Methode in der Soziologie im allgemeinen. Und das aus folgenden Gründen: Die Mitglieder der „Institutional School" in der amerikanischen Nationalökonomie haben außer Th. B. Veblen keine ausführliche Theorie der Institution entwickelt. Teilweise gehen sie von sehr unterschiedlichen Definitionen von Institutionen aus, teilweise spielt der Begriff Institution — wie bei Mitchell — überhaupt keine Rolle. (Vgl. dazu: K. Delius: Der Institutionalismus als Richtung der amerikanischen Nationalökonomie, Diss., Köln 1957, S. 207, 213; K. E. Boulding: Der Institutionalismus in neuerer Sicht, in: A. Montaner (Hrsg.): Geschichte der Volkswirtschaftslehre, Köln, Berlin 1967, S. 67.) Aber selbst Veblen ging von einem außerordentlich weit gefaßten Institutionenbegriff aus, als er Institutionen als „habits of thought" oder Bewußtseinsformen bestimmte (vgl. dazu insbesondere das Kap. VIII seines Buches „Theorie der feinen Leute", Köln, Berlin o. J., S. 184 ff.), so daß seine „Institutionentheorie" für diese Arbeit irrelevant ist. Der Name „Institutionalismus" für diese Richtung in der Ökonomie erklärt sich eigentlich nur aus der rigorosen Gegenposition Veblens und seiner Schüler gegen die klassische Theorie (vgl. dazu E. Flügge: „Institutionalismus" in der Nationalökonomie der Vereinigten Staaten, in: Jahrbücher für Nationalökonomie und Statistik, Bd. 126 [1927, I], S. 337 ff.) und die daraus resultierende Forderung nach einer Einbeziehung der konkreten gesellschaftlichen Realität in die ökonomische Theorie (vgl. Delius, a. a. O., S. 114 f.). Nur insofern als sie die Beachtung der Auswirkungen gesellschaftlicher Verhältnisse und Einrichtungen (im weitesten Sinne) bei der Entwicklung ökonomischer Theorien fordert, kann diese wissenschaftliche Richtung in der Ökonomie als „institutionalistisch", besser jedoch als soziologistisch bezeichnet werden.

[6] Vgl. Schelsky: Wandlungen der deutschen Familie in der Gegenwart, a. a. O., S. 28 f.

[7] Vgl. z. B. ders.: Über die Stabilität von Institutionen, . . ., a. a. O., S. 269 f.

[8] Vgl. dazu S. 24, Anm. 105.

II. Der Institutionalismus in der Sozial-Anthropologie[9]

Wie eingangs schon erwähnt, ist die institutionalistische Methode in der Anthropologie engstens mit dem Funktionalismus verbunden, der insbesondere durch die beiden Anthropologen B. Malinowski und A. R. Radcliffe-Brown repräsentiert wurde. Auf Genese[10] und Bedeutung dieser theoretischen Richtung in der Anthropologie sowie auf die wissenschaftlichen Differenzen zwischen Malinowski und Radcliffe-Brown kann im Zusammenhang dieser Untersuchung nicht eingegangen werden[11]. Für die hier zu behandelnde Fragestellung ist die Beschränkung auf die Untersuchung der theoretischen Position Malinowskis und deren Implikationen ausreichend, da er als einziger sich immer wieder zum Funktionalismus als methodischem Prinzip bekannt und zudem — wie schon erwähnt — Schelsky sich explizit auf Malinowski und dessen Institutionenbegriff berufen hat.

1. Die Institutionentheorie B. Malinowskis[12]

Malinowskis Kulturtheorie basiert auf der Erkenntnis der tierischen Existenz des Menschen. Jede Theorie der Kultur muß von biologischen Tatsachen ausgehen. „Der Mensch ist eine Tiergattung. Er ist elementaren Bedingungen unterstellt, die erfüllt sein müssen, damit das Individuum am Leben, die Rassen erhalten und der Organismus in jeder Hinsicht in funktionstüchtigem Zustand bleibt[13].“ *Jede* Kultur muß demzufolge Einrichtungen (= Institutionen) schaffen, in deren Rahmen die — biologisch bedingten — Vitalabläufe[14] verwirklicht werden können. Das führt dazu, daß die

---

[9] Im folgenden wird der Kürze halber meistens der Ausdruck Anthropologie verwendet. Damit ist immer die Sozial-Anthropologie oder Ethno-Soziologie gemeint. Die Terminologie ist insgesamt sehr verworren. Vgl. dazu: W. E. Mühlmann und E. W. Müller: Einführung, in: dies. (Hrsg.): Kulturanthropologie, Köln, Berlin 1966, S. 9 ff.; ebenso: Mühlmann: Geschichte der Anthropologie, 2. verb. u. erw. Aufl., Frankfurt/Main., Bonn 1968.

[10] Vgl. insbesondere B. Malinowski: Eine wissenschaftliche Theorie der Kultur und andere Aufsätze, Zürich 1949, S. 66 ff.; A. Lesser: Functionalism in Social Anthropology, in: American Anthropologist (im folgenden zitiert als AA), Bd. 37 (1935), S. 390. Einen guten Überblick bietet D. Martindale: The Nature and Types of Sociological Theory, Boston 1960, S. 454 ff.

[11] Vgl. dazu P. Kaberry: Malinowski's Contribution to Field-Work Methods and the Writing of Ethnography, in: R. Firth (Hrsg.): Man and Culture, 2. erw. Aufl., London 1960, S. 82; Firth: Social Anthropology, in: International Encyclopedia of the Social Sciences, New York usw., Vol. I, 1968, S. 320 f.; A. R. Radcliffe-Brown: Method in Social Anthropology, hrsg. von M. N. Srinivas, Chicago 1958, insbesondere die Einleitung des Herausgebers; Radcliffe-Brown: Functionalism: A Protest, in: AA, Bd. 51 (1949), S. 320 f.

[12] Zum folgenden vgl. insbesondere Malinowski: Eine wissenschaftliche Theorie ..., a. a. O.; ders.: The Group and the Individual in Functional Analysis, in: The American Journal of Sociology (im folgenden zitiert als AJS), Bd. 44 (1939), S. 938 ff.; ders.: „Culture“, in: Encyclopedia of the Social Sciences, Vol. 4, New York 1931, S. 621 ff.

[13] Malinowski: Eine wissenschaftliche Theorie ..., a. a. O., S. 75.

[14] Vgl. die Tabelle bei Malinowski: Eine wissenschaftliche Theorie ..., a. a. O., S. 11.

große Menge von einfachen und komplexen Kulturhandlungen — in primitiven wie in höchst entwickelten Gesellschaften — in mehr oder weniger direktem Zusammenhang mit den weitgehend voneinander unabhängigen Vitalabläufen gesehen werden[15]; anders ausgedrückt: die (biologische) Natur des Menschen determiniert in starkem Maße sein Verhalten bzw. die Kultur. Die *Formen,* in denen diese Vitalabläufe sich abspielen, sind unterschiedlich. Ihre *Funktion* besteht in der Befriedigung eines organischen Bedürfnisses[16].

Aber nicht nur die biologischen Bedürfnisse haben zwingenden Charakter. Zu ihrer Befriedigung entwickelt jede Kultur bestimmte Verhaltensmuster und Werthaltungen, die notwendig erfüllt sein müssen, damit jener Zustand der Entspannung des Organismus auftritt, der als Ergebnis angestrebt wird. Die Einhaltung dieser kulturellen Formen, die instrumentelle Bedeutung für die Befriedigung der biologischen Bedürfnisse haben, wird selbst zu einem Bedürfnis. Dadurch werden diese abgeleiteten Bedürfnisse (= derivated needs) genauso zwingend wie die basic needs. Das gilt, Malinowski zufolge, selbst für „solche hochgradig abgeleiteten Tätigkeiten, wie Lehre und Forschung, Kunst und Religion, Gesetz und Moral ...“[17]. Zum Zwecke der Befriedigung ihrer verschiedenen Bedürfnisse müssen sich die Angehörigen einer Kultur nach einem bestimmten Schema organisieren. Jede derartige Organisation nennt Malinowski eine Institution. Institutionen bestehen aus: ... „definite groups of men, united by a charter, following rules of conduct, operating together a shaped position of the environment, and working for the satisfaction of definite needs. The latter defines the function of an institution[18].“ Die einzelnen Elemente der Institution sind also Verfassung (charter)[19], Personalbestand, Normen und materieller Apparat.

Eine Institution kann funktionell weder auf ein einziges Grundbedürfnis noch auf ein einziges Kulturbedürfnis zurückgeführt werden. Vielmehr haben wir es mit einer „verketteten Reihe von Institutionen“ zu tun, die eng miteinander zusammenhängen. Unter dem großen Komplex „Ernährungswesen“, der die Voraussetzungen für die Befriedigung von Hunger und Durst schafft, können viele Institutionen auftauchen: Familie, Haushalt, Clan, Männerhaus ... etc. Eine einzige Institution wie die Familie hat viele verschiedene Funktionen. In ihr spielen sich Begattung und Reproduktion, Sozialisation der Nachkommen etc. ab[20]. Allerdings kann man

---

15 Vgl. ebenda, S. 115.

16 Ebenda, S. 116.

17 Ebenda, S. 152 f.

18 Malinowski: The Group and the Individual in Functional Analysis, a. a. O., S. 962.

19 Schelsky (Zur soziologischen Theorie der Institution, a. a. O., S. 16) behauptet, daß „charter“ bei Malinowski der „idée dirèctrice“ Haurious entspricht. Diese Analogie ist unzutreffend, da Malinowskis Theorie jene idealistische und ontologische Begründung der Institution fehlt, die die Hauriousche Institutionentheorie auszeichnet; vgl. dazu unten S. 16 ff.

20 Vgl. Malinowski: Eine wissenschaftliche Theorie ..., a. a. O., S. 141.

für jede Institution die wesentliche Funktion bestimmen. Für die Familie bestimmt Malinowski sie wie folgt: „Die Familie formt das Rohmaterial des neuen Organismus zu einem vollwertigen Stammes- oder Staatsbürger[21].“ Aus den teils autonomen, teils koordinierten Institutionen baut sich die Kultur als Ganzes auf[22].

Da alle kulturellen Erscheinungen — Institutionen, Bräuche, Riten etc. — wie die Kultur insgesamt in dieser Konzeption lediglich als Antworten auf spezifische Bedürfnisse des Organismus erklärt werden, ist die Kultur reines Instrumentarium, „ein Mittel, das es ihm (dem Menschen) ermöglicht zu leben, und einen gewissen Standard der Sicherheit, Bequemlichkeit und Wohlfahrt aufrechtzuerhalten; ein Mittel, das ihm Macht verleiht und ihm gestattet, Güter und Werte über seine animalische und organische Mitgift hinaus zu erschaffen ...“[23]. Kultur muß daher als Mittel zum Zweck, rein funktional und instrumental betrachtet werden. Denn letztlich wurzeln alle noch so komplexen kulturellen Phänomene und Institutionen in den menschlichen Bedürfnissen, die somit sowohl deren Ursache als auch Legitimation darstellen. Diese spezifische Form des Funktionalismus Malinowskischer Ausprägung, für den schließlich *jedes* kulturelle Phänomen eine Funktion hat[24], wird als universeller Funktionalismus bezeichnet. Dieser Funktionalismus insistiert „upon the principle that in *every* type of civilisation, *every* custom, material object, idea and belief fulfils some vital functions, has some task to accomplish, represents an indispensable part within a working whole“[25]. Durch diese teleologische Betrachtungsweise kann Malinowskis theoretische Position in der Nähe der Organizisten angesiedelt werden. Das Ganze, die Kultur, dominiert gegenüber den Teilen, den einzelnen Kulturphänomenen. Diese haben keinen eigenen Wert, sondern ihnen kommt nur durch ihren Beitrag zum Funktionieren des Ganzen Bedeutung zu[26].

2. Probleme und Implikationen der Malinowskischen Institutionentheorie

Unbestreitbar hat der Funktionalismus durch die Überwindung der sogenannten „klassischen“ Theorien einen wesentlichen Fortschritt für die Sozialanthropologie gebracht. Die moderne Anthropologie hat mit dem Funktionalismus erst begonnen[27].

---

[21] Ebenda, S. 143.

[22] Vgl. ebenda, S. 79.

[23] Malinowski: Eine wissenschaftliche Theorie ..., a. a. O., S. 102 f.

[24] Vgl. dazu Malinowskis Ausführungen über die Unmöglichkeit von „survivals“ im Sinne von „Kulturfossil“ (ebenda, S. 67 ff.).

[25] Malinowski: „Anthropology“, in: The Encyclopedia Britannica, 13. Aufl., Supplementary Vol. I, London, New York 1926, S. 133 (Hervorhebungen von mir — H. R.).

[26] “... sociological functionalism is a form of social organicism. The key ideas of functionalism are the concept of the primacy of the system and the idea that all units of the system are only secondarily relevant.” (Martindale, a. a. O., S. 462.)

[27] Vgl. Firth: Social Anthropology, a. a. O., S. 320.

Gerade die Betonung der Kultur als funktionierendes Ganzes, deren einzelne Elemente innerlich miteinander verbunden und aufeinander abgestimmt sind, hat insbesondere in der Feldforschung sehr positive Ergebnisse gebracht[28]. Dem Auge des fremden Beobachters bizarr und unverständlich erscheinende Phänomene wurden nicht mehr achselzuckend als Beweis für die Unvernunft primitiver Völker und Stämme registriert, sondern auf ihre Funktionen im Gesamtgefüge der Kultur hin untersucht und analysiert[29]. Damit ist zugleich ein wesentlicher Schritt zur Überwindung des Ethnozentrismus geleistet worden. Die funktionale Analyse der Kultur hat daneben den Weg bereitet für die Entwicklung der strukturell-funktionalen Theorie in der Soziologie[30].

Gleichwohl enthält Malinowskis Position mehrere problematische Elemente. Diese können hier nicht im einzelnen behandelt, sondern nur kurz angedeutet werden. Am angreifbarsten ist sicher der Ausgangspunkt seiner Analyse, den schon Durkheim als falsch erkannt hatte[31]: die Rückführung kultureller Formen auf individuelle *Bedürfnisse*, seien diese organischer[32] oder kultureller Art. Die Befriedigung der zentralen Bedürfnisse ihrer Angehörigen ist aber lediglich die *Voraussetzung* des Entstehens einer Kultur, nicht ihr *Inhalt*. Eine Folge dieses Ausgangspunkts sind Malinowskis instrumenteller Kulturbegriff[33] und die Analyse kultureller Formen unter dem Gesichtspunkt der Zweck-Mittel-Relation, die bei der Untersuchung der nicht von der „abendländischen" Rationalität geprägten Kulturen notwendig zu unangemessenen Ergebnissen führen muß[34]. Eine weitere Folge der ausschließlichen Orientierung der Analyse an den Bedürfnissen der Individuen ist die zutiefst *ahisto-*

---

28 Vgl. als Beispiele dazu: Malinowski: Argonauts of the Western Pacific. An Account of Native Enterprise and Adventure in the Archipelagos of Melanesian New Guinea, London 1922; Radcliffe-Brown: The Andaman Islanders, Cambridge 1922.

29 Vgl. dazu als Beispiel die funktionale Analyse des Potlach von W. Suttles: Affinal Ties, Subsistence and Prestige among the Coast Salish, in: AA, Bd. 62 (1960), S. 296 ff., kurz zusammengefaßt in W. Rudolph: Der kulturelle Relativismus, Berlin 1968, S. 135 ff.

30 Vgl. T. Parsons: Malinowski and the Theory of Social Systems, in: Firth (Hrsg.): Man and Culture, a. a. O., S. 65. Ein wesentlicher Unterschied zwischen dem Funktionalismus Malinowskis und der strukturell-funktionalen Schule der amerikanischen Soziologie besteht darin, daß Malinowski das Schwergewicht auf den Institutionenbegriff legt, während im Mittelpunkt der strukturell-funktionalen Analyse die Struktur steht. Dieser gravierende Unterschied rechtfertigt auch die gesonderte Behandlung des Funktionalismus Malinowskis an dieser Stelle.

31 Vgl. E. Durkheim: Regeln der soziologischen Methode, Neuwied, Berlin 1961, insbesondere Kapitel V: „Regeln für die Erklärung der soziologischen Tatbestände".

32 Zur Variabilität organischer Bedürfnisse vgl. P. R. Hofstätter: Einführung in die Sozialpsychologie, Stuttgart 1959, S. 187 ff.

33 Zur Kritik vgl. C. Levi-Strauss: Das Ende des Totemismus, 2. Aufl., Frankfurt/M. 1968, S. 92 f.

34 Vgl. dazu E. R. Leach: The Epistemological Background to Malinowski's Empirism, in: Firth (Hrsg.): Man and Culture, a. a. O., S. 119 ff.

rische Komponente des Malinowskischen Funktionalismus[35]. Historische, ideale und aktuelle Funktion eines Kulturelements fallen zusammen[36]. Es gibt keinen „Ursprung“ mehr im historischen Sinne, sondern dieser ist identisch mit der Funktion[37]. Der Ursprung der Familie liegt deshalb — Malinowski zufolge — in ihrer Funktion, legitime Nachkommen zu produzieren[38].

Diese doktrinär-positivistische Haltung verurteilt sich dazu, „diese Gegenwart nicht zu verstehen, denn allein die historische Entwicklung bietet die Möglichkeit, die Elemente der Gegenwart abzuwägen und in ihren entsprechenden Beziehungen wertmäßig einzustufen“[39]. Da es nach Malinowskis Ansicht keine Kulturelemente gibt, die nicht gleichermaßen rationale und integrative Funktionen haben, sind *alle* Kulturen in sich widerspruchslose Wirkungszusammenhänge, „functioning wholes“, ohne Disfunktionalitäten[40]. Infolgedessen kann Malinowski nicht zu leugnende kulturelle Veränderungen nur als Reflexe auf neu entstandene Bedürfnisse deuten[41]. Wie diese neuen Bedürfnisse entstehen, kann er nicht erklären. Sie entwickeln sich gleichsam von selbst[42].

Insgesamt ist der Erklärungswert des Funktionalismus sehr gering zu veranschlagen. Natürlich muß jede bestehende Gesellschaft funktionieren, anders kann sie nicht existieren. Das ergibt sich unmittelbar aus dem Zwang zur kollektiven Kooperation, dem Menschen unterliegen. Damit ist jedoch noch nichts ausgesagt über die spezifischen Formen dieser Kooperation, über den Grad des Funktionierens, über mögliche Widersprüche, über die Entwicklungstendenzen etc. „ . . . zu sagen, eine Gesellschaft funktioniere, ist (deshalb) eine Banalität; aber zu sagen, alles in einer Gesellschaft funktioniere, ist eine Absurdität[43].“

Zum Teil beruht diese Inhaltsleere funktionalistischer Theorie m. E. auf dem Ziel, universale Gesetze für jede Kultur zu formulieren, die Aufschluß geben über den

---

[35] Vgl. insbesondere Malinowskis abfällige Bemerkungen über die Geschichtswissenschaft (Eine wissenschaftliche Theorie der Kultur . . ., a. a. O.).

[36] Vgl. D. Bidney: Theoretical Anthropology, 3. Aufl., New York 1960, S. 369.

[37] Vgl. Malinowski: Eine wissenschaftliche Theorie . . ., a. a. O., S. 146 f.; dazu auch Bidney, a. a. O., S. 224.

[38] Die Auseinandersetzung Malinowskis mit Frazer über den Ursprung der Familie referiert Bidney, a. a. O., S. 225.

[39] C. Levi-Strauss: Strukturale Anthropologie, Frankfurt/M. 1969, S. 25.

[40] Vgl. dazu Rudolph: Die amerikanische „Cultural Anthropology“ und das Wertproblem, Berlin 1959, S. 23; Bidney, a. a. O., S. 229.

[41] Vgl. Malinowski: Eine wissenschaftliche Theorie . . ., a. a. O., S. 80. Auch Schelsky stimmt dieser Auffassung Malinowskis vom sozialen Wandel zu (vgl. Zur soziologischen Theorie der Institution, a. a. O., S. 20).

[42] Piddington, ein Anhänger der Bedeutung der „Theory of Needs“ für die Lösung von Konflikten und Spannungen (Malinowski's Theory of Needs, in: R. Firth [Hrsg.]: Man and Culture, a. a. O., S. 33 ff.) hält Revolutionen, Diktaturen etc. für eine Folge einer Frustration von „basic needs“ (ebenda, S. 40).

[43] Levi-Strauss: Strukturale Anthropologie, a. a. O., S. 25.

Wesenskern (= Funktion) universeller menschlicher Einrichtungen[44], was notwendig einen so hohen Grad der Abstraktion von den realen Verhältnissen erfordert, daß als Resultate bestenfalls Trivialitäten registriert werden können. Zum anderen hat die von Malinowski vorgenommene Reduzierung der Kultur auf die Bedürfnisse ihrer Mitglieder dazu geführt, daß gerade die Vielfalt der Entwicklungen der gesellschaftlichen Institutionen etc. nicht nur nicht für wichtig gehalten wurden, sondern zugunsten der Feststellung trivialer Gleichheiten gänzlich aus dem Blickfeld verschwanden[45].

Außer den vorstehend nur kurz diskutierten theoretischen Positionen sind für die Fragestellung dieser Arbeit die gesellschaftspolitischen Implikationen der Malinowskischen Institutionentheorie, die Strukturprinzipien der Institutionen sowie ihre Funktion in und für den gesellschaftlichen Zusammenhang aufschlußreich. Beide Ebenen sind engstens miteinander verknüpft, so daß die wissenschaftliche „Anlehnung" Schelskys an Malinowski sich nicht auf die „rein theoretischen" Positionen erstrecken kann, sondern die politischen Gehalte der Theorie mit umfassen muß.

Malinowskis Theorie basiert auf einer bestimmten Vorstellung von der Natur des Menschen. Der Mensch ist rational, folgt allein dem Selbstinteresse und der Selbsterhaltung, ist zu selbstlosen Handlungen unfähig. Malinowski verallgemeinert mit diesem Postulat von der selbstischen Natur des Menschen bestimmte, in den modernen kapitalistischen Gesellschaften, insbesondere in deren wirtschaftlichem Bereich dominierende Einstellungen und Verhaltensweisen als unabdingbar zur menschlichen Natur gehörige. Deren Verbindung mit der historisch entstandenen kapitalistischen Produktionsweise[46] wird von Malinowski nicht gesehen und kann wegen seines ahistorischen Denkens auch gar nicht erkannt werden.

Infolgedessen unterliegt das gesellschaftliche Leben der Menschen — Malinowski zufolge — notwendig bestimmten Prinzipien, nämlich der Autorität der Macht und des organisierten Zwanges: Beides „ist eine inhärente Notwendigkeit, bedingt durch den Charakter (!) des menschlichen Wesens und die Natur der menschlichen Betätigung"[47]. Folglich erfordert „integrale Freiheit ... die Unterwerfung unter die

---

44 Es handelt sich hierbei um einen allgemein erhobenen Anspruch der Anthropologie. In diesem Anspruch liegt u. a. die Gefahr, daß man glaubt, aus der Analyse einer einzigen Kultur diese Gesetze gewinnen zu können. Dieser Gefahr ist Malinowski erlegen. (Vgl. dazu: Levi-Strauss: Strukturale Anthropologie, a. a. O., S. 21, 27; R. Benedict: Urformen der Kultur, Hamburg 1955, S. 43; Radcliffe-Brown: Method in Social Anthropology, a. a. O., S. 40 f.) Malinowskis wissenschaftstheoretische Position kann entnommen werden aus: Eine wissenschaftliche Theorie ..., a. a. O., S. 50 ff.

45 Diese Tendenz teilt Malinowskis Theorie mit jenen soziologischen Theorien, die sich statt um die Erklärung konkreter gesellschaftlicher Phänomene um den Nachweis von „Invarianten" allen menschlichen Zusammenlebens bemühen. (Vgl. dazu den Teil 2 dieser Arbeit.)

46 Vgl. dazu M. Horkheimer: Geschichte und Psychologie, in: Zeitschrift für Sozialforschung, Bd. 1 (1932), S. 125 ff.

47 Malinowski: Kultur und Freiheit, Wien, Stuttgart 1951, S. 159.

Kausalbedingtheit des Mechanismus, der Norm, der Zusammenarbeit, der Befehlsgewalt und der Autorität"[48]. Die „Natur" des gesellschaftlichen Zusammenlebens stellt sich nach Malinowski folgendermaßen dar: "Life in common ... means *sacrifices* and joint effort, the harnessing of individual contributions and work to a common end, and the distribution of the results according to traditional claims. Cooperation implies *leadership, authority* and *hierarchie* ... The rules of conduct which define duty and privilege ... must therefore not only be known in every society but they must be sanctioned — that is provided with means of effective enforcement[49]."

Die politischen Implikationen dieser — zunächst theoretischen — Rechtfertigung von Autorität und Zwang liegen auf der Hand: Der Ruf nach Autorität reflektiert auf den unmündigen Menschen; das Prinzip des hierarchischen Aufbaus gesellschaftlicher Einrichtungen geht von fundamentalen, natürlichen Unterschieden zwischen den Gesellschaftsmitgliedern aus; Führerschaft basiert zumeist auf blindem Gehorsam. Diese Aufbauprinzipien gesellschaftlichen Lebens setzen einen unaufgeklärten, zum Denken nur bedingt oder gar nicht fähigen Menschen voraus. So können in gesellschaftlichen Krisenzuständen — Malinowski zufolge — Autorität und Disziplin in einem derartigen Ausmaß erforderlich werden, „daß sie geradezu eine temporäre Negierung der Freiheit darstellen"[50]. Die Möglichkeit gesellschaftlicher Organisation vermittels der durch Vernunft geleiteten, solidarischen Arbeit ihrer Mitglieder, die Aufhebung der Herrschaft von Menschen über Menschen ist für Malinowski nicht denkbar.

Wenn die Menschen — wie Malinowski annimmt — sich tatsächlich ausschließlich in ihrem Verhalten an den eigenen Interessen orientieren, bedürfen sie auch des „Zwangskorsetts" der gesellschaftlichen Institutionen unablässig[51]. Diese bilden daher auch nicht zufällig einen der zentralen Punkte in Malinowskis Kulturtheorie. Jedes wirkungsvolle menschliche Handeln kann nur in ihnen stattfinden[52]. Nun sind Institutionen sicher notwendige Bedingung jedes gesellschaftlichen Zusammenlebens insofern, als feststehende Handlungsmuster zur Orientierung menschlichen Verhaltens entwickelt werden müssen, das sich in organisierten Gruppen zur Erledigung gesellschaftlicher Arbeit abspielt. Die Erkenntnis dieser Notwendigkeit darf jedoch nicht dazu führen, die gegenwärtig bestehende Struktur der Institutionen, die viel-

---

[48] Ebenda, S. 159 f.

[49] Ders.: The Group and the Individual ..., a. a. O., S. 949 (Hervorhebungen von mir — H. R.).

[50] Malinowski: Kultur und Freiheit ..., a. a. O., S. 180.

[51] Die Institutionen mit ihrem hierarchischen Aufbau und der Macht ihrer Autorität stellen also gleichsam die Kraft dar, vermittels derer die Einzelinteressen der Gesellschaftsmitglieder zum Guten im Sinne eines harmonisch funktionierenden Zusammenlebens (functioning whole) getrieben werden. Entsprechend wirkte bei Adam Smith die „unvisible hand" zugunsten des harmonischen Zusammenspiels der Einzelinteressen.

[52] Vgl. Malinowski: Eine wissenschaftliche Theorie ..., a. a. O., S. 80 ff., insbes. S. 83.

fach hierarchisch, undemokratisch und autoritär ist, zu einer der „menschlichen Natur“ entsprechenden universellen Bedingung zu erklären. Auch die menschlichen und gesellschaftlichen Eigenschaften sind historisch bedingt und wandelbar[53].

Die anthropologische und biologistische Fundierung seiner Institutionentheorie sowie der Verzicht auf die Untersuchung der historischen Genese der einzelnen Institutionen führen dazu, daß Malinowski nicht in der Lage ist, den Stellenwert bestimmter Institutionen in der Gesellschaft zu analysieren. Da alle kulturellen Notwendigkeiten und Imperative letztlich aus physiologischen Ursachen abgeleitet werden, ergibt sich, daß alle Institutionen, Sitten, Gebräuche etc. per definitionem richtig und gut sind, denn alle haben einen instrumentellen Wert[54]. Die auf die angeblichen Ziele der Institutionen orientierte Betrachtungsweise lenkt den Blick ab von den Problemen und Auswirkungen der gegenwärtigen Institutionen, deren Kritik und möglicher Reform[55]. Zusammen mit der theoretischen Rechtfertigung von Autorität und Macht tendiert diese ausschließlich am Bestehenden orientierte Position zu dessen apologetischer Verklärung. Diese Funktion des Funktionalismus hat H. Maus zutreffend geschildert: „Der Funktionalismus bewahrt davor, sich um das Entstehen von Institutionen und Kulturen und um die Prozesse ihrer Veränderung Sorge zu machen; ihm ist ein konservativer Zug eigen: was immer als eine ‚Funktion‘ aufgewiesen werden kann, erscheint als wesentlich, als das Notwendige, das deshalb das Gute ist, woran nicht gerührt werden darf[56].“

Zusammenfassend läßt sich feststellen, daß Malinowskis Theorie keinen Raum läßt für die Möglichkeit einer selbstbestimmten gesellschaftlichen Tätigkeit der einzelnen. Auch die Institutionen können nicht auf freiwilliger Zusammenarbeit der Individuen basieren, sondern setzen notwendig Autorität, Macht, Zwang zu ihrem Funktionieren voraus. Es steht zu vermuten, daß eine Familiensoziologie, die sich explizit auf diese Institutionentheorie beruft, ebenfalls das Funktionieren und Überleben der Familie, hierarchischen Aufbau, Führerschaft und Autorität sowie die Notwendigkeit sozialen Zwanges in den Vordergrund stellen wird. Die Möglichkeit eines

---

53 „Gewiß spielt das Privatinteresse in der Gesellschaft bestimmter Epochen eine kaum zu überschätzende Rolle. Aber das, was dieser psychologischen Abstraktion an den wirklich handelnden Menschen entspricht, der wirtschaftliche Egoismus, ist selbst ebenso wie der gesellschaftliche Zustand, zu dessen Erklärung das Prinzip herbeigezogen wird, geschichtlich bedingt und radikal veränderlich“ (Horkheimer: Geschichte und Psychologie, a. a. O., S. 138).

54 “... every institution contributes, on the one hand, towards the integral working of the community as a whole, but it also satisfies the derived needs and basis needs of the individual.” (Malinowski: The Group and the Individual ..., a. a. O., S. 962).

55 M. Mead, eine Schülerin Malinowskis, demonstriert den konservativen Gehalt funktionalistischer Theorie sehr gut in ihrem Buch: Mann und Weib. Das Verhältnis der Geschlechter in einer sich wandelnden Welt, (Gekürzte Ausgabe) Hamburg 1970, insbes. Kap. IV: Die beiden Geschlechter im heutigen Amerika. Zur Kritik dazu: B. Friedan: Der Weiblichkeitswahn, Hamburg 1970, S. 82 ff.

56 H. Maus: Geschichte der Soziologie, in: W. Ziegenfuß (Hrsg.): Handbuch der Soziologie, Stuttgart 1956, S. 74.

Zusammenlebens der Menschen, auch im privaten Bereich, das auf permanent freiwilligem Entschluß beruht, sowie eine Sozialisation der Kinder, die mit einem Minimum an autoritärer Lenkung auskommt, werden durch die Wahl dieses theoretischen Ansatzes von vornherein ausgeschlossen.

III. Der Institutionalismus in der Rechtswissenschaft

Die Institutionentheorie Maurice Haurious, der als einziger „moderner" Rechtstheoretiker eine ausführliche Institutionentheorie entwickelt hat, wird an dieser Stelle ebenso wie zuvor der theoretische Ansatz Malinowskis behandelt, um den institutionalistischen Ansatz in der Soziologie allgemein und den Schelskys im besonderen in den Griff zu bekommen[57].

Die institutionalistische Methode hat in der Rechtswissenschaft — zumindest in Deutschland — eine Tradition, die bis weit ins 19. Jahrhundert zurückreicht. Insbesondere die Theorien Savignys, Stahls und Gierkes sind prägend gewesen. Auf dieser Tradition institutionalistischen Rechtsdenkens baut die Institutionentheorie des französischen Verwaltungsjuristen Hauriou auf, die jedoch durch die Auseinandersetzung mit der zeitgenössischen französischen Soziologie — insbesondere der E. Durkheims — eine spezifische Ausprägung erhielt[58]. Haurious Institutionentheorie wirkt wiederum auf zwei Wegen auf die Sozialwissenschaft in Deutschland zurück: Auf die philosophische Anthropologie und die Soziologie über die Institutionenlehre Arnold Gehlens[59], auf die Rechtswissenschaft über das „konkrete Ordnungsdenken" Carl Schmitts[60].

1. Die Theorie der Institution von M. Hauriou[61]

Die grundlegende Frage, die Haurious Institutionentheorie zugrunde liegt, ist die nach der Quelle des Rechts in der Gesellschaft. Dieses Problem stellt sich ihm infolge der Erkenntnis, daß das bis dahin herrschende, auf Kategorien des privaten Ver-

---

[57] Vgl. dazu die Einleitung zu diesem Teil, S. 6 f.

[58] Vgl. E. Forsthoff: Lehrbuch des Verwaltungsrechts, 8. Aufl., München, Berlin 1961, S. 151, Anm. 1.

[59] Vgl. dazu unten, S. 24 ff.

[60] Vgl. C. Schmitt: Über die drei Arten rechtswissenschaftlichen Denkens, Hamburg 1934, S. 54 ff.; siehe auch H. Hofmann: Legitimität gegen Legalität. Der Weg der politischen Philosophie C. Schmitts, Neuwied 1964, S. 187, Anm. 47. Insofern ist die Behauptung von H. Friedrich (Die Institutionenlehre Maurice Haurious, jur. Diss., Mainz 1963, S. 62), ein Einfluß Haurious auf das deutsche Rechtsleben ließe sich nicht feststellen, unverständlich.

[61] Die folgende Darstellung der Theorie der Institution von M. Hauriou beruht im wesentlichen auf seinen Aufsätzen: „La théorie de l'institution et de la fondation. Essai de vitalisme social." „L'ordre social, la justice et le droit" und „Le pouvoir, l'ordre, la liberté et les erreurs des systèmes objectivistes." Alle drei Aufsätze sind enthalten in: M. Hauriou: Aux sources du droit. Le pouvoir, l'ordre et la liberté, Paris 1933 (Cahiers de la nouvelle journée Nr. 23). Die Aufsätze sind übersetzt, herausgegeben und eingeleitet von R. Schnur:

trages und der Interessen beruhende Rechtsdenken einer veränderten Realität nicht mehr gerecht wird, die in zunehmendem Maße durch Eingriffe des Gesetzgebers gekennzeichnet ist, welche nicht mehr den Schutz privater, sondern kollektiver Interessen und Beziehungen bezwecken[62]. Für Hauriou handelt es sich dabei konkret um die Frage, „ob ... die Rechtsnormen die Institutionen geschaffen haben, oder ob es nicht vielleicht gerade die Institutionen sind, die dank der ihnen eigenen Führungsmacht die Rechtsnormen schaffen“[63].

In seiner Institutionentheorie unterscheidet Hauriou zwei Typen von Institutionen: die „institutions-personne“ und die „institutions-chose“, d. h. Personen- oder verbandsmäßige Institutionen und Sach-Institutionen. Zu den letzten gehören insbesondere die Rechtsnormen. Hauriou wendet seine Aufmerksamkeit fast ausschließlich den „institutions-personne“ zu. Diesem Vorgehen soll hier gefolgt und nur gelegentlich auf die „institutions-chose“ eingegangen werden.

Die Elemente der Institution beschreibt Hauriou folgendermaßen: „eine Institution ist eine Idee vom Werk oder vom Unternehmen, die in einem sozialen Milieu Verwirklichung und Rechtsbestand findet. Damit diese Idee in die konkrete Tatsachenwelt umgesetzt wird, bildet sich eine Macht aus, von der sie mit Organen ausgestattet wird. Zwischen den Mitgliedern der an der Durchsetzung der Idee beteiligten sozialen Gruppe ergeben sich unter der Oberleitung der Organe Gemeinsamkeitsbekundungen, die bestimmten Regeln folgen“[64].

Die *Ideen*, die die geistige und ideelle Grundlage der Institutionen bilden, sind keine menschlichen Erfindungen, sondern existieren unabhängig vom menschlichen Bewußtsein. Sie haben ein objektives, reales Dasein. Die Ideen streben danach, sich

---

Die Theorie der Institution und zwei andere Aufsätze von Maurice Hauriou, Berlin 1965 (Schriften zur Rechtstheorie, Heft 5). Die Zitate der folgenden Ausführungen beziehen sich auf die deutsche Ausgabe. Zur Vertiefung sind — obschon recht einseitig ausgewählt — geeignet die Aufsätze in dem von R. Schnur herausgegebenen Sammelband: Institution und Recht, Darmstadt 1968. Die Arbeit von Friedrich ist wenig ergiebig, insbesondere wegen des fast vollständigen Fehlens der politischen Bezüge.
Soweit sich die folgende Darstellung der Institutionentheorie auf die genannten Aufsätze Haurious stützt, sind — außer bei Zitaten — keine Verweise vorhanden.

[62] Vgl. A. Desqueyrat: Die Institution, ihre Natur, ihre Arten, ihre Probleme, in: Schnur (Hrsg.): Institution und Recht, a. a. O., S. 167. Über die ökonomisch-sozialen Hintergründe der Genese des Sozialrechts informiert kurz und knapp M. Rehbinder: Wandlungen der Rechtsstruktur im Sozialstaat, in: E. E. Hirsch und M. Rehbinder (Hrsg.): Studien und Materialien zur Rechtssoziologie, Köln, Opladen 1967 (Sonderheft 11/1967 der KZfSS), S. 197 ff.

[63] Hauriou: Die Theorie der Institution, a. a. O., S. 32.

[64] Hauriou: Die Theorie ..., a. a. O., S. 34. Die Sachinstitutionen haben mit den verbandsmäßigen Institutionen gemeinsam die Fundierung durch eine Idee. Es mangelt ihnen jedoch an den beiden anderen, für eine verbandsmäßige Institution notwendigen Elementen: der organisierten Führungsmacht und den Gemeinsamkeitskundgebungen. (Vgl. Hauriou: Die Theorie ..., a. a. O., S. 35.)

im sozialen Milieu zu realisieren. Das können sie jedoch nur vermittels des menschlichen Bewußtseins, das die Ideen durch Inspiration gewahr wird. Die Idee kann von einem oder mehreren Menschen gleichzeitig entdeckt werden. Ist die Idee einmal entdeckt, entwickelt sie eine derartige Kraft, daß sie eine Gruppe von Menschen dazu bewegt, die Idee vom Werk oder vom Unternehmen durchzusetzen (Realisationswillen). Die Gründer können von den Entdeckern der Idee verschieden sein. Träger der Idee des Unternehmens sind die Gruppe der Beteiligten und die Führungsorgane.

Zu ihrer Verwirklichung bedient sich die Idee einer *organisierten Führungsmacht*. Diese verkörpert die Autorität und übt den Zwang aus, den die Idee zu ihrer Realisation und die Institution zu ihrem Bestehen brauchen. D. h. Autorität und Zwang sind wesentlicher Bestandteil der Leitidee, sind konstitutive Elemente der Institution[65].

Die *Gemeinsamkeitsbekundungen* der Mitglieder wie der Führungsorgane beziehen sich auf die Idee oder auf die zu deren Realisation notwendigen Mittel und Wege. Trotz der Verankerung der Idee im Bewußtsein von vielen liegt die führende Rolle bei den einzelnen, bei der Elite. Die Gemeinsamkeit in der Idee bewirkt den Willen zur gemeinsamen Aktion unter der Führung eines Oberhauptes. Die „Gemeinsamkeit der Mitglieder in der Idee“ zusammen mit dem „internen Charakter der Gleichgewichtsverhältnisse (d. h. der Gewaltenteilung innerhalb der Führungsmacht — H. R.) als Träger dieser Gemeinsamkeit“ bewirken, daß die Institution nicht identisch ist mit der Summe ihrer Glieder, vielmehr die Eigenschaft eines rechtlichen Organismus erhält[66].

Die Institution entwickelt sich innerhalb einer „Drei-Stufen-Bewegung“ von Einbeziehung, Verkörperung und Personifizierung[67]. Mit der Personifizierung ist der Gründungsvorgang abgeschlossen. Die Idee erlangt mittels der subjektiven Kontinuität die Fähigkeiten zur Darstellung (mit Hilfe von Satzungsbestimmungen und Ordnungsvorschriften), zur Verpflichtung und zur subjektiven Verantwortlichkeit.

Die Analyse der Gründung der Institutionen aufgrund gemeinsamer Willensäußerungen mehrerer Personen führt Hauriou zu dem Ergebnis, daß die Entstehung einer verbandsmäßigen Institution (= institutions-personne) auf jeden Fall das Ergebnis eines Rechtsvorganges ist. Die juristische Personalität einer Institution ist schon erreicht in dem Augenblick der Ausbildung ihrer verbandsmäßigen Organisation. Da

[65] Anders bei den Sach-Institutionen: Desqueyrat (a. a. O., S. 137 und S. 141) weist darauf hin, daß Hauriou als Kriterium für die Unterscheidung von Sach- und Personeninstitutionen gilt, ob die Autorität, d. h. die organisierte Macht, sich in den Rahmen der Leitidee eingliedert.

[66] Vgl. G. Gurvitch: Die Hauptideen Maurice Haurious, in: Schnur (Hrsg.): Institution und Recht, a. a. O., S. 32.

[67] Vgl. dazu: Hauriou: Die Theorie . . ., a. a. O., S. 45 ff.; V. Leontovitsch: Die Theorie der Institution bei Maurice Hauriou, in: Schnur (Hrsg.): Institution und Recht, a. a. O., S. 182 ff.

aber die Organisation der Institution durch ihre Gründer geschaffen wird, wird auch die juristische Person durch die Gründer geschaffen[68]; sie wird der Institution also von außen verliehen. Wesentlich ist jedoch, daß die Idee die Grundlage des Gründungsvorganges ist, „daß sie es ist, die den Sauerteig abgibt, ohne den das Brot nicht gebacken werden kann“[69]. Die Bedeutung der Idee für die Institution hat zur Folge, daß weder ihre Organisation und Entwicklung noch die Dauer ihrer Existenz allein von den Gründern abhängen. Die Institution ist vergänglich, die Ursachen ihres Untergangs sind vielfältig[70].

Durch die Unfähigkeit, einen Verband aufzubauen, innerhalb dessen sie Gestalt gewinnen können[71], erweisen sich die Rechtsnormen als den Institutionen unterlegen. Die Individuen und die verbandsmäßigen Institutionen offenbaren sich als die schöpferischen Kräfte innerhalb des Rechtssystems. Dagegen sind die Rechtsnormen von sekundärer Bedeutung. „Es sind die Institutionen, die die Rechtsnormen schaffen, aber nicht die Rechtsnormen, welche die Institutionen schaffen[72].“

Die Darstellung von Haurious Theorie hat gezeigt, daß es sich bei den Institutionen keinesfalls um starre Rechtsgebilde handelt. Vielmehr haben die Institutionen ein soziales Milieu und verändern sich mit ihm[73]. In ihnen vollzieht sich die Transformation des tatsächlichen in den Rechts-Zustand[74]. Da die Institutionen die schöpferischen Kräfte des Rechtssystems sind, bedeutet das, daß auch das Recht in ständiger Bewegung sich befindet, sich entwickelt und den sozialen Verhältnissen sich anpaßt. Dadurch wird die Institution für Hauriou ein „Mittel zur Rechtfertigung und Darstellung der Rechtsfortbildung“[75].

2. Ausgewählte Problembereiche der Institutionentheorie Haurious

Nicht nur Hauriou selbst, auch die Mehrzahl seiner Interpreten bezeichnen seine Theorie als ausgesprochen individualistisch[76]. Eine genauere Untersuchung dieser Behauptung zeigt jedoch, daß es sich um einen sehr spezifisch gefärbten Individualismus handelt, nämlich um jene Variante, die als Individuen nur hervorragende

---

68 Hauriou: Die Theorie . . ., a. a. O., S. 61 f. Vgl. aber gegensätzlich Leontovitsch, a. a. O., S. 224. Friedrich (a. a. O. S. 32, Anm. 74) weist darauf hin, daß die Unterscheidung zwischen juristischer und subjektiver Personalität bei Hauriou nicht scharf herausgearbeitet ist.

69 Hauriou: Die Theorie . . , a. a. O., S. 62.

70 Vgl. ebenda, S. 63.

71 Vgl. S. 17, Anm. 64.

72 Hauriou: Die Theorie . . ., a. a. O., S. 65.

73 Der Untertitel von Haurious Aufsatz „Die Theorie der Institution“ heißt erläuternd: „Essay über den sozialen Vitalismus“.

74 Vgl. Gurvitch, a. a. O., S. 25.

75 Vgl. dazu B. Rüthers: Die unbegrenzte Auslegung. Zum Wandel der Privatrechtsordnung im Nationalsozialismus, Tübingen 1968, S. 283.

76 So Friedrich, a. a. O., S. 11; Leontovitsch, a. a. O., S. 235.

Menschen anerkennt und entsprechend elitäre Theorien vertritt. Diese elitären Elemente sind in Haurious Theorie durchgängig vorhanden. Bei der Gründung der Institution ist neben dem bewußten Willen der Führer, die Elite, die „Equipe der Regierenden" notwendig[77]. Daher rührt auch die Schärfe in der Auseinandersetzung mit den Theorien von einem Kollektivbewußtsein. Bei Haurious „Gemeinsamkeit in der Idee" bleibt „die führende Rolle erhalten, die den Vornehmsten für die Folgerungen zukommt, die aus der Aktion zu ziehen sind"[78], d. h. Hauriou schreibt den kulturellen Fortschritt den Eliten zu[79].

Auch innerhalb der Institution bleibt diese Zweiteilung in Elite und Masse, in Minderheitenmacht, die der überlagernden Organisation zugehört, und Mehrheitsmacht, die zu der darunterliegenden Gemeinsamkeit gehört, erhalten. „Jede Initiative und jede schöpferische Tätigkeit ist ein Teil der Minderheitenmacht. ... Dagegen hat die Mehrheitsmacht, ..., lediglich die Aufgabe zur ratifizieren und zu überwachen, ihr Vertrauen zu bezeugen oder es zu entziehen[80]."

Das Prinzip der Herrschaft, das Hauriou durch die Bedeutung der Rolle der organisierten Macht für die Institution in seine Theorie eingebaut hat, wird legitimiert durch die Tatsache, daß die gemeinsame, objektive Idee Autorität, Zwang und Unterordnung notwendig macht. Durch die ontologische Begründung der Idee wird in Haurious Theorie der menschliche Beitrag zur Gestaltung rechtlicher und gesellschaftlicher Verhältnisse sehr gering veranschlagt. Zwar bezeichnet Hauriou die Individuen zusammen mit den (verbandsmäßigen) Institutionen als die entscheiden-

---

77 Vgl. Gurvitch, a. a. O., S. 53.

78 Hauriou: Die Theorie ..., a. a. O., S. 44.

79 Zur Rolle der „großen Männer" für den kulturellen Fortschritt vgl. auch Hauriou: Sozialordnung, Gerechtigkeit und Recht, in: Schnur (Hrsg.): Die Theorie ..., a. a. O., S. 80 ff.

80 Gurvitch, a. a. O., S. 53 f. Diese Hochschätzung der führenden Männer als „Elite" ist auch Ursache des von Hauriou verwendeten Repräsentationsbegriffs. Ohne im einzelnen darauf eingehen zu können, sei darauf verwiesen, daß die „Repräsentation mit Autonomie ..., die auf der Idee der negotiorum gestio (gestion d'affaires) beruht" (Leontovitsch, a. a. O., S. 184), jene Form der Repräsentation ist, die von dem Axiom eines naturrechtlich basierten originären Gesamtinteresses ausgeht und jegliche plebiszitären Elemente ausschließt (vgl.: E. Fraenkel: Die repräsentative und die plebiszitäre Komponente im demokratischen Verfassungsstaat, Tübingen 1958, S. 7 f.), d. h. auch die Erkenntnis jenes Gesamtinteresses, das wiederum auf einer als präexistent angenommenen Werteordnung beruht, notwendig den Eliten zuschreiben kann. Diese Form der Repräsentation kann nur angemessen sein bei nahezu völliger Homogenität und Interessenidentität von Repräsentierten und Repräsentanten — eine Voraussetzung, die vielleicht annähernd in früheren Stadien der gesellschaftlichen Entwicklung, keinesfalls jedoch mehr in den entwickelten kapitalistischen Staaten des 20. Jahrhunderts gegeben ist. Die Annahme einer Repräsentation auf Grund der negotiorum gestio innerhalb der Institution bedeutet praktisch die theoretische Rechtfertigung von Herrschaft der Führungsorgane über die restlichen Mitglieder der Institutionen. Dieser Repräsentationsbegriff entspricht annähernd der ständischen Repräsentation bei Max Weber, die explizit auf Herrschaft beruht. (M. Weber: Wirtschaft und Gesellschaft, Köln, Berlin 1964, 1. Halbband, 1. Teil, 3. Kap., § 21).

den, aktiven Elemente des Rechtssystems[81], aber die Menschen, die die objektiven, realen Ideen entdecken können, haben gleichsam nur eine Katalysatorfunktion für deren Realisierung. Der Mensch kann nicht aus sich heraus schöpferisch und mit dem Anspruch auf Objektivität und Sinn die Welt nach seinem Willen gestalten. Nicht der gemeinsame Wille der Menschen, sondern die Idee wird zum Subjekt[82]. Entsprechend kann zwar jedes einzelne Mitglied die Institution bewegen, jedoch unter der Voraussetzung, daß er in der Prozedur des sozialen Automaten handelt[83]. Die Handlungsfreiheit des Menschen wird durch die Institutionen stark beschnitten, denn ursprünglich ist der Mensch „roh", „ungezähmt", durch „entfesselte individualistische Instinkte" bestimmt[84]. Der „christliche Individualismus", dem sich Hauriou anschließt, weiß jedoch, „daß die individuelle Freiheit ein Korrektiv braucht, daß das Individuum im Interesse seiner eigenen Freiheit und besonders im Interesse der Gerechtigkeit ein Gegengewicht in der Reaktion der sozialen Autorität haben muß, daß ihm also das soziale Milieu und die soziale Autorität unentbehrlich sind, weil das Individuum fehlbar (faillible) ist"[85]. Aber die Freiheit des einzelnen besteht ohnehin nur innerhalb fester Grenzen, nämlich darin, freiwillig der Ordnung Folge zu leisten. «L'individu humain est essentiellement libre en ce sens qu'il a consience d'une loi morale qui s'impose à lui du dehors comme procedant de l'ordre divin des choses et qu'il a la faculté d'obéir volontairement a cette loi[86].»

Folglich bildet die Sozialordnung mit ihren Institutionen, die dem Menschen ein Korrektiv, einen Halt, eine Stütze bieten, eine existentielle Voraussetzung für das Bestehen von Gesellschaften und deshalb eine wichtigere Bedingung als die Existenz von Gerechtigkeit, die sich in einer gewissen Antinomie zur Sozialordnung befindet. „Nur die fest gefügte Sozialordnung trennt uns von der Katastrophe[87]." Die Autonomie der

---

[81] Vgl. Hauriou: Die Theorie ..., a. a. O., S. 65.

[82] Vgl. Leontovitsch, a. a. O., S. 214.

[83] Vgl. ebenda, S. 227; auch Müller-Freienfels (Ehe und Recht, Tübingen 1962, S. 75) weist darauf hin, daß in Haurious Theorie der einzelne durch Teilhabe an der Institution nicht mehr individuellen Zwecken, sondern institutionellen diene. Er höre insoweit auf, ein selbständiges Individuum zu sein und werde zum Glied eines höheren Ganzen, eines autonomen sozialen Organismus. Die Behauptung Schelskys, in der Institutionentheorie Haurious (wie auch in der Malinowskis) seien „‚Ideen', menschliche Vorstellungen, Bewußtsein und Denken" für die Analyse der Institution ursprünglich und bestimmend, das Bewußtsein des Menschen, sein Denken werde als ein autonomer Realfaktor des sozialen Lebens angenommen, ist zumindest für Haurious Theorie unzutreffend. (Schelsky: Zur soziologischen Theorie der Institution, a. a. O., S. 16.)

[84] Vgl. Hauriou: Sozialordnung ..., a. a. O., S. 87.

[85] Leontovitsch, a. a. O., S. 240; Hauriou: Aux sources du droit, a. a. O., S. 24: «... l'individualisme et la liberté ont besoin de correctifs, ils en trouvent de naturels ... dans l'organisation sociale.»

[86] Ebenda, S. 23.

[87] Hauriou: Sozialordnung, ..., a. a. O., S. 72.

Ordnung gründet auf den Institutionen, insbesondere den verbandsmäßigen. So liegt für Hauriou „das ganze Geheimnis verfassungsmäßiger Ordnung in der Schaffung lebensfähiger Institutionen“[88]. Infolgedessen sind die Institutionen im Leben der Menschen und für die Gesellschaften unentbehrlich: Sie bewirken einen langsameren Gang der Entwicklung und vermitteln dadurch jenen Eindruck von Kontinuität und Stabilität, dessen die Menschen zu ihrer Zufriedenheit und zu ihrem Glück bedürfen[89]. Allerdings müssen sich die Menschen auch vor einem Übermächtigwerden der Institutionen und vor einer Überbetonung der Ordnung hüten, weil sonst beides: sowohl die Autonomie der Macht wie auch die Autonomie der Freiheit der Person bedroht sind[90].

Die christlich-thomistischen Tendenzen in Haurious Theorie, die in seiner „Spätphase“ deutlich erkennbar sind[91], werden später von G. Renard, auf den sich Schelsky gleichfalls beruft[92], vertieft. Das führt insbesondere zur Betonung der Übereinstimmung der Institutionen mit der göttlichen Schöpfungsordnung, von Autorität und Hierarchie[93]. Infolgedessen kommt — Renard zufolge — die den Institutionen innewohnende autoritative Verpflichtungskraft von Gott[94]. Die Verankerung der Institutionen in der vorgegebenen Seinsordnung Gottes immunisiert sie gegen Kritik. Die Frage „Wie soll die Gesellschaft tätig werden?“ kann nun durch die Darstellung der Art, in der sie bereits tätig ist, beantwortet, d. h. die Norm aus dem Seienden entnommen werden[95].

Die von Hauriou und Renard entwickelten Institutionenbegriffe können in Übereinstimmung mit Rüthers folgendermaßen gekennzeichnet werden: 1. durch die eigentümliche Verbindung von „Faktischem“ und „Juristischem“, von Sein und Sollen, 2. durch das Moment der Bewegung und Anpassung der Institution und 3. durch den Bezug auf einen übergeordneten, außerjuristischen Zusammenhang[96].

Jeder Institutionenbegriff, der sich durch diese „Merkmalskombination“ auszeichnet, ist ein vielfältig verwendbares Instrument bei der Auslegung, Lückenfeststellung und Fortbildung des Rechts, denn er öffnet jede Rechtsnorm durch den Hinweis auf

---

[88] Hauriou: Macht, Ordnung, Freiheit und die Verirrungen der objektivistischen Systeme, in: Schnur (Hrsg.): Die Theorie . . ., a. a. O., S. 100.

[89] Vgl. Hauriou: Macht . . ., a. a. O., S. 101 ff.

[90] Vgl. ebenda, S. 100.

[91] Vgl. Friedrich, a. a. O., S. 36 f.; Gurvitch, a. a. O., S. 34.

[92] Vgl. Schelsky: Wandlungen der deutschen Familie in der Gegenwart, a. a. O., S. 28 f.

[93] G. Renard: L'institution. Fondement d'une renovation de l'ordre social, Paris 1933, S. 148 f.

[94] Vgl. Renard: La théorie de l'institution, Paris 1930, S. 320.

[95] Vgl. J. Stone: Die Abhängigkeit des Rechts. Die Institutionenlehre. In: Schnur (Hrsg.): Institution und Recht, a. a. O., S. 332.

[96] Vgl. Rüthers: Die unbegrenzte Auslegung, a. a. O., S. 289 ff.

Veränderungen in der Realität für neue Sachverhalte und neue Bewertungsmaßstäbe[97].

Als Folge dessen wird dann der Interpret des Gesetzes, der Richter bzw. Rechtswissenschaftler, unter Berufung auf die Institution und deren Veränderung zum Konkurrenten des Gesetzgebers, d. h. die Grenzen zwischen Rechtsprechung und Gesetzgebung werden zunehmend verwischt[98]. Dieser Institutionenbegriff erweist sich damit als unbegrenzt manipulierbare Leerformel für nahezu beliebige Zwecke[99]. D. h., daß inhaltlich mit diesem Institutionenbegriff sehr unterschiedliche rechtspolitische Ziele verfolgt werden können. Dies hat zur Folge, daß die „Institutionalisten" kaum auf einen gemeinsamen Nenner zu bringen sind; unter ihnen befinden sich Fabier ebenso wie Apologeten des autoritären Staates[100]. Man kann die Institutionalisten besser negativ abgrenzen durch ihre Gegnerschaft gegen das formale Vertragsdenken, ihren Anti-Liberalismus. Das liegt daran, daß gegenüber dem Formalismus des Rechts, der mit dem Begriff „Vertragsdenken" gekennzeichnet werden kann, die Berücksichtigung der konkreten Lebensverhältnisse durchaus fortschrittlich sein *kann*, nämlich dann, wenn durch sie der Schutz der sozial Schwächeren und die Entwicklung zu einer sozial „gerechteren" Ordnung erreicht werden soll. Die Betonung liegt dabei auf dem Wort „kann", denn je nachdem, was nun als das „Wesen" bzw. als die entscheidenden Strukturelemente der konkreten Lebensverhältnisse, also z. B. auch der Familie, angesehen wird, ist die Rechtstheorie progressiv oder reaktionär bzw. konservierend[101]. D. h., daß in der Jurisprudenz allein von der Methode her sich keine Aussage über den politischen Standort der Theorie machen läßt. Es gibt progressive und reaktionäre Positivisten, progressive und reaktionäre Institutionalisten etc. Daraus ergibt sich die Notwendigkeit — zumindest für die Jurisprudenz — die Vielfalt der Institutionenbegriffe genau zu untersuchen und zu klassifizieren[102].

---

97 Vgl. ebenda, S. 291 ff. „Der Rückgriff auf weltanschaulich bedingte, lückenlose, überpositive Wertetafeln, die hinter den Institutionen gesehen werden, macht diesen überpositiven Institutsbegriff zum universal verwendbaren Instrument der Rechtsanwendung. Er *korrigiert alte* und *produziert neue* Normen, wenn das sich ständig wandelnde ‚Wesen' der Institute es verlangt." (Ebenda, S. 292.)

98 So Rüthers: Institutionelles Rechtsdenken im Wandel der Verfassungsepochen, Berlin, Zürich 1970, S. 43. Vgl. dazu auch die rückwirkende institutionalistische Interpretation ursprünglich individualistisch konzipierter Gesetze und die starke Betonung der Stellung des Richters und die Überordnung von Recht und Jurisprudenz über die Regierung. (Vgl. Gurvitch, a. a. O., S. 59 f.)

99 Vgl. Rüthers: Institutionelles Rechtsdenken . . ., a. a. O., S. 47.

100 Vgl. P. Thoss: Das subjektive Recht in der gliedschaftlichen Bindung. Zum Verhältnis von Nationalsozialismus und Privatrecht, Frankfurt/M. 1968, S. 73 f.; so auch J. Habermas: Strukturwandel der Öffentlichkeit, Neuwied 1962, S. 170, Anm. 2.

101 Vgl. dazu die Beispiele bei B. Rüthers: Institutionelles Denken im Wandel der Verfassungsepochen, a. a. O., S. 19 ff.

102 Ansätze dazu sind bei Rüthers (Die unbegrenzte Auslegung . . ., a. a. O. und ders.: Institutionelles Rechtsdenken . . ., a. a. O.) durchaus vorhanden.

Der von Hauriou und Renard entwickelte Institutionenbegriff ist allerdings leicht einzuordnen. Insbesondere die Rückführung der Institutionen auf eine „objektive" Idee oder die göttliche Seinsordnung entzieht die konkreten Institutionen der bewußten und rationalen Kritik und Umgestaltung. Die metaphysische Fundierung der Institution impliziert die Postulierung einer prinzipiellen Harmonie innerhalb und zwischen den Institutionen, die nur vorübergehend aus dem Gleichgewicht gebracht werden kann[103]. Zusammen mit der stark ausgeprägten Betonung der Faktoren: Macht, Autorität, Unterordnung, wie sie bei Hauriou deutlich nachweisbar, bei Renard zentral ist, liegt die Bedeutung dieser beiden Institutionentheorien in der Affirmation der sozialen Disziplin in der kapitalistischen Gesellschaft und dem antirevolutionären Charakter der scholastischen Universums-Konzeption[104].

Die Parallelen zur Institutionentheorie Malinowskis liegen auf der Hand: Hier wie dort eine Fundierung der Institutionen — sei's durch die Bedürfnisse, sei's durch Ideen —, die die real vorfindlichen Institutionen praktisch unangreifbar machen; hier wie dort die massive Betonung der Notwendigkeit von Autorität, Macht und Zwang, Unterordnung und Hierarchie. Die Berufung Schelskys auf *diese* beiden Institutionentheoretiker ist bedingt durch diese Ähnlichkeiten und läßt vermuten, daß sowohl seine eigene Position, wie die Gehlens, auf der er ebenfalls aufbaut, eine entsprechende „Merkmalskombination" aufweist.

IV. Die institutionalistische Methode in der Soziologie

Die institutionelle Methode soll im folgenden anhand der Arbeiten Gehlens[105] und Schelskys dargestellt und kritisiert werden. Beide sind nicht die einzigen Vertreter eines institutionalistischen Ansatzes in der Soziologie. Für diese Darstellung boten sie sich insofern an, als Schelskys Familiensoziologie, deren Ergebnisse wesentlich für diese Arbeit sind, auf Gehlens Institutionentheorie, die über anthropologische Fragestellungen hinaus zu soziologischen Aussagen kommt, aufbaut.

1. Die Institutionenlehre A. Gehlens

Ausgangspunkt Gehlens ist die Erkenntnis der Plastizität und Nichtfestgestelltheit des menschlichen Verhaltens. Im Gegensatz zum Tier, das durch das Zusammenspiel von Instinkten und Auslösern fast durchgängig zu sinnvollem Handeln — sinnvoll in

---

[103] Vgl. dazu Stone, a. a. O., S. 330 ff.

[104] Vgl. W. Friedman: Legal Theory, 5. Aufl., London 1967, S. 394.

[105] Gehlen wird hier als Soziologe begriffen, weil er sowohl dem Gegenstand seiner Tätigkeit als auch dem eigenen Anspruch nach neben der philosophischen Anthropologie Soziologie betreibt. (Vgl. Gehlen: Urmensch und Spätkultur, Bonn 1956, S. 8.) Von ihm stammt eine der wenigen soziologischen Institutionentheorien — im Gegensatz etwa zu Ch. H. Cooley, der in seinen Büchern „Social Organization" (in: The Two Major Works of Charles H. Cooley, hrsg. von R. C. Angell, Glencoe 1956) und „Introductory Sociology" (veröffentlicht zusammen mit R. C. Angell und L. J. Carr, New York 1933) nur ansatzweise eine

bezug auf sein Überleben und das seiner Art — gebracht wird, ist der Mensch ein Mängelwesen, schutzlos einer Fülle von Eindrücken ausgesetzt, ohne die Hilfe instinktiv festgelegten Verhaltens in einer feindlichen Umwelt, die es zu bewältigen gilt.

Die Funktion der Stabilisierung der Umwelt und des eigenen Verhaltens übernehmen die Institutionen. Sie verhelfen dem Menschen bei der Erfüllung seiner dauerhaften, d. h. insbesondere seiner primären biologischen Bedürfnisse zu jener Lebenssicherheit und Selbstverständlichkeit, die beim Tier durch den Zwang des Instinkts erreicht wird[106]. „Sie sind die Formen, die ein seiner Natur nach riskiertes und unstabiles, affektüberlastetes Wesen findet, um sich gegenseitig und sich selbst zu ertragen, etwas, worauf man in sich und den anderen zählen und sich verlassen kann ... die Menschen (orientieren sich) in ihnen zu endgültigen Bestimmtheiten des Tuns und Lassens, mit dem außerordentlichen Gewinn einer Stabilisierung auch des Innenlebens, so daß sie nicht bei jeder Gelegenheit sich affektiv auseinanderzusetzen oder Grundsatzentscheidungen sich abzuringen haben[107]." Die Institutionen, obschon vom Menschen ursprünglich, wenn auch nicht zweckhaft geschaffen, verselbständigen sich, emanzipieren sich von ihrem Schöpfer, indem sie eine Eigenstruktur und Eigengesetzlichkeit entwickeln. Sie treten dem Menschen als etwas Fremdes, Forderndes gegenüber und nehmen sein Verhalten in Zucht und Führung. Der Prozeß der Entstehung von Institutionen ist gleich dem Prozeß der Entstehung der Kultur. „... eine Gesellschaft stabilisieren heißt, sie auf dauerhafte Institutionen bringen ..."[108]. Intakte, stabile Institutionen erhalten für die Menschen den Anschein des Natürlichen; die Frage nach ihrem Sinn und Zweck ist suspendiert. Für den Menschen haben die Institutionen eine doppelte Funktion: einmal entlasten sie „von der subjektiven Motivation und von dauernden Improvisationen fallweise zu vertretender Entschlüsse ..."[109], andererseits können durch diesen „Unterbau innerer und äußerer Gewohnheiten"[110] die geistigen Energien für „höhere" Zwecke freigesetzt werden. D. h., die Entwicklung sowohl des einzelnen als auch der Kultur beruht auf dem

---

Institutionenlehre entwickelte. Gehlens Institutionentheorie wird zudem — wie schon erwähnt — von Schelsky als grundlegend für die eigene Position angesehen. Neuerdings wieder in dem Aufsatz „Zur soziologischen Theorie der Institution", a. a. O., S. 22 ff.

106 „Die Normen und Sachgesetze der Institutionen können nur unsere eigenen Zwecke werden, wenn unsere unmittelbaren biologischen Bedürfnisse als erste aus der Motivationsebene ausscheiden ... Die Stabilisierung der primären Antriebe selbst ... ist nun aber ... deren eigenes Bedürfnis, ist die Art, wie die chronische Bedürftigkeit des Menschen sich in sich selbst reguliert." (A. Gehlen: Urmensch und Spätkultur, a. a. O., S. 70).

107 Gehlen: Anthropologische Forschung, Hamburg 1961, S. 71.

108 Gehlen: Urmensch und Spätkultur, a. a. O., S. 22. Fast identisch ist diese Aussage mit Äußerungen Haurious (vgl. oben S. 21 f.). Zum Einfluß Haurious auf Gehlen vgl. F. Jonas: Zur Institutionenlehre von A. Gehlen, Tübingen 1966, S. 13 ff.

109 Gehlen: Urmensch und Spätkultur, a. a. O., S. 48 f.

110 Gehlen: Anthropologische Forschung, a. a. O., S. 72.

stabilen Untergrund der Institutionen, weil erst die Verhaltenssicherheit in großen Bereichen unseres tagtäglichen Daseins die Energien für die Beschäftigung mit darüber hinausreichenden Zielen freigibt. Entsprechend bewirkt eine Erschütterung der Institutionen eine tiefe Verunsicherung der Menschen und — da sie dadurch gleichsam auf ihre Natürlichkeit zurückgeworfen werden — eine Primitivierung[111].

Der von Gehlen verwendete Institutionenbegriff ist außerordentlich weit definiert. Er umfaßt von der einfachen, sich eingespielten Verhaltensnorm, über Rechtsnormen, Einrichtungen wie Familie bis zur Kultur *alle* Erscheinungen menschlicher Gesellung, die obligatorischen Charakter haben; beispielsweise kann — nach Gehlens Ansicht — auch ein Briefwechsel, den eine Person mit mehreren führt, für diese eine Institution sein[112]. Neben der notwendigen Unterscheidung der verschiedenen Typen von Institutionen fehlt völlig deren historische Konkretion. „Den" Menschen schlechthin und auch „die" Institution gibt es nicht. Die Lösung der Aufgabe, aus einer Grundstruktur des Menschseins alle spezifischen Leistungen des Menschen zu erklären, ist unmöglich[113]. Gerade weil die Menschen sich erst zu dem machen, was sie sind, lassen sich auch keine Aussagen über „den" Menschen machen. Denn „aus den wechselnden Konstellationen zwischen Gesellschaft und Natur entspringen die Verhältnisse der sozialen Gruppen zueinander, die für die geistige und seelische Verfassung der Individuen bestimmend werden, und diese selbst wirkt auf die gesellschaftliche Struktur zurück"[114]. Die geschichtliche Dimension, die bei der Untersuchung menschlicher und gesellschaftlicher Phänomene unerläßlich ist, entfällt bei Gehlen völlig. An diesem Punkt zeigt sich sehr deutlich das Dilemma einer anthropologischen Institutionentheorie: beschränkt sie sich auf die Konstatierung dessen, daß die Menschen, da sie nur in Beziehung mit anderen leben können, gewisse Verhalteneinförmigkeiten entwickeln müssen, sagt sie nichts aus, was nicht schon lange zum gesicherten Wissensbestand gehören würde. Gelangt sie auf der Grundlage dieser allgemeinen und sehr abstrakten Erkenntnis zu Aussagen über bestimmte historische Epochen, ohne die oben angedeutete Konkretion und Einschränkung vorzunehmen, „wird sie unkritisch und führt am Ende gar zu einer Dogmatik mit politischen Konsequenzen, die um so gefährlicher ist, als sie mit dem Anspruch wert-

---

[111] Vgl. Gehlen: Anthropologische Forschung, a. a. O., S. 72 f. „Werden die Institutionen zerschlagen, so sehen wir sofort eine Reizschutzlosigkeit des Verhaltens erscheinen, das man *jetzt* als triebhaft bezeichnen kann." (Gehlen: Der Mensch, Seine Natur und seine Stellung in der Welt, 4. verb. Aufl., Bonn 1950, S. 84 f.)

[112] Vgl. Gehlen: Urmensch und Spätkultur, a. a. O., S. 68. Vgl. dazu: Zum Begriff der Institutionen (unten S. 48 ff.).

[113] Vgl. M. Horkheimer: Philosophische Anthropologie, in: Zeitschrift für Sozialforschung, Bd. 4 (1935), S. 2 f.

[114] Ebenda, S. 2; ebenso auch J. Habermas: „Anthropologie" in: Philosophie. Das Fischer-Lexikon, hrsg. v. A. Diemer und J. Frenzel, Frankfurt/M. 1958, S. 31.

freier Wissenschaft auftritt"[115]. Die Begründung der Institutionen aus der biologischen Notwendigkeit heraus ist indifferent gegenüber den Inhalten und birgt in sich die Gefahr der Rechtfertigung jeglicher Institution[116]. So gilt für die Soziologie, daß sie sich nicht „durch die Anthropologie als eine Art Grundlagenwissenschaft die Maßstäbe vorgeben lassen (kann); beispielsweise den, daß alle gesellschaftlichen Verhältnisse nach dem Grad ihrer Stabilität zu bemessen (und zu befürworten) seien. Vielmehr muß sich die Anthropologie grundsätzlich ihren Begriff vom Menschen erläutern lassen durch den Begriff der Gesellschaft, in dem er entsteht und nicht zufällig entsteht — nur so entgeht sie der Versuchung, geschichtlich Gewordenes schlechthin als ‚Natur' auszugeben und als Norm zu suggerieren"[117].

2. Implikationen der Gehlenschen Institutionentheorie

Gehlens vorstehend kurz skizzierte Institutionentheorie hat weitreichende Implikationen. Im Zentrum ihrer Analyse sollen Gehlens Äußerungen über die Funktion der Institutionen für den Menschen und für das gesellschaftliche Zusammenleben stehen.

Gehlen zufolge sind „die Institutionen ... die großen bewahrenden und verzehrenden, uns weit überdauernden Ordnungen und Verhängnisse ..."[118], die uns Halt und Sicherheit geben — um den Preis der Entfremdung! Der einzelne erlebt die Institution als etwas Überpersönliches, Objektives, das ihm seine Verhaltensnormen vorschreibt. Aber nicht nur zur Stabilisierung des Verhaltens sind die Institutionen notwendig, sie schützen auch den Menschen vor sich selbst und seinesgleichen. „Der Mensch kann zu sich und seinesgleichen ein *dauerndes* Verhältnis nur *indirekt* festhalten, er muß sich auf einem Umweg, sich entäußernd, wiederfinden, und da liegen die Institutionen[119]." Sie schützen den Menschen vor seiner gefährlichen Subjektivität, nehmen ihn um den Preis seiner völligen Selbstentfremdung von außen in Zucht. So macht die Entfremdung bei Gehlen das konstitutionell vorgegebene und aufgegebene Wesen der menschlichen Tätigkeit aus[120]. Der Mensch muß sich von den Institutionen konsumieren lassen. Darin liegt seine große Würde. Als Ideal menschlichen Daseins erscheint Gehlen die Archaik, aus der alle Wesensaussagen über den

---

[115] Habermas: „Anthropologie", a. a. O., S. 32 f. Vgl. auch W. Lepenies: Handlung und Reflexion. Aspekte der Anthropologie Arnold Gehlens, in: Soziale Welt, Bd. 18 (1967), S. 66; K. O. Apel: Arnold Gehlens Philosophie der Institution, in: Philosophische Rundschau, Bd. 10 (1962), S. 10.

[116] Vgl. dazu unten S. 29, Anm. 130; dieselbe Problematik wurde oben (S. 15) auch für Malinowskis Institutionentheorie festgestellt.

[117] Habermas: „Anthropologie", a. a. O., S. 34 f.

[118] Gehlen: Über die Geburt der Freiheit aus der Entfremdung, in: ders.: Studien zur Anthropologie und Soziologie, Neuwied, Berlin 1963, S. 245.

[119] Ebenda.

[120] So K. Dörner: Natur, Geschichte und Entfremdung bei Arnold Gehlen, in: ARSP, Bd. 51 (1965), S. 114.

Menschen abgeleitet werden. Eine Folge dessen ist Gehlens Lob des Aufgehens in den Institutionen, des „Sich-Konsumieren-Lassens". „Wer so ‚mit Haut und Haaren' in seinen Status hineingeht (wie der archaische Mensch — H. R.), hat keine andere Wahl, als sich von den geltenden Institutionen konsumieren zu lassen, er findet außerhalb ihrer überhaupt keinen Punkt, wo er hintreten könnte. Diese Würde ist es, die unserer Zeit so weitgehend fehlt, wo die ‚Subjekte' in dauernder Revolte gegen das Institutionelle sind[121]." D. h., das menschliche Dasein wird von Gehlen erst dann als menschlich angesehen, wenn man die „Sollsuggestion" des Seienden akzeptiert und das heißt auch die Autorität — gleich welchen Inhalts[122]. Dementsprechend kann der Mensch, Gehlen zufolge, nur im Rahmen seiner Pflichten frei werden[123], die Selbstentfremdung in den Institutionen in Form der „Bereitwilligkeit zur Unterordnung unter etwas Allgemeines und Unbeeinflußbares" verheißt eine höhere Art von Freiheit als die Selbstbestätigung[124]. Zumal eine Erschütterung oder ein Abbau der Institutionen die gefährliche Natürlichkeit des Menschen, seine Subjektivität frei läßt, die Menschen bis in ihre tiefsten Wesensschichten hinein verunsichert und primitivieren läßt. Aber glücklicherweise fangen die Völker wieder an, sich nach Stabilität (sprich: Entfremdung) zu sehnen[125]. Gehlen verschweigt in dieser Deutung, wie Taubes anmerkt, „daß in Wahrheit die Institutionen im Gang der Geschichte eben das Individuum, den Menschen als Subjekt konstituiert haben. Das Individuum, der Mensch als Subjekt ist die legitime Konsequenz, das Resultat der Geschichte der Institutionen, die im Gang ihrer Geschichte sich selbst verwandelt haben[126]."

Die doppelte Funktion der Institutionen, von Entlastung einerseits und Freisetzung des für den Menschen konstitutiven Antriebsüberschusses für „höhere", schöpferische Zwecke andererseits, führt zu der Konsequenz, daß je größer die Entlastung, desto größer die Entfaltungsmöglichkeiten der Menschen sind. Diese an sich positive Perspektive verbaut Gehlen durch die Kategorie der Überentlastung. Überentlastung ist dann vorhanden, wenn Entlastung und Härte der Außenwelt sich nicht mehr die

---

121 Gehlen: Urmensch und Spätkultur, a. a. O., S. 233 f.; vgl. auch ebenda, S. 109. J. Taubes (Das Unbehagen an den Institutionen. Zur Kritik der soziologischen Institutionenlehre, in: Schelsky [Hrsg.]: Zur Theorie der Institution, a. a. O., S. 72 ff.) hat zu Recht darauf hingewiesen, daß es heute notwendig wäre, das von Gehlen glorifizierte „Element des grausamen Opferrituals in der Menschwerdung des Individuums durch die Institutionen zu überwinden". (Ebenda, S. 74.)

122 Vgl. Dörner, a. a. O., S. 124.

123 Vgl. Gehlen: Urmensch und Spätkultur, a. a. O., S. 32.

124 Gehlen: Über die Geburt der Freiheit . . ., a. a. O., S. 245. Bei Gehlens Interpreten Jonas wird das Gemeinte vollends klar: „Die Bejahung des Lebens stellt also die höchste Form der Willensfreiheit dar, die zusammenfällt mit der freiwilligen Aufgabe der Freiheit, der Notwendigkeit." (Jonas, a. a. O., S. 37.)

125 Vgl. Gehlen: Die Seele im technischen Zeitalter. Sozialpsychologische Probleme in der industriellen Gesellschaft, Hamburg 1957, S. 73.

126 Taubes, a. a. O., S. 75.

Waage halten. In der ‚Industriekultur' trenne sich infolge der hochspezialisierten Arbeitsteilung das Handeln „vom Resultat und damit von der Kontrolle am Erfolg oder Mißerfolg"[127]; die Institutionen können die notwendige „Hemmungs- und Zuchtleistung" nicht mehr ausüben[128]. „... die zu reich, zu differenziert gewordene Kultur bringt eine Entlastung mit sich, die zu weit getrieben ist und die der Mensch nicht erträgt. Wenn die Gaukler, Dilettanten, die leichtfüßigen Intellektuellen sich vordrängen, wenn der Wind allgemeiner Hanswurstereien sich erhebt, dann lockern sich auch die uralten Institutionen und die strengen, professionellen Körperschaften ... Dann erblickt unter dem Schaum das erfahrene Auge schon das Medusenhaupt, der Mensch wird *natürlich* und alles wird möglich[129]." Für Gehlen entspringt aus der Not des Menschen die Notwendigkeit einer autoritär verfaßten Gesellschaft[130], in der die Institutionen durch Repression und Autorität jene Disziplinierung übernehmen, die ursprünglich einmal die Härte der feindlichen Umwelt erzwungen hatte[131].

Im Grunde ist in dieser Konzeption der Mensch gegenüber dem Tier lediglich negativ abgegrenzt — durch seine Mängel. So stellt sich das Leben des Menschen der Gehlenschen Anthropologie als ein stetiges Streben nach der instinkthaften Sicherheit des Tieres dar, die ihm nur die Institutionen ermöglichen[132].

---

127 Gehlen: Die Seele im technischen Zeitalter, a. a. O., S. 40.

128 Dörner (a. a. O., S. 118 f.) hat m. E. zu Recht darauf hingewiesen, daß der Punkt, aus dem Entlastung in Überentlastung umschlägt, für Gehlens theoretische Position nicht genau feststellbar ist.

129 Gehlen: Die Seele ..., a. a. O., S. 60.

130 Vgl. dazu Habermas: „Anthropologie", a. a. O., S. 33. Die Ableitung gesellschaftlicher Verhältnisse aus der Natur des Menschen, zu der Gehlen infolge seines unhistorischen Ansatzes immer wieder gelangt, verschleiert den gesellschaftlichen und das heißt auch den veränderbaren Charakter bestimmter Verhältnisse, indem sie als natürliche ausgegeben werden. Beispielsweise definiert Gehlen die Anweisungsbefugnis von Erziehern als Herrschaft. Da aber Kinder der Leitung und Führung durch Erwachsene beim Sozialisationsvorgang, z. B. auch beim Sprechenlernen, bedürfen, folgt daraus, daß Herrschaft ein Konstituens menschlicher Gesellung und prinzipiell unaufhebbar ist. (Vgl. Gehlen: Probleme einer soziologischen Handlungslehre, in: Studien zur Anthropologie und Soziologie, a. a. O., S. 207 ff.) Auf einer ähnlich undifferenzierten Argumentation beruht die Rechtfertigung der betrieblichen Hierarchie aus dem „Sachzwang". (Vgl. Gehlen: Anthropologische Forschung, a. a. O., S. 130 f.) Neuere betriebssoziologische Forschungen sind gegenüber der behaupteten Funktionalität der Hierarchie für den Produktionsablauf eher skeptisch. Vgl. z. B. H. P. Bahrdt: Die Krise der Hierarchie im Wandel der Kooperationsformen, in: Soziologie und moderne Gesellschaft. Verhandlungen des 14. deutschen Soziologentages, Stuttgart 1959, S. 113 ff.

131 Vgl. Gehlen: Moral und Hypermoral, Bonn 1969, S. 101; dort wird Kultur identifiziert mit Disziplin, Geduld, Selbstverständlichkeit, Hemmungen, „die man nie logisch begründen, nur zerstören ... kann".

132 Vgl. ebenda, S. 96; nur daraus erklärt sich die Vorbildhaftigkeit der archaischen Kulturen, von denen Gehlen ein „Idealbild des instinktanalogen Funktionierens der Institutionen" (Apel, a. a. O., S. 5) gibt. Ähnlich Dörner, a. a. O., S. 109. Auf dieser Erklärungsebene liegt auch die Interpretation Jonas': „Es gibt für den einzelnen als auch für ein Volk keine größere Leistung als die, am Leben zu bleiben." (Jonas, a. a. O., S. 25)

Die Charakterisierung des Menschen als Mängelwesen im Gegensatz zum instinktiv festgestellten Tier ist für Gehlens theoretische Position insofern symptomatisch, als nicht das Bewußtsein die Sonderstellung des Menschen ausmacht, sondern gerade seine Mängel. Zwar kann auch Gehlen das Vorhandensein des Bewußtseins nicht leugnen, aber er reduziert dessen Bedeutung auf ein Minimum. Das Bewußtsein ist sinnvoll nur dort, wo es die „Andeutungen der Umwelt ausdeuten soll, um der Aktivität unseres Leibes Einsatzstellen und Übergänge zu bieten ..."[133]. Wo das Bewußtsein über diese dienende und nützliche Arbeit hinaus sich anderen Dingen zuwendet — wie es beim Kulturmenschen der Fall ist —, handelt es sich um „das typische Luxurieren entlasteter Funktionen"[134].

Auch in der Handlung, der zentralen Kategorie Gehlens, ist das Bewußtsein ausgeklammert. Reflexion wird bestimmt als Nicht-Handeln. Man kann nicht gleichzeitig handeln und reflektieren[135]. Da die Handlung jedoch lebensnotwendig für das Individuum ist, hemmt die Reflexion — nach Gehlens Ansicht — den lebenssichernden Prozeß. Reflexion im Sinne der „Überlegung der Mittel" ist jedoch für einen soziologischen Handlungsbegriff unabdingbar. Nur instinktives und irrationales Handeln lassen sich als ohne Reflexion möglich vorstellen. Das gilt auch für das quasi-instinkthafte Handeln in den Institutionen. Das Auftreten von Reflexion wird für Gehlen deshalb zum Zeichen mangelnder Stabilität von Institutionen, ebenso wie auch das Aufwerfen der Sinnfrage Instabilität signalisiert. Durch die negative Bestimmung der Reflexion und das heißt auch des Bewußtseins als Handlungshemmung wird die Betonung fast gänzlich auf die Entlastungsfunktion der Institutionen gelegt[136]. Einzig wichtig erscheint ein quasi-instinktives, automatisches Verhalten, nicht das bewußte Leben menschlicher Möglichkeiten.

Durch die negative Bewertung des Bewußtseins hat der Mensch trotz seiner Bestimmung als handelndes Wesen in Gehlens Anthropologie keine aktive, gestaltende, schöpferische Rolle. Handeln ist Veränderung des Gegenstandes[137], nicht der in den Institutionen verfestigten gesellschaftlichen Verhältnisse. Aber so wenig wie die

---

[133] Gehlen: Anthropologische Forschung, a. a. O., S. 32.

[134] Ebenda.

[135] Vgl. Gehlen: Urmensch und Spätkultur, a. a. O., S. 30.

[136] Diese Entlastungsfunktion der Institutionen ist vornehmlich für die „kleinen Seelen" wichtig. Gehlen kennt nur die „kleinen Seelen" mit „geringe(r) Kapazität" (Die Seele ..., a. a. O., S. 111), die Masse (ebenda, S. 84) einerseits und die „führenden Geister" (ebenda, S. 63), die Elite, (ebenda, S. 81) andererseits. Die kleinen Seelen und die großen Männer erscheinen als die sozialen Konkretionen der beiden Aspekte des Gehlenschen Institutionenbegriffs: die Entlastung gilt vornehmlich für die „kleinen Seelen", die Freisetzung von schöpferischer Antriebsenergie für die „führenden Geister". Vgl. dazu auch U. Steudel: Familie als Institution. Die Auffassung H. Schelskys und ihre Grundlegung bei A. Gehlen. Soziolog. Diplomarbeit, FU Berlin 1963, S. 37.

[137] Vgl. Gehlen, Urmensch und Spätkultur, a. a. O., S. 18.

G. sieht nicht Selbstverwirklichung, sondern Selbstentfremdung. — in Instit. durch Instit.

Institutionen vom Menschen tätig verändert und umgestaltet werden können, so gering ist auch sein Anteil an ihrer Entstehung. Sie sind nicht vom Menschen planmäßig geschaffen: „Daß zweckmäßige Institutionen rational oder instinktiv-zweckhaft entstanden seien, hat nichts für sich als die Einfachheit der Vorstellung[138].“ Vielmehr sind die Institutionen Folgen eines von der Außenwelt provozierten Verhaltens[139], die sich offenbarende Zweckmäßigkeit hat sie rückwärts stabilisiert[140].

Deshalb kann der Anspruch des Menschen, sich zum „maître et possesseur de la nature“ zu machen, von Gehlen nur als Vermessenheit, als Blindheit gegenüber seiner Beschränkung angesehen werden. In ihm spiegelt sich der „anthropozentrische Optimismus des Denkens, ... der aus ein paar Prinzipien ganze Welten konstruiert“[141]. Diesem Verdikt Gehlens unterliegen aber nicht nur die naiv-fortschrittsgläubigen Geister der Aufklärung, sondern auch alle diejenigen, die, in der aufklärerischen Tradition stehend, den Sinn des menschlichen Lebens nicht in quasi-instinktivem Verhalten in überkommenen Institutionen sehen, sondern in der Befreiung des Menschen von Repression, Autorität und Zwang zum Zwecke seiner Selbstentfaltung.

In Gehlens Institutionentheorie wird lediglich die Objektivität des gesellschaftlich Gegebenen gesehen und verabsolutiert. Neben der Notwendigkeit des Menschen, sich im Objektiven, im Institutionellen festzumachen, sieht Gehlen nicht die andere Seite, nämlich daß sich der Mensch „auch immer in den objektiven Zusammenhängen, in sozialen Gebilden und Prozessen und seinen Werken selbst verwirklicht. Gelingt solche Selbstverwirklichung nicht, so erfährt der Mensch dies als Selbst-

---

[138] Gehlen: Probleme einer soziologischen Handlungslehre, a. a. O., S. 220.

[139] „Der Eigensinn der Realität oktroyiert uns die Sollformen des Umgangs mit ihnen (den Dingen — H. R.).“ (Gehlen: Urmensch und Spätkultur, a. a. O., S. 68). Ebenso Jonas, a. a. O., S. 52.

[140] Vgl. diesen Gedankengang bei Gehlen: Probleme einer soziologischen Handlungslehre, a. a. O., S. 218 ff.

[141] Gehlen: Die Seele im technischen Zeitalter, a. a. O., S. 70. Der Primat der Objektivität der Institutionen, des Ganzen, die Verneinung einer aktiven, gestaltenden Rolle des Menschen ist offensichtlich ähnlich fundiert wie bei Hauriou (vgl. zu Haurious Position oben, S. 19 ff.). Auch Gehlen geht von der Inkorporation von Ideen in den Institutionen aus, die dadurch ihre überzeitliche Geltungskraft erlangen. (Vgl. Anthropologische Forschung, a. a. O., S. 76 f.) Allerdings spielen die Ideen in seiner Theorie nicht die überragende Bedeutung wie bei Hauriou. Kulturelle Entwicklung kann deshalb nur durch den Rückgriff auf die „großen Männer“ erklärt werden. Sie vollzieht sich dergestalt, daß „die ‚führenden Geister‘, die Toröffner, Inhalte und Weltbestände ansprechen und sogar die Formen des Erlebens vorführen, die allesamt in späteren Zeiten als ‚natürlich‘ im Sinne des gar nicht anders Möglichen gelten.“ (Die Seele ... a. a. O., S. 63) Kultur offenbart sich so „ihrem Wesen nach (als) ein über Jahrhunderte gehendes Herausarbeiten von hohen Gedanken und hohen Entscheidungen, und ein Umgießen dieser Inhalte zu festen Formen, so daß sie jetzt, gleichgültig gegen die geringe Kapazität der kleinen Seelen, weitergereicht werden können.“ (Ebenda, S. 111.)

entfremdung, die er durch die Änderung von Institutionen zu überwinden trachtet. Ein Prozeß, der sinnvoll ist, weil auf einer bestimmten Stufe der menschlichen Entwicklung bestimmte Institutionen eher als andere die Chance zur Selbstverwirklichung bieten[142]." Der eingangs erwähnte Mangel an historischer Konkretion erweist sich als verhängnisvoll, denn eine Untersuchung der Institutionen im historischen Kontext würde ergeben, daß bestimmte Institutionen immer nur Individuen bestimmter sozialer Klassen oder Schichten Selbstverwirklichung gewähren und die anderer sozialer Gruppen beschneiden. Zudem würde sich erweisen, daß die Neuzeit gerade durch die tendenzielle Selbstverwirklichung immer größerer Gruppen gekennzeichnet ist[143]. Diese Erkenntnis entlarvt die nahezu ausschließlich negative Einschätzung der Entwicklung seit der französischen Revolution durch Gehlen und seine Verketzerung der menschlichen Subjektivität als falsch[144].

Die politische Funktion der Gehlenschen Anthropologie — zumal wenn sie die Grundlage für Aussagen über die heutige Gesellschaft bildet — ist eindeutig: Noch nie in der Menschheitsgeschichte waren die Möglichkeiten, Not und Zwang durch Ausrichtung der Produktion an den menschlichen Bedürfnissen aufzuheben, so groß wie angesichts der materiellen Bedingungen in den hochentwickelten kapitalistischen Gesellschaften. „Aber je näher die reale Möglichkeit rückt, den einzelnen von den ehemals durch Mangel und Unreife gerechtfertigten Einschränkungen zu befreien, desto mehr steigert sich die Notwendigkeit, diese Einschränkungen aufrecht zu erhalten und immer funktionstüchtiger zu gestalten, damit sich die bestehende Ordnung nicht auflöst. Die Zivilisation muß sich gegen das Traumbild einer Welt verteidigen, die frei sein könnte[145]." Das Bewußtwerden der realen menschlichen Möglichkeiten muß verhindert werden. Die wachsende Produktivität der Gesellschaft wird demzufolge nicht im Interesse des einzelnen genutzt — was die bestehenden Herrschaftsverhältnisse auflösen würde —, sondern im Interesse der Beherrschung gegen den einzelnen verwendet. Die Gehlensche Anthropologie erhält in diesem Zusammenhang ihren Stellenwert: „. . . gerade weil die Möglichkeiten des Menschen so groß geworden sind, macht Gehlen im Interesse der Beherrschung den Menschen definitorisch zu dem Tier, das seine Möglichkeiten nicht leben darf . . .[146]."

---

142 H. Ryffel: Die Institutionen. Verhängnisse oder Aufgaben? Zum Buch von Fr. Jonas: „Die Institutionenlehre A. Gehlens", in: Soziale Welt, Bd. 18 (1967), S. 256. Diese Passage ist zwar auf Jonas gemünzt, m. E. aber auch auf Gehlen zutreffend. Ebenso Apel, a. a. O., S. 9.

143 Vgl. Ryffel, a. a. O., S. 256 f.

144 Die negative Beurteilung der französischen Revolution bzw. ihrer Entwicklung ab 1791 sowie des cartesianischen Denkens gehört zu den Grundpositionen, die Gehlen mit Hauriou teilt. Zu Hauriou vgl. die Einführung von R. Schnur, in: ders. (Hrsg.): Die Theorie der Institution . . ., a. a. O., S. 19. Gehlens Position findet sich in „Die Seele im technischen Zeitalter", a. a. O., S. 70 ff.; „Moral und Hypermoral", a. a. O., S. 102.

145 H. Marcuse: Triebstruktur und Gesellschaft, Frankfurt/M. 1965, S. 94 f.

146 Dörner, a. a. O., S. 129.

3. Der institutionalistische Ansatz bei H. Schelsky

Die vorausgegangene Untersuchung der Institutionentheorie bei Malinowski, Hauriou und Renard sowie bei Gehlen sollte — wie eingangs erwähnt — dazu dienen, ihnen gemeinsame theoretische Grundstrukturen herauszuarbeiten, um von diesen aus den Schelskyschen institutionalistischen Ansatz, der von ihm selbst theoretisch nicht ausführlich entwickelt worden ist, beurteilen zu können. Anschließend soll dann Schelskys Familiensoziologie daraufhin untersucht werden, ob und inwieweit Fragestellung und Ergebnisse tatsächlich durch diesen institutionalistischen Zugang beeinflußt wurden.

a) *Gemeinsamkeiten der Institutionenlehren Malinowskis, Haurious/Renards und Gehlens*

Die untersuchten Theorien erklären die Existenz von Institutionen aus der menschlichen Natur (Malinowski, Gehlen) bzw. begründen sie ontologisch (Hauriou, Renard). Aber auch bei Hauriou ist die Menschennatur insofern ein wichtiges Element seiner Theorie als die Institutionen für jenes Tempo in der historischen Entwicklung sorgen, das den Menschen als Stabilität erscheint, die sie so notwendig brauchen. Über die menschliche Natur besteht ebenfalls bei allen genannten Wissenschaftlern eine überraschende Einmütigkeit: die Menschen sind roh, ungezähmt, ausschließlich von egoistischen Motiven getrieben, lediglich auf den eigenen Vorteil bedacht. Diese Eigenschaften des Menschen werden als natürliche, d. h. im Wandel der Geschichte unveränderbare gedeutet. Aus diesem Grunde müssen die Menschen vor sich selbst und ihresgleichen geschützt werden, weil sonst ein Kampf aller gegen alle ausbricht. Hier haben die Institutionen ihren Ort, die das Chaos verhindern und menschliche Gesellung erst ermöglichen. Die Institutionen erhalten ihre Berechtigung durch die Sicherung des blanken Überlebens, indem sie dem Menschen zur instinkthaften Verhaltenssicherheit verhelfen (Gehlen), indem sie dazu dienen, die „basic and derivated needs" zu befriedigen (Malinowski) oder indem sie jene festgefügte Sozialordnung schaffen, die die Menschen von der Katastrophe trennt (Hauriou)[147].

Die Erklärung der Entstehung der Institutionen durch ein von der Außenwelt provoziertes Verhalten der Menschen, das erst nachträglich sich als zweckmäßig offenbart (Gehlen) bzw. die ontologische Begründung der Institution (Hauriou/Renard) und die Annahme, daß Kultur erst zusammen mit der Entstehung von Institutionen sich entwickeln kann, bedeuten, daß dem Menschen die Fähigkeit zu einer bewußten Gestaltung der gesellschaftlichen Verhältnisse, d. h. aber auch: der Institutionen abgesprochen wird. Bei Gehlen wird die Absicht, den Menschen zum rein reaktiven (reaktiv auf seine Umwelt) Wesen zu erklären, sehr deutlich, wenn er die Absicht des Menschen, sich zum „maître et possesseur de la nature" zu machen als anthropozentrischen Hochmut denunziert. Hauriou beschränkt den menschlichen Anteil an der Enstehung der Institution auf die Entdeckung der Idee. Diese benutzt dann die Menschen, um sich zu institutionalisieren. Das menschliche Element erscheint in Haurious

[147] Vgl. dazu oben S. 13 ff. (Malinowski); S. 21 f. (Hauriou); S. 27 ff. (Gehlen).

Institutionentheorie nur vordergründig als aktive Kraft; im Grunde spielt es lediglich eine Katalysatorfunktion. Einzig Malinowski, für den die Institutionen und die Kultur in ihrer Gesamtheit instrumentellen Charakter haben, d. h. ausschließlich zweckrational sind, um die Befriedigung menschlicher Bedürfnisse zu ermöglichen, schließt für den Menschen sinnvolles, auch veränderndes Gestalten nicht explizit aus.

Zugleich impliziert die Ableitung der Institutionen aus der menschlichen Natur bzw. ihre Fundierung durch objektiv vorhandene Ideen, daß jede Institution zunächst einmal die Vermutung für sich hat, durch ihren Beitrag zur Erhaltung des menschlichen Lebens bzw. durch die Idee gerechtfertigt und damit sinnvoll zu sein. Das bedeutet aber auch, daß die Institutionen prinzipiell nicht abzuschaffen sind. Malinowskis universeller Funktionalismus rechtfertigt sogar explizit jede Institution, denn jede leistet ihren Beitrag zur Bedürfnisbefriedigung. Implizit legitimieren auch die Theorien Gehlens und Haurious/Renards die bestehenden Institutionen, denn der Hinweis auf die selbstische Natur des Menschen macht die Notwendigkeit autoritären Zwanges unmittelbar einsichtig. Die Entscheidung der Frage, ob und in welchem Maße Zwang und Unterdrückung gerechtfertigt sind, ist deshalb sekundär und wird dann häufig gar nicht mehr gestellt.

Auffällig ist, daß Gehlen, Malinowski und Hauriou/Renard die gesellschaftliche Entwicklung, die sie nur als Veränderung der Institutionen registrieren, nicht erklären können. Für Malinowski beruhen Veränderungen in den Institutionen auf Veränderungen in der Bedürfnisstruktur. Aufgrund welcher Faktoren und in welcher Richtung sich diese wiederum entwickelt, vermag er nicht anzugeben. Hauriou stellt zwar fest, daß keine Institution ewigen Bestand hat, über die Ursachen ihres Endes macht er jedoch keine detaillierten Angaben[148]. Da er aber die nicht zu leugnende gesellschaftliche Entwicklung irgendwie erklären muß, dies ähnlich wie Gehlen aufgrund seines unhistorischen Denkens nicht kann, erfolgt der Rückgriff auf die großen Männer, die Eliten, die die Welt bewegen. Für diese gelten sowohl bei Gehlen als auch bei Hauriou die negativen Bestimmungen des Menschen nicht mehr. Die Mitglieder der Eliten heben sich aus der Masse der kleinen Geister hervor. Sie bewirken die historische Entwicklung durch ihren entscheidenden Anteil bei der Gründung der Institutionen (Hauriou)[149] bzw. durch das „Herausarbeiten von hohen Gedanken und hohen Entscheidungen", die dann zu den Institutionen erstarren (Gehlen)[150].

Wie schon angedeutet, bedingt die verdorbene Menschennatur die Notwendigkeit von Autorität, Zwang und Repression, d. h. aber die Unaufhebbarkeit der Institutionen. In allen hier untersuchten Institutionentheorien werden die Eigenstruktur und Eigengesetzlichkeit der Institutionen, die dem Menschen als etwas Fremdes gegen-

---

148 Vgl. seine Ausführungen dazu in: Die Theorie . . ., a. a. O., S. 63.

149 Vgl. oben S. 19 f.

150 Zu Gehlen vgl. oben, S. 31, Anm. 141.

übertreten, die überpersönliche Ordnung betont. Da andererseits die Institutionen nicht im historischen Kontext untersucht, daher ihre Berechtigung oder die Notwendigkeit ihrer Veränderung nicht konkret festgestellt werden kann, rechtfertigen alle diese Theorien gesellschaftlichen Zwang, Autorität und Repression schlechthin. Für die Analyse der modernen Gesellschaft bedeutet das die Affirmation von deren sozialer Disziplin und autoritärer Struktur.

Die politische Funktion, die für die Gehlensche Soziologie schon festgestellt wurde, erweist sich damit als eine bei allen behandelten Theorien immanent vorhandene: Rechtfertigung des status quo und damit Unterstützung der bestehenden Herrschaftsverhältnisse bei gleichzeitiger Abwehr aller Gesellschaftsentwürfe, die auf ein repressionsfreies Zusammenleben sich selbst bestimmender Menschen abzielen.

b) Schelskys Variante des Institutionenbegriffs[151]

Trotz der wissenschaftlichen „Anlehnung“ an die Positionen von Malinowski, Hauriou und Gehlen weist Schelskys Begriff von Institution einige Besonderheiten auf. Bei Malinowski fielen Organisation und Institution zusammen. Auch bei Hauriou ist keine Differenzierung vorhanden[152]. Erst bei Gehlen deutet sich infolge seiner Polemik gegen das moderne zweckrationale Denken eine Polarisierung an, die jedoch nicht streng durchgehalten wird[153]. Schelsky trennt strikt zwischen Organisation und Institution. Organisation ist „die durch eine bewußte Methodik erreichte und gesicherte Koordination von Personen oder wenigstens menschlicher Teilaktivitäten zur Verwirklichung ebenso bewußter Ziele oder zur Erfüllung von klar angebbaren Interessen“[154].

Im Gegensatz zur Zweckhaftigkeit der Organisation ist die Dauerhaftigkeit und Stabilität von Institutionen tiefer begründet. Ihre Funktion für das Leben der Gesellschaft ist fundamentaler und unersetzbarer als die der Organisation. Obwohl die Institutionen neben ihrem Ursprung in einem spontanen Gruppenhandeln oder einer zufälligen historischen Konstellation auch aus einer Organisation erwachsen können[155], scheint die Differenz doch deutlich in der Rationalität bzw. Irrationalität des Handelns zu liegen. Hier deutet sich die von Schelsky vollzogene Trennung in

---

151 Schelsky hat keine geschlossene Institutionentheorie entwickelt. Seine Bemerkungen dazu sind sehr verstreut. Zusammenhängende Ausführungen finden sich in den „Wandlungen der deutschen Familie in der Gegenwart“ (a. a. O., S. 26 f.) sowie in den Aufsätzen „Ist die Dauerreflektion institutionalisierbar?“, (a. a. O., S. 250 ff.) und „Über die Stabilität von Institutionen, besonders Verfassungen“ (a. a. O., S. 265 f.). Neuerdings wieder in dem Aufsatz: „Zur soziologischen Theorie der Institution“, a. a. O.

152 Vgl. Malinowski: Eine wissenschaftliche Theorie der Kultur, a. a. O., S. 77 f., 83 f.; Hauriou: Die Theorie der Institution, a. a. O.

153 Vgl. dazu: Gehlen: Die Seele ..., a. a. O., S. 116. Die gegensätzliche Auffassung vertritt er ebenda (S. 52) und in: „Probleme einer soziologischen Handlungslehre“, (a. a. O., S. 205).

154 H. Schelsky: Ist die Dauerreflektion institutionalisierbar?, a. a. O., S. 262.

155 Vgl. ebenda.

Primär- und Sekundärsysteme an[156]. Allerdings ist diese scharfe Unterscheidung zwischen Institution und Organisation von Schelsky selbst gelegentlich verwischt worden[157].

Der bei Gehlen konzipierte Doppelaspekt der Institutionen wird von Schelsky vereinseitigt zugunsten einer sehr starken Betonung der Entlastungsfunktion. Dies wird deutlich bei der Feststellung der drei Funktionen einer Institution: Sie befriedigt die vitalen, biologisch-determinierten Grundbedürfnisse, dient zur Dauerbefriedigung der künstlichen, abgeleiteten Bedürfnisse und wirkt formend und führend sowohl auf die abgeleiteten als auch auf die vitalen Bedürfnisse zurück[158]. Die Kennzeichnung der institutionalisierungsfähigen Bedürfnisse als triviale, banale und inferiore verstärkt den Eindruck der Vereinseitigung. Die bei Gehlen schon angelegte soziale Konkretisierung der beiden Aspekte der Institution: Der Entlastungsaspekt vornehmlich für die „kleinen Seelen", die Freisetzung des schöpferischen Antriebsüberschusses für die „großen Männer", taucht bei Schelsky wieder auf, denn nur die „auf den *Durchschnitt* und die *Menge* der jeweilig betroffenen Menschenmenge umlegbaren Befriedigungen"[159] sind institutionalisierbar. Die jeder Institution innewohnende Garantie des inneren Aufschwungs der Person dürfte für die Menge und den Durchschnitt deshalb keine Realisierungschance bieten[160]. Damit hängt eine außerordentlich starke Betonung des Stabilitätsaspektes der Institutionen zusammen, die zudem eindeutig rückwärts gerichtet ist, denn die Frage nach den Stabilitätsfaktoren — und das heißt nach tragfähigen Institutionen — dient Schelsky zur Erfassung der „Kräfte der Beharrung und Behauptung"[161].

---

[156] Schelsky (Wandlungen der deutschen Familie in der Gegenwart, 5. Aufl., Stuttgart 1967, S. 28 f.) beruft sich auf die Gruppentheorie Ch. H. Cooleys. Cooley hat den Begriff „primary-group" geprägt. Er hat aber weder den Begriff Sekundärgruppe oder -system verwendet, noch eine zwischen der Primärgruppe und der weiteren sozialen Umwelt bestehende Dichotomie postuliert. Allerdings kommt die Kennzeichnung der Primärgruppe als ein Ort, wo „human nature comes into existence" (Social Organization, hrsg. und eingel. v. R. C. Angell, Glencoe/Ill. 1956, S. 30), wo Sympathie und gegenseitige Identifizierung als ein „Wir" (ebenda, S. 23) herrschen, in die Nähe jenes Begriffes von Primärgruppe, wie er in Deutschland unter Einbeziehung der von F. Tönnies entwickelten Gemeinschafts-Gesellschafts-Dichotomie geprägt wurde. Zur Verbindung Tönnies-Freyer-Schelsky vgl. Steudel, a. a. O., S. 52 f.

[157] Vgl. Schelsky: Über die Stabilität von Institutionen, besonders Verfassungen, a. a. O., S. 279 f. Vgl. auch unten, S. 40, Anm. 183.

[158] Vgl. ebenda, S. 272.

[159] Schelsky: Ist die Dauerreflektion institutionalisierbar?, a. a. O., S. 264. (Hervorhebung von mir — H. R.)

[160] Eine elitäre Konzeption wird Schelsky auch von Fijalkowski nachgewiesen („Über einige Theorie-Begriffe in der deutschen Soziologie der Gegenwart", in: KZfSS, Bd. 13 [1961], S. 105.).

[161] Schelsky: Wandlungen der deutschen Familie in der Gegenwart, a. a. O., S. 25. In dem Zusammenhang erscheint es bezeichnend, daß Schelsky Stabilisierung und Restaurierung als Synonyme verwendet (ebenda, S. 9).

c) *Familie als Institution*[162]

Die Tendenz der Schelskyschen Familiensoziologie läßt sich wahrscheinlich zurückführen auf das Erlebnis der aus den Fugen geratenen deutschen Gesellschaft nach der Niederlage des Zweiten Weltkrieges. Die Soziologen befanden sich auf der Suche nach Stabilitätsfaktoren; alle Anzeichen von Stabilität — gleich welchen Inhalts — erweckten ihr höchstes Interesse, „weil allein durch eine Stabilisierung der Verhältnisse das Schon-Verständigt-sein erreichbar ist, auf das alles ankommt" (Gehlen)[163]. Da sich die „Mobilität und Dynamik" der Gesellschaft mit dem Sicherheitsbedürfnis des einzelnen als unvereinbar erwies und der einzelne gerade auch im privaten Daseinsbereich der Vorstellung „eines stabilen, dauerhaften Status bedurfte"[164], wurden selbst restaurative Tendenzen positiv bewertet, sind sie doch Zeichen der „Sehnsucht nach dem, was wir einst fraglos besessen und was ... Fundamente des Daseins enthielt ..."[165].

Hier zeigt sich sehr deutlich, daß die Fragestellung, unter der Schelsky die Nachkriegszeit sieht, von einem spezifisch gefärbten Institutionalismus bestimmt ist, nämlich jenem, der die Institutionen aus der Natur des Menschen ableitet und mit dem Zerfall der überkommenen Institutionen die Kultur zusammen- und das Chaos ausbrechen sieht. Nur so läßt sich die Suche nach Stabilitätsfaktoren schlechthin, ohne Rücksicht auf deren Inhalt, erklären. Die politische Problematik dieser Position konnte zu einem Zeitpunkt, in dem das Dritte Reich, das für einen großen Teil der Gesellschaftsmitglieder sehr viel Stabilität und Ordnung garantierte, gerade besiegt worden war, allerdings schlecht verborgen bleiben.

Die oben dargestellte spezifische Fassung des Institutionenbegriffs, in die die Gemeinschaft-Gesellschaft-Dichotomie eingegangen ist, führt dazu, daß Schelsky

---

[162] Die folgenden Ausführungen erheben nicht den Anspruch, die Schelskysche Familiensoziologie im einzelnen zu behandeln. Vielmehr sollen nach den vorausgegangenen Untersuchungen über die spezifischen Probleme eines institutionalistischen Ansatzes in verschiedenen sozialwissenschaftlichen Disziplinen die Auswirkungen dieses methodischen Zugangs für eine Analyse der Familie untersucht werden. Als Beleg werden einige Ergebnisse der Schelskyschen Familiensoziologie angeführt. Eine eingehende Diskussion wichtiger Ergebnisse wird im 3. Teil dieser Arbeit durchgeführt. Die Aussagen über die familiensoziologischen Resultate Schelskys stützen sich im wesentlichen auf die 5. Aufl. der „Wandlungen der deutschen Familie in der Gegenwart", Stuttgart 1967. Eine Modifizierung der Ergebnisse dieser Anfang der fünfziger Jahre abgeschlossenen Untersuchung (die erste Auflage ist 1953 erschienen) hat Schelsky — von peripheren Äußerungen einmal abgesehen — nicht vorgenommen. Dafür spricht auch, daß alle Auflagen unverändert erschienen sind. Im folgenden Abschnitt bleiben andere methodologische Probleme, wie beispielsweise Sample und Repräsentativität der Untersuchung oder Schelskys Empiriebegriff ausgeklammert. Es kann jedoch auf die Ausführungen Steudels (a. a. O., S. 66 f.) verwiesen werden.

[163] Zitiert nach Schelsky: Über das Restaurative in unserer Zeit, in: ders.: Auf der Suche nach der Wirklichkeit, a. a. O., S. 410.

[164] Schelsky: Der Realitätsverlust der modernen Gesellschaft, in: ders.: Auf der Suche nach der Wirklichkeit, a. a. O., S. 399.

[165] Schelsky: Über das Restaurative in unserer Zeit, a. a. O., S. 410.

als Stabilitätsrest nur noch die Familie finden kann, denn alle zweckrationalen Gebilde, zu denen beispielsweise auch der Betrieb zählt, scheiden von vornherein aus, zumal sie sich für Schelsky — wie alle öffentlichen Institutionen — als zu krisenanfällig erwiesen haben[166].

Die Aufgabe der Soziologie besteht deshalb „in der Teilnahme um den Bestand und die Lauterkeit der kleinen Gruppe, der persönlichen menschlichen Beziehungen ...“[167], konkret: in der „Restaurierung oder Stabilisierung der Familie“[168]. Nicht eine Neugestaltung der Gesellschaft unter Verwertung der Erfahrungen mit dem Nationalsozialismus ist das Gegenwartsanliegen, sondern eine Reform der Gesellschaft von der Familie aus[169], die „im Zuge der Entwicklung zu neuen und dauerhaften Ordnungs- und Stabilitätsverhältnissen der Gesellschaft nicht nachhinkt, sondern an der Spitze marschiert“[170]. Gegenüber Gehlen, der angesichts der Stabilitätserschütterung durch Abbau von Traditionen und folglich: Institutionen vorwiegend ein pessimistisches Bild der Gegenwart zeichnet, in der sich als mögliche, schwache Ansätze zur Stabilisierung die Faktoren: Persönlichkeit, Familie und Religion abzeichnen[171], zeigt sich Schelsky optimistischer[172]. Allerdings stellte sich bei der Suche nach der fundamentalen Stabilität in den Familienverhältnissen heraus, daß diese „Fragestellung in sich schon, unvermeidlich und verständlicherweise, eine gewisse profamiliale Tendenz (einschließt), die über Methoden und Forschungsinstrumente den Resultaten sich mitteilt. Notwendig kommen dabei entgegengesetzte Tendenzen zu kurz“[173].

Schelsky untersucht die institutionellen Restfunktionen der Familie, die sich in der Not der Kriegs- und Nachkriegsjahre bedeutend erweitert haben. Diese Erweiterung schätzt er aufgrund seiner Deutung der Krisenerscheinungen der Nachkriegsjahre als Dauerkrise[174], als langfristig ein. Die von ihm entwickelten Stabilitätsgesetze[175]

---

[166] Vgl. dazu Schelsky: Wandlungen der deutschen Familie in der Gegenwart, a. a. O., S. 13. Vielleicht offenbart sich hier der Einfluß Renards, für den die Familie die Institution par excellence ist. (Vgl. L'Institution, a. a. O., S. 192.)

[167] Schelsky: Der Realitätsverlust der modernen Gesellschaft, a. a. O., S. 404.

[168] Schelsky: Wandlungen der deutschen Familie in der Gegenwart, a. a. O., S. 9.

[169] Dieses Anliegen ähnelt dem Versuch von Soziologen in den zwanziger Jahren, vom Betrieb aus die Gesellschaft zu reformieren.

[170] Schelsky: Wandlungen der deutschen Familie in der Gegenwart, a. a. O., S. 14.

[171] Vgl. dazu Gehlen: Die Seele ..., a. a. O., S. 43, 99, 74, 114 f. und 118.

[172] Vgl. zu Gehlens Pessimismus die Äußerungen Schelskys, in: Ist die Dauerreflektion institutionalisierbar? (a. a. O., S. 265) und: Zur soziologischen Theorie der Institution (a. a. O., S. 22 ff.).

[173] Th. W. Adorno: Zum gegenwärtigen Stand der deutschen Soziologie, in: KZfSS, Bd. 11 (1959), S. 261 f.

[174] Vgl. dazu Schelsky: Wandlungen der deutschen Familie in der Gegenwart, a. a. O., S. 75 f. und S. 220.

[175] Vgl. ebenda, S. 24 f.

orientieren sich deshalb an der ländlichen sowie Arbeiter- und Handwerkerfamilie mit ausgeprägten Resten institutioneller Funktionen einerseits und am Ideal der hochbürgerlichen Familie andererseits. Diese Rückwärtsperspektive ist Folge der Frage nach Stabilisationsfaktoren überhaupt, d. h. auch nach jenen, die gerade keine Anpassung der Familie an die grundlegenden Strukturen der gegenwärtigen Gesellschaft erlauben. Damit ist die Möglichkeit ausgeschlossen, die Entwicklung der Familie an dem Verhältnis zu der Entwicklung der Gesellschaft und deren Idealen zu messen. Maßstab wird stattdessen der „Komplex menschlicher Grundbedürfnisse"[176], den die Familie in einer bestimmten Situation erfüllen muß. Die Familiensoziologie erweitert sich somit zur anthropologischen Analyse, was Schelsky symptomatisch für die Disharmonie zwischen Familie und Gesellschaft erscheint[177]. Andererseits wählt Schelsky den institutionalistischen Ansatz aber gerade mit der Intention, die Stellung der Familie im Gesamtzusammenhang der Gesellschaft in den Griff zu bekommen[178]. Diese widersprüchliche Position erfährt durch die Übernahme der „Primär-Sekundär-System-Dichotomie" durch Schelsky eine eindeutige Lösung zugunsten der isolierten Betrachtung der Familie[179]. Die Betrachtung der Familie als Institution soll — Schelsky zufolge — außerdem die überpersönliche Dauer, die Verobjektivierung, die Funktionsverteilung und die Autorität oder — im Anschluß an die französische Rechtslehre — die Rechtsüberhöhtheit betonen[180].

Das starke Interesse an Stabilitätsfaktoren führt bei Schelsky dazu, nahezu alle Erscheinungen in der deutschen Familie mit außerordentlich geringen Einschränkungen als für die Stabilität der Familie günstige zu deuten. Erscheinungen wie mangelndes Realitätsbewußtsein, Isolierung, politisches Desinteresse etc. werden selbst auf längere Sicht positiv beurteilt. Auch die Haltung Schelskys zur Emanzipation und Berufstätigkeit der Frau ist von seinem einseitigen Interesse an Stabilität geprägt. Der Kontakt der Frau mit der außerfamiliären Welt wird als große Belastung gedeutet. Die Frau werde der Sicherheit des häuslichen Daseins, die den seelischen Untergrund für ihre Verhaltensweisen abgebe, entrissen und in die Spannung zwischen primären und abstrakten Sozialbeziehungen hineingezogen. Dadurch sei die eigentümliche Leistung der Familie, die „Erziehung der Kinder in einer Sphäre persönlicher Vertrautheit und Fürsorge, der Isolierung der Häuslichkeit als eines in sich geschlossenen, eigenlebigen Daseinsbereiches gegenüber der Berufswelt und der Ergänzung und damit Erweiterung der Daseinsformen der Ehepartner"[181] gefährdet. Die hierin zum Ausdruck kommende Harmonisierung der Familienbeziehungen[182] ist

---

176 Ebenda, S. 25.

177 Vgl. ebenda; an dieser Stelle wird die Verbindung zu den theoretischen Positionen Malinowskis und Gehlens sehr deutlich.

178 Vgl. ebenda, S. 30.

179 Vgl. dazu oben S. 36, Anm. 156 und unten, S. 41 f.

180 Vgl. Schelsky: Wandlungen der deutschen Familie in der Gegenwart, a. a. O., S. 26 ff.

181 Ebenda, S. 309, auch S. 355.

182 Vgl. dazu auch Schelsky: Die skeptische Generation, a. a. O., S. 129.

ein Kunstgriff, dessen sich Schelsky bedient, um desto krasser das Bild der außerfamiliären Welt zu zeichnen.

Gegenspieler der Familie ist die Öffentlichkeit, worunter Schelsky alles begreift, was nicht Familie ist. Die Öffentlichkeit ist gekennzeichnet durch „Eigendynamik" und „Eigengesetzlichkeit" und wird als prinzipiell unveränderlich begriffen[183]. Gegenüber der „affektsperrenden Sachlichkeit", der „kalten Disziplin", der Un-Ordnung des außerfamiliären Bereichs erscheint die Familie mit ihrer „mitfühlenden, auflockernden und menschlich warmen Atmosphäre"[184] als Ort der Privatheit oder gar Menschlichkeit — und damit der Kritik entzogen. Hier kommt die in Schelskys Institutionenbegriff eingeflossene Gemeinschafts-Gesellschafts-Dichotomie deutlich zum Vorschein. Unterstützt wird dieser Dualismus durch die unterschiedlichen Formen der Autorität in beiden Bereichen[185]. Der „natürlichen" Autorität der Familie wird die „abstrakte" Autorität der Gesellschaft gegenübergestellt. Eine der Wesensbestimmungen der Familie besteht — nach Schelsky — gerade in der Entwicklung der „natürlichen" Autorität. Diese wird von ihm gekennzeichnet durch die Repräsentanz und Vorbildlichkeit des gemeinschaftlichen „Wir", die Leistungsbedingtheit oder Funktionalität, den überschaubaren Sinngehalt innerhalb der Gruppenexistenz sowie die Verfestigung zur institutionellen Dauerstruktur[186].

Die Funktion von Tradition und Autorität bestehe in der Entlastung vom permanenten Bewußtseins- und Entscheidungskonflikt, der sozial nur in der Lage der „kontemplativen Wohlhabenheit" zu verwirklichen sei[187]. Diese Voraussetzung ist in der Nachkriegszeit nicht gegeben und wird nach Schelskys düsterer Zukunftsprognose auch in absehbarer Zeit nicht wieder erfüllt werden können. Deshalb führt seiner Meinung nach jeder Autoritätsschwund zur Überbelastung und muß vermieden werden. Aus dieser Schlußfolgerung erklärt sich wohl auch Schelskys scharfe Wendung gegen die „anti-autoritäre" Familientheorie der Frankfurter Schule, die den

---

[183] Hier liegt m. E. eine Vermengung von Organisations- und Institutionsbegriff vor, denn große Bereiche des gesellschaftlichen Lebens sind geplante, zweckrationale Gebilde, wie beispielsweise ein Betrieb, und könnten dementsprechend umgestaltet, verbessert werden. Die Ausschließung dieser Möglichkeit sowie die Betonung der Eigengesetzlichkeit der außerfamiliären Strukturen deuten darauf hin, daß sie hier von Schelsky als Institutionen begriffen werden.

[184] Schelsky: Wandlungen der deutschen Familie in der Gegenwart, a. a. O., S. 355.

[185] Vgl. hierzu: ebenda, S. 314 ff.

[186] Auf die fragwürdige Einteilung in „natürliche" und „abstrakte" Autorität soll an dieser Stelle nicht weiter eingegangen werden. Abgesehen davon, daß die Kennzeichnung sozialer Phänomene als natürliche sehr stark in den Verdacht der Ideologisierung gerät, sei verwiesen auf die fundierte Kritik Steudels (a. a. O., S. 96 ff.).

[187] Vgl. Schelsky: Wandlungen der deutschen Familie in der Gegenwart, a. a. O., S. 332; vgl. zum Autoritätsbegriff Schelskys Ausführungen, in: „Schule und Erziehung in der industriellen Gesellschaft", 2. Aufl., Würzburg 1959, S. 38.

Abbau der „natürlichen“ Autorität zugunsten der abstrakt-gesellschaftlichen bewirke und damit die Familie schwäche. Die Konzeption der Familie als letzter Rest einer einstmals heilen Welt ist vermutlich auch Ursache von Schelskys Attacke gegen die von der Psychoanalyse aufgedeckte Beziehung zwischen autoritärer Erziehung bzw. Familienstruktur und politischem Verhalten, die Schelsky als nicht existent deklariert. Der Eindruck, daß unter dem Deckmantel des Ursprünglichen, Natürlichen bestehende Strukturen verfestigt und gegen Kritik immunisiert werden sollen, drängt sich auf und wird bestätigt durch die von Schelsky in einem anderen Zusammenhang vorgenommene Identifizierung von „Natürlichkeit“ mit „Unbezweifelt-Sein der Norm“[188].

d) Auswirkungen des institutionalistischen Ansatzes

Das starre dualistische Schema Familie — Gesellschaft verkennt die notwendigen Wechselbeziehungen zwischen Privatheit und Öffentlichkeit. Es gibt keine gänzlich autonomen Räume in der Gesellschaft. Die Situation der Familie in den ersten Nachkriegsjahren: das Desinteresse an der Gesellschaft wie auch die Flucht in die Privatheit, hat Schelsky wohl richtig gesehen. Die Prolongierung dieser Tendenzen in die Zunkunft ist teilweise falsch und ihre positive Einschätzung in ihren politischen Implikationen verhängnisvoll. Schelsky hat die Bindungen an die außerfamiliären Bereiche wie Beruf, Schule etc. unterschätzt, die den einzelnen zwangsläufig integrieren — Tendenzen, die auch schon Anfang der fünfziger Jahre erkennbar waren. Politisch fatal wirkt sich der Aufbau der starren Front zwischen Privatheit und Öffentlichkeit deshalb aus, weil dadurch die Gestaltbarkeit und Veränderbarkeit der gesellschaftlichen Bereiche durch die handelnden Menschen praktisch verneint werden[189]. Gerade wenn man, wie Schelsky, der Ansicht ist, daß gegenwärtig die Bereiche der Öffentlichkeit für den einzelnen undurchdringbar und undurchschaubar sind, es sich um bürokratisierte „Superstrukturen“ handelt, liegt der Schluß nahe, diese gesellschaftlichen Verhältnisse so umzugestalten, daß sie — beispielsweise durch die Selbstverwaltung und Selbstbestimmung der in ihnen Tätigen — durchschaubar, kalkulierbar, lebbar gemacht werden. Die oben aufgezeigten, allen behandelten Institutionentheorien eigene Leugnung der aktiven, gestaltenden, schöpferischen Kräfte des Menschen, die auf der spezifischen Fundierung der Institution (in der „Menschennatur“ bzw. in den „objektiven“ Ideen) sowie auf einer pessimistischen Auffassung vom Menschen basiert, ist offensichtlich auch bei Schelsky vorhanden. Gegenüber den Sachzwängen, den Eigengesetzlichkeiten der Außenwelt ist der

188 Vgl. Schelsky: Soziologie der Sexualität, Hamburg 1955, S. 50.

189 Beispielsweise erwecken die Schilderungen der Zeit des Nationalsozialismus, des Krieges und der Nachkriegszeit durch Schelsky in „Wandlungen der deutschen Familie in der Gegenwart“ den Eindruck von Naturkatastrophen. (Vgl. ebenda.) Vgl. zu dieser Entgegensetzung von Familie und Gesellschaft auch den Abschnitt I im 3. Teil dieser Arbeit.

Mensch zur Untätigkeit verurteilt. Verstärkend wirkt dabei der Einfluß der Gemeinschafts-Gesellschafts-Dichotomie[190].

Eine soziologische Theorie, die die Unveränderlichkeit der Bereiche von Wirtschaft und Politik postuliert, stabilisiert damit Herrschaft, Macht und Autorität[191]. Insbesondere die Rede von der „industriell-bürokratischen Gesellschaft" verschleiert deren kapitalistische Struktur. Wenn man — wie Schelsky — der Ansicht ist, daß die Gesellschaft die Familie „ausbeutet"[192], dann muß man diese Gesellschaft genau untersuchen und wird zu dem Ergebnis kommen, daß die Ursache dieses „Ausbeutungs"-Verhältnisses, d. h. der Diskrepanz zwischen den im familiären und im gesellschaftlichen Bereich honorierten Verhaltensweisen in der völligen Kommerzialisierung und Kapitalisierung dieser Gesellschaft liegt. Schelskys Familiensoziologie ist ein Beweis für die Richtigkeit der Feststellung Adornos, daß „die Ausscheidung der eigentlich ökonomischen Fragen, der nach dem tragenden Produktions- und Reproduktionsprozeß der Gesellschaft, der den sogenannten Formen der Vergesellschaftung ihr Leben einbläst, ... zur Verdünnung der soziologischen Problematik" führt und zur Fetischisierung des Restes, der „zwischenmenschlichen Beziehungen"[193].

Das Begreifen der Familie als Institution hat — wie von Schelsky auch intendiert — zur Betonung ihrer überindividuellen, überpersönlichen objektiven Struktur geführt[194]. Als Beispiele wurden angeführt die Haltung zur Emanzipation der Frau und die Rechtfertigung der institutionalisierten (!) „natürlichen" Autorität in der Familie. Auch Schelskys Auseinandersetzung mit den Kinsey-Berichten, die Gegenstand anderer Veröffentlichungen ist[195], wird bestimmt durch die Ansicht, daß eine

---

190 Zur Kritik dieser Konzeption vgl. auch H.-J. Lieber: Ideologische Elemente in der Sozialkritik der Gegenwart, in: Festgabe für Friedrich Bülow, hrsg. v. O. Stammer u. K. C. Thalheim, Berlin 1960, S. 233.

191 So kann Schelsky die Freiheit des Menschen nur als Freiheit von der Gesellschaft bestimmen (vgl. Ortsbestimmung der deutschen Soziologie, Düsseldorf, Köln 1959, S. 101), was die Unaufhebbarkeit des Zwangscharakters gesellschaftlicher Institutionen impliziert. Vgl. dazu auch die Ausführungen von Fijalkowski (a. a. O., S. 104 f.). Eine ähnliche Eigendynamik, die sich dem menschlichen Zugriff entzieht, entwickelt — Schelsky zufolge — die Technik. (Der Mensch in der wissenschaftlichen Zivilisation, in: Schelsky: Auf der Suche nach der Wirklichkeit, a. a. O., S. 439 ff.). Diese Technik-Konzeption Schelskys ist u. a. kritisiert worden von H.-U. Deppe: Die technische Effizienz in Schelskys „Wissenschaftlicher Zivilisation", in: Das Argument 50/2 (1969), S. 141 ff.

192 So Schelsky: Wandlungen der deutschen Familie ..., a. a. O., S. 150 ff.

193 Adorno: Zum gegenwärtigen Stand der deutschen Soziologie, a. a. O., S. 260.

194 Jonas (a. a. O., S. 13) weist darauf hin, daß die Betonung des Objektiven gegenüber dem Subjektiven, sowie der Über- und Unterordnung ein Spezifikum jeder Institutionentheorie ist.

195 Vgl. dazu: Soziologie der Sexualität, a. a. O., sowie die Rezension dieses Buches durch W. Hochheimer (Aufklärung und Gegenaufklärung in der Sexualanthropologie. Zur Problematik der Kontroverse Schelsky—Kinsey, in: Psyche, Bd. X [1956], S. 763 ff.) und die Replik Schelskys (Verdunkelung und Gegenaufklärung in der Soziologie der Sexualität. Zur Kontroverse Hochheimer—Schelsky, in: Psyche, Bd. X [1956], S. 837 ff.).

Erschütterung der Sexualnormen eine Erschütterung der gesamten Kultur nach sich ziehen würde[196]. Nicht die aufklärerische Funktion der Kinsey-Berichte, die einer Vielzahl von Menschen Hilfe bei der Auseinandersetzung mit der eigenen Sexualität verschaffen können, wird gesehen, sondern daß „Tausende von Frauen jetzt die ehelichen Schwierigkeiten, die sie sonst vielleicht noch als relativ selbstverständliches Eheschicksal hingenommen und getragen hätten, im Lichte der Statistiken der Kinsey-Reporte interpretieren und nun endlich wissen, ‚was in ihrer Ehe anders sein könnte und müßte'"[197]. Jeglicher Traditionsabbau bedeutet für Schelsky demnach Stabilitätsverlust. Deshalb müssen tradierte Verhaltensweisen im Interesse der Aufrechterhaltung der Institution, d. h. der Stabilität, beibehalten werden — auch um den Preis der Unmündigkeit und Unterdrückung.

Die Verklärung der binnenfamiliären Autoritätsverhältnisse zu natürlichen weist darauf hin, daß Schelsky ähnlich wie auch die anderen Institutionen-Theoretiker davon ausgeht, daß die durch Autorität, Zwang und Repression gekennzeichneten Institutionen notwendige, nicht abzuschaffende Lebenshilfen des Menschen sind[198]. Daß diese Haltung den Verzicht auf die Untersuchung der Berechtigung konkreter repressiver Zwänge bedeutet, wird deutlich in Schelskys ablehnender Haltung gegenüber emanzipativen Bestrebungen förderlichen Erscheinungen (Berufstätigkeit von Frauen, Kinsey-Berichte). Schelskys Denkansatz gestattet keine Individualität: „... sein Konzept von Familie läßt das Individuum in ihr nicht als Individualität bestehen. Es wird ... einem gemeinschaftlichen ‚Wir' untergeordnet ..."[199]

In den Sozialwissenschaften ist das Erkenntnisobjekt des Wissenschaftlers die gesellschaftliche Realität. Die Erkenntnisabsicht ist nicht eine getreue Abbildung der Realität, ihre Verdoppelung, sondern in den Erkenntnisprozeß gehen die Absicht zur Veränderung oder Konservierung der Realität, d. h. bestimmte Wertungen ein. Unter der Berücksichtigung der Struktur des sozialwissenschaftlichen Erkenntnisprozesses entpuppt sich die Schelskysche Familiensoziologie als ihrer politischen Tendenz nach an der Vergangenheit orientiert und konservativ. Zudem ist es Schelsky nicht gelungen, den mit der Wahl des institutionalistischen Ansatzes intendierten Bezug der Familie auf die Gesellschaft einzulösen. Welches sind die Gründe?

Die Soziologie will Soziales durch Soziales erklären. Sie beschäftigt sich deshalb mit den konkreten Bedingungen des Zusammenlebens der Menschen einer historischen Epoche. Diese sind erfaßbar als institutionalisiertes, verobjektiviertes Zusammenleben der Menschen. Zugleich sind die Institutionen aber immer auch Epiphänomene der menschlichen Arbeit[200]. Das bedeutet, daß eine soziologische

---

196 Vgl. Schelsky: Soziologie der Sexualität, a. a. O., S. 49.

197 Ebenda, S. 57.

198 Vgl. dazu auch oben S. 33 ff.

199 Steudel, a. a. O., S. 7, Anm. 26 d.

200 Vgl. dazu: Institut für Sozialforschung (Hrsg.): Soziologische Exkurse, 3. Aufl., Frankfurt/M. 1967, S. 28.

Analyse die „Spannung zwischen Institutionellem und Lebendigem" in den Mittelpunkt stellen muß. Die Besonderheiten einer soziologischen Denkweise, die sich betont — und damit von anderen sich abhebend — als institutionalistische begreift, bestehen offensichtlich in der Aufgabe dieser fruchtbaren Spannung zugunsten der Betonung der bestehenden „objektiven" Ordnung gegenüber subjektiven Möglichkeiten und Ansprüchen, zugunsten der Zwänge sozialer Ganzheiten gegenüber emanzipativen Bestrebungen der in ihnen lebenden Menschen, zugunsten der Rechtfertigung von Herrschaft und Ausbeutung. Die vorstehenden Untersuchungen haben ergeben, daß Schelsky sich gerade auf Institutionentheorien stützt, bei denen die Institutionen durch ihre biologische bzw. ontologische Fundierung von vornherein der Kritik und gestaltenden Veränderung entzogen sind.

Die Untersuchung einzelner Institutionen — wie beispielsweise der Familie — und die daraus folgende Betonung ihrer Eigenstruktur, Eigendynamik und Objektivität verführt dazu, ihre Autonomie innerhalb des gesellschaftlichen Verbandes zu überschätzen und sie als „Ganzheiten"[201] in den Griff bekommen zu wollen. Schelsky betont zwar, daß die Familie kein von der Gesellschaft zu isolierendes Gebilde und wesentlich durch die Wechselbeziehungen mit ihrer sozialen Umwelt bestimmt sei[202]. Seine Analyse erweist jedoch, daß dieser Anspruch methodisch nicht durchzuhalten war. Neben der Schwierigkeit, die Interdependenz sozialer Phänomene zu erfassen, steht eine institutionalistisch arbeitende Soziologie immer in der Gefahr, das Bestehende zu sehr zu betonen und positiv zu bewerten. Vollends erliegt sie dieser Gefahr, wenn sie einer Institutionentheorie verhaftet ist, die durch die herausgearbeiteten Grundstrukturen gekennzeichnet werden kann, die auch für Schelsky nachgewiesen wurden. Die positive Bewertung der bestehenden Institutionen begünstigt die Verwechslung von Norm und Faktizität. Dazu trägt ebenfalls die Ausklammerung der geschichtlichen Dimension bei, die für Malinowski und Gehlen bereits festgestellt wurde und auch von Schelsky mit dem Argument vorgenommen wird, daß durch Berücksichtigung der historischen Genese bestimmter Erscheinungen die Autonomie der heutigen Situation verfehlt werde[203]. Dahrendorf hat an dieser „Heute-ist-alles-anders-Position" zutreffend bemängelt, daß durch sie eine Kluft zwischen Vergangenheit und Gegenwart aufgerissen wird und folglich die wissenschaftlichen Thesen sich weder historisch ableiten noch einlösen lassen, denn das „Heute" hat keine Geschichte. Schelsky „reißt eine als ‚Gegenwart' vage bestimmte Epoche aus dem Fluß der Geschichte heraus, um in ihr und von ihr aus das Gewesene zu rekonstruieren und das Wesentliche zu bestimmen"[204]. Die so erzielte

---

[201] Vgl. dazu Schelsky: Ortsbestimmungen der deutschen Soziologie, a. a. O., S. 83.

[202] Vgl. Schelsky: Wandlungen der deutschen Familie in der Gegenwart, a. a. O., S. 322. Schelskys Position ist in dieser Frage allerdings sehr widersprüchlich (s. oben, S. 39).

[203] Vgl. Schelsky: Ist die Dauerreflektion institutionalisierbar?, a. a. O., S. 265.

[204] R. Dahrendorf: Drei Soziologien. Zu Helmut Schelskys Ortsbestimmung der deutschen Soziologie, in: KZfSS, Bd. 12 (1960), S. 130.

„Identität von Wissenschaft und Heute“[205] führt konsequent zu einer Definition der Aufgabe der Soziologie, derzufolge „die wichtigste Leistung der soziologischen Analyse für das soziale Handeln heute gar nicht mehr in der Analyse dessen (liegt), was zu tun und wie zu entscheiden ist, sondern vielmehr darin, sichtbar zu machen, was sowieso geschieht und was gar nicht zu ändern ist“[206].

Soziologie dieser Provenienz verzichtet bewußt auf eine Erkenntnis der Realität, ihrer Strukturen und der die gesellschaftliche Entwicklung bestimmenden Widersprüche. Sie betreibt stattdessen Apologie.

4. Geistesgeschichtliche Einordnung des soziologischen Institutionalismus

1. Der Institutionalismus in der Soziologie kann aufgrund der vorstehenden Untersuchungen folgendermaßen gekennzeichnet werden:

Nicht der Mensch als Gattungswesen ist das tätige Subjekt der Geschichte, sondern — wie es Hauriou sehr deutlich formuliert hat — die Institutionen bzw. die sie fundierenden Ideen[207]. Diese Institutionen sind durchgängig strukturiert nach den Prinzipien von Autorität, Unterordnung, hierarchischem Aufbau. Da die Notwendigkeit von Herrschaft, Autorität und Zwang sich aus der menschlichen „Natur“ ergibt, wird die Möglichkeit ausgeschlossen, die bestehenden gesellschaftlichen Verhältnisse *bewußt* umzugestalten, Herrschaft, Repression, Autorität aufzuheben und eine Form des gesellschaftlichen Zusammenlebens zu *schaffen*, die auf der weitgehenden Selbstbestimmung ihrer Mitglieder beruht. So läuft alles „in der gängigen Lehre von den Institutionen auf den Anspruch der Institutionen ans Subjekt (auch an das kollektive Subjekt — H. R.) hinaus“[208]. Durch diese Verteidigung des Bestehenden um jeden Preis gegen alle emanzipatorischen Bestrebungen der Menschen sowie durch die Denunziation dieser Bestrebungen als „anthropozentrischen Hochmut“ (Gehlen), der das Ende jeglicher Kultur herbeiführe, entlarvt sich der Institutionalismus in der Soziologie als zutiefst konservativ und damit einer weit verbreiteten Tradition der deutschen Soziologie verhaftet.

Das Vorwalten des Konservatismus in der deutschen Soziologie hat zwei Wurzeln: Die eine besteht darin, daß die Soziologie in allen europäischen Ländern sich von ihren ersten Anfängen an als gegen die Auswirkungen der Aufklärung kämpfend verstanden hat, die andere in der besonderen geistesgeschichtlichen Tradition der deutschen Sozialwissenschaften im 19. Jahrhundert.

2. Während die aufklärerische Sozialphilosophie des 18. Jahrhunderts mit ihrem naiven Fortschrittsglauben und dem Vertrauen in die Möglichkeit einer rationalen,

---

205 Ebenda, S. 131.

206 Schelsky: Ortsbestimmung der deutschen Soziologie, a. a. O., S. 125 f.

207 Vgl. dazu oben, S. 17 f., 20 f.

208 Taubes: Das Unbehagen an den Institutionen, a. a. O., S. 75.

vernünftigen Gestaltung der Gesellschaft durch die Menschen selbst die Revolution von 1789 vorbereitete, ist die Soziologie das Produkt der Restauration[209].

Über Comte hat der gegen die individualistische Sozialphilosophie der Aufklärung gerichtete Anti-Individualismus de Bonalds und de Maistres Eingang in die Soziologie gefunden. Der Anti-Individualismus kann folgendermaßen gekennzeichnet werden: Die Gesellschaft besitzt ein Eigenleben, unabhängig von den Individuen. Sie ist ein selbständiger Organismus, der vor den einzelnen vorhanden und deshalb auch der wahre Schöpfer der Zivilisation ist, denn weder Sprache, Institutionen, Sitten noch Stände können von den Individuen erfunden werden. „Vor ihr (der Gesellschaft — H. R.) sind die Individuen nichts, in ihr haben sie keinerlei Rechte, wohl aber Pflichten. Es bedarf freilich der Autorität, die die Individuen zwingt, sich der Tradition gemäß zu verhalten[210]." Diese Tendenz der Soziologie, ihre Gegenstände, die Phänomene der konkreten Gesellschaftsformation, als dem „Zugriff menschlicher Praxis entrückt und um ihrer selbst willen existent" anzusehen, wird von einigen Kritikern als Grundzug der Soziologie überhaupt festgestellt[211]. Immerhin wird man auch innerhalb dieses allgemeinen Rahmens zu differenzieren haben zwischen den verschiedenen Soziologien nach dem Grade ihres Konservatismus bzw. ihrer „progressiven" Ausrichtung. Letztere ist in Deutschland immer schwächer gewesen als in anderen Ländern Westeuropas. Dies gründet in der in Deutschland besonders vehementen Wendung gegen die französische Revolution, was wiederum bedingt ist durch die in ökonomischer, sozialer und politischer Hinsicht rückständigen deutschen Verhältnisse[212].

Das konservative Denken läßt sich — im Anschluß an Mannheim — durch folgende „Merkmalskombination" kennzeichnen:

1. durch „das Sich-Klammern an das unmittelbar Vorhandene, praktisch *Konkrete*". Daraus erklärt sich die Tendenz des Konservativen zur Analyse des Einzelfalles[213].
2. durch die Intention des Konservativen, das Daseiende in seiner Bedingtheit zu erfassen, oder aber das Normative aus dem Sein zu verstehen[214].

---

209 Vgl. H. Maus: Geschichte der Soziologie, a. a. O., S. 5.

210 Ebenda, S. 5 f. Beispielsweise findet sich der Gedankengang Gehlens, der Mensch müsse vor seiner fürchterlichen Natürlichkeit und seinesgleichen gerettet werden, schon bei de Bonald. Vgl. dazu R. Spaemann: Der Ursprung der Soziologie aus dem Geist der Restauration. Studien über L. G. A. de Bonald, München 1959, S. 92.

211 Vgl. K. H. Tjaden: Konservative Gehalte soziologischer Theorien, in: Das Argument 50/1 (1969), S. 35 f.

212 Vgl. z. B. G. Eisermann: Die Grundlagen des Historismus in der deutschen Nationalökonomie, Stuttgart 1956, S. 16: „Je weniger der Aufklärungsideologie zumal in Deutschland reale politische und soziale Auswirkungen beschieden sein konnten, um so stärkere Reaktionen mußte sie im geistigen Bereich auslösen. Von allem Anfang an ist daher die Romantik ‚reaktionär' im Sinne von ‚reaktiv', d. h. orientiert am Gegenspieler." Ähnliche Urteile bei: K. Mannheim: Das konservative Denken, in: ders.: Wissenssoziologie, Berlin, Neuwied 1964, S. 408 ff. und G. Lukács: Die Zerstörung der Vernunft, Neuwied, Berlin 1962.

213 Mannheim: Das konservative Denken, a. a. O., S. 424, 426.

214 Vgl. ebenda, S. 435.

3. durch die Ablehnung des individuellen Freiheitsbegriffs, die verbunden ist mit der Tendenz, „zum wahren Träger, ‚zum wahren Subjekt‘ der Freiheit umfassende Kollektivgebilde, ‚organische Gemeinschaften‘ ... zu machen“[215].

4. durch die anti-individualistische Sicht der Geschichte. Daher konstruiert der Konservative das historische Leben zumeist von organischen Kollektivverbänden aus, deren Urbild die Familie ist[216].

5. durch die geistige Orientierung des Konservativen an der Vergangenheit, an etwas *hinter ihm* Liegenden oder etwas bereits im Keime Vorgebildeten. Folglich erlebt er die Gegenwart nie als Anfang der Zukunft, sondern als letzte Etappe der Vergangenheit. Er lebt aus jenen Erlebniszentren, „deren Entstehungsursprung in vergangenen Konstellationen des historischen Geschehens verankert ist“[217].

Diese konservative Tradition beginnt mit der Historischen Schule der Rechtswissenschaft, die wiederum für die deutsche Soziologie von großer Bedeutung ist[218], und dem Historismus, der, ebenso wie die phänomenologische Schule, von der Lebensphilosophie wichtige Impulse empfangen hat[219]. In dieser kurz skizzierten Tradition sind alle Elemente Gehlenscher und Schelskyscher Denkansätze zu finden: Konservatismus, Anti-Rationalismus, Anti-Individualismus, Ganzheitsbetrachtung, Verzicht auf die Analyse der historischen Genese der Gegenstände zugunsten der Beschreibung des in einer historischen Epoche jeweils Gegebenen, Primat des „Objektiven“, Betonung der Tradition und Kontinuität. Es nimmt daher nicht wunder, daß sie sich auch beide als „Gegen-Aufklärer“ verstehen[220].

Es ist nicht der Sinn dieser Ausführungen darzustellen, wie im einzelnen diese Denkelemente des Konservatismus über verschiedene Vermittler sich dem Denken Gehlens und Schelskys mitgeteilt haben. Vielmehr sollte klargestellt werden, daß diese beiden Soziologen einer spezifischen Tradition verhaftet sind, die ihr Denken sicher stärker geprägt hat als gelegentlich vermutet wird[221].

---

215 Ebenda, S. 432.

216 Vgl. ebenda, S. 441.

217 Ebenda, S. 437, 444.

218 Vgl. Maus, a. a. O., S. 14.

219 Vgl. Mannheim: Das konservative Denken, a. a. O., S. 503. Auch Hauriou hat — seinem eigenen Zeugnis nach — wichtige Anregungen von Bergsons Lebensphilosophie bekommen (vgl. Macht, Ordnung, Freiheit ..., a. a. O., S. 102).

220 Schelsky hat sich selbst explizit als Gegen-Aufklärer bezeichnet (vgl. Soziologie der Sexualität, a. a. O., S. 8). Zu Gehlens Position vgl. seine Ausführungen in: Die Seele im technischen Zeitalter, a. a. O., S. 75 ff.

221 So R. Mayntz: Soziologie in der Eremitage?, in: KZfSS, Bd. 13 (1961), S. 113 ff. Mannheim behauptet hingegen, daß das „deutsche“ Denken bis heute (d. h. bis zum Zeitpunkt, zu dem sein Aufsatz entstanden ist, 1927) durch die Kombination von Romantik und Historismus gekennzeichnet sei. (Vgl. das konservative Denken, a. a. O., S. 451 f.).

Anhang zum 1. Teil: Zum Begriff der Institution

In den Sozialwissenschaften wird viel mit dem Begriff „Institution" gearbeitet. Dennoch bestehen in der Fassung dieses Begriffs große Differenzen, ja, man ist versucht zu sagen: Es gibt so viele Begriffe von Institution wie Wissenschaftler. Für den Bereich der Soziologie lassen sich allerdings zwei Haupttypen von Definitionen unterscheiden:

I. Der Begriff Institution fällt mit dem der sozialen Norm zusammen. Für diesen Typ der Begriffsbestimmung seien hier Gehlen und Durkheim als prototypisch angeführt.

Nach Gehlen entsteht eine Institution durch das Umschlagen eines Systems gegenseitiger obligatorischer Verhaltensweisen in eine Eigenstruktur. Die Institution emanzipiert sich dadurch von den Motiven und Bedürfnissen, die jeweils zu ihrer Bildung führten; sie entwickelt eine Eigengesetzlichkeit, wird zu einer überpersönlichen Ordnung und erhält für die Beteiligten einen Selbstwert. Dadurch werden bestimmte Verhaltensweisen auf Dauer gestellt. Die Institution entlastet von der „mühsamen Erfindung fallweise vertretbarer Entschlüsse"[222]. Durkheim bezeichnet jene kollektiven Handlungs- und Denkweisen, die eine Realität außerhalb der Individuen besitzen, als Institutionen. Sie sind Dinge, die eine Eigenexistenz führen, die der einzelne fertig vorfindet. Er kann nichts dazu tun, daß sie verschwinden oder sich verändern. Gegenüber dem Handeln mehrerer Individuen, aus dem sie entsteht, ist die Institution ein neues Produkt, d. h. etwas qualitativ anderes[223].

Beide, Gehlen und Durkheim, fassen den Begriff der Institution denkbar weit. Er besagt im Grunde nichts anderes, als daß gesellschaftliches Dasein kollektiv befolgte Verhaltensnormen und Rollenvorschriften voraussetzt. Da der Mensch nicht isoliert, sondern nur in Gesellschaft, d. h. in Beziehung zu anderen existieren kann, sind Normierungen gesellschaftlicher Verhältnisse und Beziehungen mit dem menschlichen Dasein unlösbar verbunden. Wird jede dieser Normierungen als Institution begriffen, dann kennzeichnet der Begriff das Soziale schlechthin. Jede Soziologie ist dann institutionalistisch, denn sie beschäftigt sich mit dem gesellschaftlichen Dasein der Menschen. Nicht Menschen als isolierte Individuen sind ihr Untersuchungsgegenstand, sondern gerade als Träger gesellschaftlichen Verhaltens. Durkheim definiert Soziologie auch konsequent als „die Wissenschaft von den Institutionen, deren Entstehung und Wirkungsart"[224]. Auch bei Gehlen wird „im Vorgange der Instituierung das Wesentliche aller sozialer Betätigung zusammengefaßt"[225]. Für eine soziologische Analyse erweist sich dieser Institutionenbegriff als schlechthin unbrauchbar, da er zu allgemein und damit nichtssagend ist. Es mangelt ihm an analytischer Schärfe.

---

[222] Gehlen: Probleme einer soziologischen Handlungslehre, a. a. O., S. 212.

[223] Vgl. E. Durkheim: Die Regeln der soziologischen Methode. Vorwort zur 2. Aufl., a. a. O., S. 99 ff.

[224] Ebenda, S. 100.

[225] Vgl. L. v. Wiese, „Organisation", in: HdSW, Bd. 8, Stuttgart, Tübingen, Göttingen 1964, S. 110.

Nicht nur bei Durkheim und Gehlen, sondern auch bei einer Reihe anderer Wissenschaftler finden sich in der Begriffsbestimmung drei Eigenschaften, durch die sich Institutionen auszeichnen: die „Eigengesetzlichkeit", die „Dauerhaftigkeit" und die „Entlastungsfunktion"[226]. Eine „Eigengesetzlichkeit" oder „Eigenstruktur" hat jede Institution, da sie entsteht durch die Verselbständigung von faktischen Handlungsregelmäßigkeiten gegenüber den sie bewirkenden Motiven und Bedürfnissen der Individuen. Die faktischen Regelmäßigkeiten des Verhaltens werden „auf Dauer gestellt" (Gehlen). Die Institutionen treten dem einzelnen als ein ihm Fremdes gegenüber, dem er unterworfen ist. Beide Kriterien, Eigengesetzlichkeit und Dauerstruktur, gelten aber für sämtliche Normierungen. Jede gesellschaftliche Norm tritt dem einzelnen als von seinem individuellen Willen Unabhängiges gegenüber, erfordert ihre Befolgung und droht anderenfalls Sanktionen an. Die Sanktionen können von unterschiedlicher Stärke sein und — bei einem Verstoß gegen Rechtsnormen — bis zur Einschaltung des Zwangsapparates des Staates reichen. Obwohl der einzelne an dem Zustandekommen der Norm nicht oder nicht unmittelbar mitgewirkt hat, erzwingt die Sanktionierung von *allen* deren Einhaltung, zumindest aber Beachtung[227]. Die Funktion der Normen als Verhaltensorientierung impliziert ihre Unabhängigkeit vom individuellen Wollen der Gesellschaftsmitglieder und ihre Dauerhaftigkeit. An dieser Stelle läßt sich nachweisen, daß das Kriterium der Entlastungsfunktion, das vielfach den Institutionen zugeschrieben wird, im Grunde für alle gesellschaftlichen Normen gilt, wenn man darunter die Entlastung von der „mühsamen Erfindung fallweise vertretbarer Entschlüsse" (Gehlen) versteht. Insofern die Normen zur Orientierung und Stützung unseres eigenen Verhaltens und zur Beurteilung des Verhaltens der anderen dienen, entlasten sie tatsächlich von der Mühe, in jeder Situation eine Entscheidung zu treffen, geben für gleiche Situationen Verhaltensregeln an die Hand und sichern so in weiten Bereichen sozialer Beziehungen eine gewisse Regelmäßigkeit und Stetigkeit. Die Normierung sozialer Beziehungen ist aber — wie oben schon aufgezeigt — von der Existenz von Gesellschaft nicht zu trennen. Die Behauptung, daß das Leben in gesellschaftlichen Bezügen generell „entlastet", den einzelnen stabilisiert, ist hingegen ganz offensichtlich unzutreffend, denn zum Leben in der Gesellschaft gehört auch die Existenz von Interessengegensätzen und Konflikten. In einer herrschaftlich organisierten Gesellschaft sind die sozialen Normen zugleich ein wesentliches Mittel zur Aufrechterhaltung der Herrschaft eines Teiles der Gesellschaft über den anderen. Offensichtlich kann man von einer Entlastungsfunktion der Institutionen nur dann sprechen, wenn man den Begriff auf bestimmte „Institutionen" eingrenzt, was auch vielfach implizit getan wird. Es scheint ohnehin kein Zufall zu sein, daß die Exemplifizierung der Eigenschaften von Institutionen fast

[226] W. E. Mühlmann („Institution", in: Wörterbuch der Soziologie, hrsg. v. W. Bernsdorf, 2., neubearb. und erw. Aufl., Stuttgart 1969) bezeichnet eine Institution als ein „Gebilde von relativ hoher Konstanz", das „den Charakter des ‚Auskristallisierten', historisch ‚zur Ruhe gekommenen'" trägt (ebenda, S. 468).

[227] Vgl. dazu Max Weber: Wirtschaft und Gesellschaft, Bd. I, a. a. O., S. 23.

immer am Beispiel der Familie geschieht[228]. Grenzt man den Begriff der Institution ein auf anschauliche, konkret vorfindliche, gruppenhafte Ganzheiten, dann kann man mit größerer Berechtigung von einer „Entlastung" sprechen. Die „haltgebenden Mächte" (Gehlen) sind im Grunde nur jene, in denen die Überschaubarkeit der sozialen Beziehungen für den einzelnen und weitgehende Identität der Interessen noch gegeben sind[229].

II. Neben den Theoretikern, die den Begriff Institution mit sozialer Norm schlechthin identifizieren, verwendet eine Vielzahl von Wissenschaftlern einen Begriff von Institution, der sowohl abstrakte Systeme sozialer Normen als auch konkrete gesellschaftliche Einrichtungen, Gruppen etc. umfaßt.

Mühlmann, der zur Kennzeichnung von „Institution" den Terminus „Ordnungsgestalt" gebraucht, zählt dazu „Gestalten mit übersehbarem Kleingruppenhintergrund (wie z. B. Ehe und Familie), andererseits aber auch ‚große', z. T. hochkomplexe Systeme: Vertrags- und Verwaltungsformen, Phänomene wie Gastrecht, Asyl, Schuldknechtschaft, Sklaverei, Feudalismus, Herrschaftsformen ..., Machtformen ... u. a. m."[230]. Parsons definiert Institutionen als Komplexe von institutionalisierten Rollenintegraten oder Statusbeziehungen, die in einem gegebenen sozialen System von strategischer Bedeutung sind. Von einer strategischen Bedeutung bestimmter gesellschaftlicher Erscheinungen kann dann gesprochen werden, wenn diese von vitaler und/oder struktureller Bedeutung für das Fortbestehen des Systems sind[231]. Konkret rechnet auch er zu den wirtschaftlichen Institutionen, die als (Verhaltens-)Schemata den Bereich der Ausübung und der legitimen Durchsetzung wirtschaftlicher Interessen in einer Gesellschaft definieren und regeln, so verschiedene Phänomene wie „wirtschaftliche Rationalität", „Eigentum", „Beruf" und „Vertrag"[232]. Einerseits fallen also unter den Begriff Institution anschauliche, konkrete Ganzheiten wie Familie, andererseits aber auch Normenkomplexe von hoher begrifflicher Abstraktion wie Eigentum. Anhand der „Institutionen" Eigentum und Familie soll im folgenden nachgewiesen werden, daß dabei unter dem *einen* Begriff „Institution" Disparates

---

[228] Vgl. dazu die folgende Aussage Goode's: „Die Familie ist die fundamentale Institution oder Instanz, durch die sich die Funktion der meisten anderen Institutionen vollzieht." (W. J. Goode: Die Struktur der Familie, 3. Aufl., Köln, Opladen 1967, S. 18.)

[229] Das haben z. B. die Theoretiker der organischen Soziologie gesehen, und in dieser Hinsicht kann man ihren Erkenntnissen eine gewisse Berechtigung nicht absprechen, auch wenn sie aus dieser Grundeinsicht heraus sich ständestaatlichen Vorstellungen zuwenden.

[230] W. E. Mühlmann: „Institution", a. a. O., S. 466.

[231] "An *institution* will be said to be a complex of institutionalized role integrates, which is of strategic structural significance in the social system in question" (Parsons: The Social System, Glencoe, Ill. 1951, S. 39.) Vgl. dazu auch König: Art. „Institution", a. a. O., S. 137.

[232] Vgl. Parsons: Die Stellung der Soziologie innerhalb der Sozialwissenschaften, in: Die Einheit der Sozialwissenschaften. Franz Eulenberg zum Gedächtnis, hrsg. v. W. Bernsdorf und G. Eisermann, Stuttgart 1955, S. 64 ff., insbes. S. 76 f.

zusammengefaßt wird mit der Folge der Unbrauchbarkeit des so gefaßten Begriffs für eine sinnvolle soziologische Analyse.

Wenn Eigentum als Institution bezeichnet wird, ist offensichtlich die Gesamtheit der sozialen Wirkungen des Eigentums gegenüber einer unbestimmten Vielzahl von Personen gemeint, deren sich der konkrete Eigentümer gar nicht bewußt ist oder zu sein braucht. Aber diese Konkretisierung sagt noch nicht viel aus, da sie die historisch verschiedenen Formen des Eigentums nicht berücksichtigt. Auch in den vorkapitalistischen Gesellschaften Europas hat es Eigentum gegeben, jedoch mit einer ganz anderen Bedeutung für das gesellschaftliche Leben als in der Gegenwart. Nicht die Tatsache, daß jemand Eigentum besaß, prägte primär sein Verhalten, sondern das Einbezogensein in bestimmte soziale Bezüge. Man war nicht Eigentümer, sondern Feudalherr, Zunfthandwerker etc. Das hängt zusammen mit der stärkeren sozialen Bindung des Eigentums: beispielsweise kannte die feudale Gesellschaft keine freie, uneingeschränkte Verfügungsgewalt über Grund und Boden[233]. Eigentum war kein Privateigentum in dem uns heute geläufigen Sinne. Eigentum als Institution entsprechend Parsons' Definition (= Komplex von institutionalisierten Rollenintegraten oder Statusbeziehungen, der in einem gegebenen sozialen System von strategischer Bedeutung ist) müßte für kapitalistische Gesellschaften konkret als Privateigentum an Produktionsmitteln gefaßt werden. Andernfalls geht nicht nur die Unterscheidung zwischen Konsumtiv- und Produktionsmittel-Eigentum verloren, sondern auch das je Spezifische unterschiedlicher Gesellschaftsformationen. Dieser Verlust an soziologischer Aussagekraft läßt sich analog bei den anderen ‚Sachinstitutionen' nachweisen. Für diese Form der Begriffsbildung in der Soziologie, die keine konkreten Erscheinungen erfaßt, sondern mit gedanklichen Abstraktionen von großer Allgemeinheit arbeitet, gilt die Feststellung Max Webers, daß „für die Erkenntnis der historischen Erscheinungen in ihrer konkreten Voraussetzung die *allgemeinsten* Gesetze, weil die inhaltsleersten, regelmäßig auch die wertlosesten (sind). Denn je umfassender die Geltung eines Gattungsbegriffs — sein *Umfang* — ist, desto mehr führt er uns

---

223 „Dieser juristische Begriff (des Eigentums — H. R.) ist der einfachste und geschlossenste Begriff der Welt, in dieser logischen, abstrakten, denknotwendigen Einfachheit erschien er begreiflicherweise der Zeit, die ihn entwickelt hat, als eine ewige Kategorie allen Rechtes, ohne Wandel in Vergangenheit und Zukunft. Und dennoch — das mittelalterliche Recht hat diese Form der Assignation der Sache an die Person mit Ausnahme der Fahrhabe gar nicht gekannt. An einem Stück Boden konnten mehrere Personen zugleich unmittelbare und gleichwertige Sachenrechte haben ..." (K. Renner: Die Rechtsinstitute des Privatrechts und ihre soziale Funktion, Stuttgart 1965, S. 74.) Die feudale Gesellschaft kann gar keine uneingeschränkte Verfügungsgewalt über Grund und Boden der Eigentümer kennen, weil es sich um Lehen handelt oder um Gemeineigentum. Die Aufhebung der Feudalverfassung des Bodens durch die Grundeigentümer, die „gewaltsame Verjagung der Bauernschaft von dem Grund und Boden, worauf sie denselben feudalen Rechtstitel besaß" wie die Grundherren und die „Ursurpation ihres Gemeindelandes" durch die königliche Macht und/oder einzelne Grundherren begründet das *Privat*eigentum an Grund und Boden in dem uns heute geläufigen Sinne der freien Verfügungsgewalt über eine Sache und ist zugleich Voraussetzung für die Entwicklung der kapitalistischen Produktion (s. Karl Marx: Das Kapital, Bd. I, MEW, Bd. 23, Berlin 1968, S. 741 ff., insbes. S. 751, 746).

von der Fülle der Wirklichkeit ab, da er ja, um das Gemeinsame möglichst vieler Erscheinungen zu enthalten, möglichst abstrakt, also inhalts*arm* sein muß[234]."

Ähnlich unscharf ist auch der Begriff von Familie, der in der Soziologie nahezu durchgängig alle Formen von Familienorganisation bezeichnet, unabhängig von ihrer tatsächlichen Gestalt und ihrer Bedeutung im konkreten gesellschaftlichen Zusammenhang[235].

Unabhängig von dem mangelnden analytischen Gebrauchswert derartiger Begriffsbestimmungen wegen des Fehlens jeder historischen und sozialen Konkretion muß gefragt werden, inwieweit ein Begriff der Institution für eine soziologische Untersuchung geeignet ist, der sowohl konkrete, anschauliche gesellschaftliche Ganzheiten (wie Familie) erfaßt als auch „hochkomplexe Systeme" (Mühlmann). Die Normen, die zu dem Komplex „Eigentum" gehören, gelten gegenüber einer unbestimmten Vielzahl von Personen. Demgegenüber gelten die Normen z. B. der Institution Familie zwar auch für alle Gesellschaftsmitglieder, insofern sie Mitglieder irgendeiner Familie sind. In einer bestimmten Familie sind jedoch die den um diese Familie zentrierten Normen Unterworfenen konkret auszumachen[236]. Das gilt auch für ähnlich anschauliche Institutionen, wie Betrieb, Schule etc.

Nun wird man zweifellos nicht umgekehrt davon ausgehen können, daß in den Sozialwissenschaften ein Begriff desto brauchbarer ist, je enger er gefaßt wird. Sicherlich aber sollten unter einem Begriff nur gleichartige gesellschaftliche Erscheinungen gefaßt werden, weil sonst jene „Inhaltsleere" auftritt, die M. Weber uns warnend vor Augen gehalten hat. Einen für eine soziologische Analyse brauchbaren Begriff von Institution müßte man m. E. auf Körperschaften oder Assoziationen und

---

[234] M. Weber: Die „Objektivität" sozialwissenschaftlicher Erkenntnisse, in: ders.: Soziologie. Weltgeschichtliche Analysen. Politik, hrsg. v. J. Winckelmann, Stuttgart 1956, S. 222.

[235] „... eine Deutung dessen, was sich heute mit der Familie zuträgt, (hat) auszugehen von der konkreten Kategorie der Familie, wie sie als deutlich erfaßbarer soziologischer Tatbestand in der bürgerlichen Familie des 19. Jahrhunderts gegeben ist. Jeder Versuch, dem heute Vorgefundenen mit einem abstrakten Modell zu Leibe zu rücken, ist abzulehnen. Die Familie ist kein jeweils sich spezifizierender Allgemeinbegriff, sondern eine konkrete gesellschaftliche Kategorie, die in der Geschichte sich entwickelt und darin als vergänglich sich erweist oder als lebenskräftig" (Adorno, Horkheimer). (Protokoll von E. Wagner von der Sitzung über familiensoziologische Probleme am 7. Jan. 1955 im Institut f. Sozialforschung, abgedruckt in: KZfSS, Bd. 7 [1955], S. 334.) Die meisten Soziologen arbeiten jedoch mit einem „abstrakt-anthropologischen Modell" von Familie, in dem diese als gegenüber der Gesellschaft in ihrem Kern absolut Substantielles erscheint (ebenda, S. 335). Diesen abstrakten, eher anthropologischen Begriff von Familie verwendet auch T. Parsons. (Vgl. dazu seine Definition in dem Aufsatz: „Das Inzesttabu in seiner Beziehung zur Sozialstruktur und zur Sozialisierung des Kindes [1954]", in: ders.: Beiträge zur soziologischen Theorie, hrsg. und eingeleitet von D. Rüschemeyer, Neuwied, Berlin 1964, S. 110 f.)

[236] Die Zahl und Bestimmtheit der Normadressaten ist im Recht Unterscheidungskriterium zwischen absoluten und relativen subjektiven Rechten. Erstere gelten gegenüber jedermann (z. B. die „freie Entfaltung der Persönlichkeit"), die anderen gegenüber einer eingegrenzten Zahl von Personen, z. B. beim Vertrag nur gegenüber den Vertragspartnern.

die ihnen zugehörigen Normenkomplexe beschränken. Mit Institution würde dann jeweils eine konkrete, anschauliche soziale Einheit bezeichnet, in der eine bestimmte Anzahl von Personen miteinander verbunden ist und sich den für diese Ordnung geltenden Normen unterwirft. Institutionen in diesem Sinne wären Betrieb, Familie, Schule etc.

Eine ähnliche Einschränkung des Begriffes Institution, die er dann doch nicht durchhält, klingt bei Mühlmann an, wenn er Institution bestimmt als eine „durch Sitte und Recht öffentlich garantierte Ordnungsgestalt, in der sich das Zusammenleben von Menschen darbietet“[237]. Bei R. König unterscheiden sich die Normen der Institution von denen des Brauchs oder der Sitte dadurch, daß sie „fast immer in spezifische Assoziationen[238] eingebunden sind, die sie tragen“, während die Normen von Brauch und Sitte diffus von der Gesamtgesellschaft sanktioniert werden[239].

Diese Ansätze sind jedoch nicht weiter ausgebildet. Auch im Rahmen dieser Arbeit kann keine „Theorie der Institutionen“ geleistet werden. Die vorstehenden Überlegungen sollten auf die begriffliche Problematik aufmerksam machen, der eine Untersuchung des institutionalistischen Ansatzes in den Sozialwissenschaften unterliegt.

---

237 Vgl. Mühlmann: „Institution“, a. a. O., S. 466.

238 Assoziationen sind organisierte Gruppen, so R. König: „Organisation“, in: ders. (Hrsg.): Soziologie. Das Fischer Lexikon, Frankfurt/M. 1958, S. 218.

239 Vgl. König: „Institution“, in: ders. (Hrsg.): Soziologie. Das Fischer Lexikon, Frankfurt/M. 1958, S. 135.

2. Teil: Der gruppen- bzw. systemtheoretische Ansatz in der Familiensoziologie

Wie einleitend dargelegt[1], soll in diesem Abschnitt die Familiensoziologie René Königs behandelt werden, an deren Beispiel exemplarisch der zweite grundlegende methodisch-theoretische Ansatz in der westdeutschen Familiensoziologie erörtert werden kann. Es ist schon darauf hingewiesen worden, daß die auf einem ähnlichen theoretischen Fundament beruhende Arbeit von Claessens, in der die Kern-Familie jedoch lediglich im Hinblick auf ihre Funktion als „Transmissionsriemen" zwischen den beiden Polen des soziokulturellen Universums: Kultur-Gesellschaft und Individuum untersucht wird[2], wegen ihrer eng eingegrenzten Fragestellung in diesem Teil unberücksichtigt bleiben soll. Gleichwohl sei darauf hingewiesen, daß Claessens' Aufgliederung der Phasen des Sozialisationsprozesses in Soziabilisierung, Enkulturation und sekundäre soziale Fixierung[3] sowie die Unterscheidung zwischen kultureller und sozialer Rolle[4] wesentliche neue Erkenntnisse für die Sozialisationsforschung gebracht haben.

I. Die zwei Grundbetrachtungsweisen der Familie bei R. König

In einer seiner neuesten Veröffentlichungen konstatiert König aufgrund der Erkenntnis, „daß das soziale System der Familie als Kleingruppe ... zwischen zwei anderen Systemen eingeordnet ist, dem der Gesamtgesellschaft als einem umfassenden System von Systemen einerseits und dem der Person andererseits"[5], zwei Grundbetrachtungsweisen der Familie:

a) „die Familie in gesamtgesellschaftlicher Betrachtung, d. h. sowohl in bezug auf den gesamtgesellschaftlichen Zusammenhang wie in bezug auf die Teilsysteme der Gesamtgesellschaft ... und

b) die Familie als eigenes System, d. h. als Kleingruppe mit ihrer Struktur und ihren Funktionen"[6].

---

[1] Vgl. dazu die Einleitung, oben S. 4 f.

[2] „Sie (die Familie) soll als ein prototypischer sozialer Durchgangsraum analysiert werden, in dem das ungeformte, nur potentiell seiner Entfaltung harrende Individuum durch tiefgreifende Prozesse ‚sozialisiert' wird." (Claessens: Familie und Wertsystem, a. a. O., S. 12.)

[3] Vgl. ebenda, S. 21 ff.

[4] Vgl. ebenda, S. 100 ff.

[5] König: Soziologie der Familie, in: Handbuch der empirischen Sozialforschung, Bd. II, a. a. O., S. 189. Dieses Zitat verdeutlicht im übrigen sehr gut die neuerlich zu verzeichnende Nähe Königs zur strukturell-funktionalen Methode Parsonsscher Provenienz. Zu Parsons' Position vgl. unten S. 76 ff.

[6] Ebenda, S. 189 f.

Diese beiden Betrachtungsweisen entsprechen der Unterscheidung von makrosoziologischer und mikrosoziologischer Analyse[7]. Beide stehen für König gleichberechtigt und verhältnismäßig unvermittelt nebeneinander. Angesichts der großen Zahl mikrosoziologischer Untersuchungen erhebt er die Forderung nach stärkerer Berücksichtigung der makrosoziologischen Betrachtungsweise[8].

Königs eigene methodische Konzeption, in die mikro- und makrosoziologische Betrachtungsweise gleichermaßen eingehen sollen, stellt sich ihm wie folgt dar: „Letztlich können die wirklichen Verhältnisse in einem gegebenen Familientyp *einzig und allein durch die Interaktionen der verschiedenen Familienmitglieder untereinander erfaßt werden,* weshalb die strukturell-funktionale Analyse unbedingt der Ergänzung durch die Interaktionsanalyse bedarf. Insofern als Interaktionen und ihre Häufigkeit ein wichtiger Maßstab bei der Identifizierung von Gruppen darstellen, leitet der interaktionistische Ansatz kontinuierlich über zu einer *Gruppentheorie der Familie,* die u. E. die glücklichste Form der Verbindung aller gesamtgesellschaftlichen mit den strukturell-funktionalen Betrachtungsweisen darstellt, insofern der Begriff ‚Gruppe' allen gleichmäßig angehört und es damit gewissermaßen erlaubt, familiensoziologische Probleme auf einer Ebene mit einer Fülle anderer soziologischer Probleme abzuhandeln; selbst die Kleingruppenforschung kann mit ihren Ergebnissen hier herangezogen werden[9].“

Einerseits existieren für König also zwei eigenständige Grundbetrachtungsweisen der Familie, mit deren Hilfe je verschiedene Aspekte der Realität besonders gut erfaßt werden können. Andererseits behauptet er aber, die Gruppentheorie der Familie vereine *alle* gesamtgesellschaftlichen Betrachtungsweisen (d. h. die vollständige makrosoziologische Grundbetrachtungsweise) mit der um die Interaktionsanalyse ergänzten strukturell-funktionalen Betrachtungsweise. Besonders verwirrend sind diese Unterscheidungen insofern, als diese synthesenhafte Gruppentheorie im engen Zusammenhang mit der Interaktionsanalyse behandelt wird, die wiederum als eine der beiden Spielarten der mikrosoziologischen *Grund*betrachtungsweise erscheint.

Da König seit seiner ersten Schrift über familiensoziologische Probleme die Familie als Gruppe eigener Art bestimmt[10], d. h. also den von ihm als optimal gekennzeich-

---

[7] Vgl. dazu ebenda, S. 190 ff.: Zur Makrosoziologie der Familie gehört die Untersuchung folgender Bereiche: 1. Familie und Gesellschaft (S. 190 ff.), 2. Der Institutionalismus (S. 194 ff.), 3. Wirtschaft und Familie (S. 197 ff.) und 4. Massenkommunikation und Familie (S. 202 ff.). Zur Mikrosoziologie der Familie zählen: 1. Die strukturell-funktionale Analyse der Familie (S. 204 ff.) und 2. Die Interaktionsanalyse (S. 209 f.). Auffällig an dieser Aufzählung Königs ist allerdings die Vermengung zwischen Sachbereichen und Methoden.

[8] Vgl. ebenda, S. 190 und S. 210.

[9] Ebenda, S. 209.

[10] König: Versuch einer Definition der Familie, in: ders.: Materialien zur Soziologie der Familie, a. a. O., S. 103 ff.

neten gruppentheoretischen Ansatz verfolgt, stellt sich die Frage, in welcher Beziehung dieser zu den beiden Grundbetrachtungsweisen steht; eine Frage, deren Beantwortung König offen läßt. Zur Klärung dieses Problems müßte *erstens* untersucht werden, aufgrund welcher methodologischer Überlegungen eine Trennung in Mikro- und Makrosoziologie möglich ist, und *zweitens*, inwieweit ein gruppensoziologischer Ansatz diese Trennung überwinden kann. Die Begründungen Königs sind wenig befriedigend. Der Hinweis darauf, daß der Begriff Gruppe allen Betrachtungsweisen angehört und deshalb mit ihm — einem verhältnismäßig inhaltsleeren soziologischen Allgemeinbegriff[11] — eine Diskussion familiensoziologischer Probleme auf allen Ebenen erreicht werden kann, ist wenig einleuchtend. Hinter der Behauptung, daß der Begriff „Gruppe" allen Betrachtungsweisen angehört, steht lediglich die Erkenntnis, daß Gruppen in allen gesellschaftlichen Bereichen vorhanden sind. Der Schluß, daß deshalb die Gruppentheorie der Familie es erlaubt, die gesamtgesellschaftlichen Bezüge mitzuerfassen, ist von der gleichen Qualität wie Königs Behauptung, bei der Behandlung der Familie als Institution könne der gesamtgesellschaftliche Horizont gar nicht vernachlässigt werden, weil alle sozialen Institutionen miteinander zusammenhängen[12]! Auch die Berufung auf soziologische Autoritäten wie Ch. H. Cooley, W. J. Thomas und G. H. Mead, die allesamt als Zeugen dafür aufgeboten werden, daß mit Hilfe des interaktionistischen Ansatzes „nicht nur die Gruppenproblematik, sondern gleichzeitig die Frage nach dem Aufbau der sozialkulturellen Person in einem gegebenen gesellschaftlichen Rahmen und die Relation der Familiengruppe zu den anderen sozialen Systemen und schließlich zur Gesamtgesellschaft behandelt wird"[13], wirkt nicht überzeugend. Eher drängt sich bei Königs Versuch einer Synthese von strukturell-funktionaler und interaktionistischer Analyse, Kleingruppenforschung und gesamtgesellschaftlicher Betrachtung zum gruppensoziologischen Ansatz der Verdacht auf, daß vermittels der Berufung sowohl auf relevante methodische Ansätze als auch auf anerkannte Soziologen die eigene methodische Basis als auch die von ihr gezeitigten Ergebnisse von vornherein vor Kritik geschützt werden sollen.

---

[11] Vgl. Institut für Sozialforschung, a. a. O., S. 55. Ebenso Maus, a. a. O., S. 86.

[12] Vgl. König: Soziologie der Familie, in: Handbuch der empirischen Sozialforschung, Bd. II, a. a. O., S. 194.

[13] Ebenda, S. 209.

[14] Den nachstehenden Ausführungen liegen im wesentlichen folgende Aufsätze Königs zugrunde: Grundlagenprobleme der soziologischen Forschungsmethoden (Modelle, Theorien, Kategorien), in: F. Karrenberg und H. Albert (Hrsg.): Sozialwissenschaft und Gesellschaftsgestaltung. Festschrift für G. Weisser, Berlin 1963, S. 23 ff.; Einleitung in: Handbuch der empirischen Sozialforschung, Bd. I, hrsg. v. R. König und H. Maus, 2., erw. Aufl., Stuttgart 1967; Art. „Allgemeine Soziologie" und „Soziologische Theorie", beide in: König (Hrsg.): Soziologie. Das Fischer-Lexikon, umgearbeitete und erweiterte Neuausgabe, Frankfurt/M. 1967, S. 17 ff. und S. 305 ff.

II. Die methodologische Position R. Königs[14]

1. Allgemeine Soziologie und soziologische Theorie

Die Allgemeine Soziologie befaßt sich „mit den kategorialen oder axiomatischen Voraussetzungen der Erkenntnis des Sozialen, mit den konstitutiven Merkmalen des sozialen Faktors sowie mit seiner Einordnung in verschiedene Lebensbereiche der Natur und Kultur"[15]; d. h. Allgemeine Soziologie ist die soziologische Kategorienlehre[16].

Im Anschluß an Kant, dessen Bemühungen zur Analytik der apriorischen Struktur des Denkens für Königs methodologische Position grundlegend sind, bestimmt König die Kategorien als transzendentallogische. Sie sind nicht empirisch, da sie vor aller Erfahrung vorhanden sind. Es handelt sich also um apriorische Begriffe, die aller Erfahrung vorausgehen und sinnvolle Erfahrung ermöglichen.

Die Kategorien werden „entdeckt", das Bedürfnis für eine soziologische Kategorienlehre ist überhaupt erst vorhanden, nachdem die Wissenschaft schon ein gutes Stück Wegs zurückgelegt hat. Erst dann hebt das Bemühen um eine systematische Ordnung der Ergebnisse an. Die Kategorien in ihrer systematischen Ordnung sind also nicht von Anfang an vorhanden, sondern sie schälen sich im Verlauf einer vielfältigen Auseinandersetzung zwischen reiner Spekulation, empirischem Herumprobieren und begrifflicher Deduktion heraus. König zufolge ist das der Gang einer jeden Wissenschaft: erst nachdem die naive Erfahrung schon einige Schritte gemacht hat, tritt das Bedürfnis nach systematischen Ordnungsgesichtspunkten auf, mit deren Hilfe die vorhandene Erkenntnis geordnet und systematisiert werden kann, was wiederum Voraussetzung für eine fruchtbare Weiterentwicklung der Wissenschaft ist. Für die Soziologie haben sich — nach König — als Kategorien herauskristallisiert Begriffe wie „soziales Handeln", „Rolle", „Gruppe", „sozial-kulturelle Person" etc. Die Hauptfunktion dieser Kategorien ist *„die systematische Definition und transzendentale Deskription der Wirklichkeitsdimension, in der alle möglichen Gegenstände beheimatet sind, deren Untersuchung sich die Soziologie widmet"*[17]. Die einzige Voraussetzung für das Vorhandensein eines Kategoriensystems ist die Existenz einer autonomen, auf keine anderen Wirklichkeitsbereiche reduzierbaren Dimension. Insofern ist das eigene Begriffssystem nur Ausdruck für einen Gegenstandsbereich des „Sozialen", der von keiner anderen Wissenschaft erfaßt wird. „Erst nachdem sich gezeigt hat, daß hier wirklich ein eigenes Begriffssystem gegeben ist, das allen anderen inkomparabel ist, kann man von einer legitimen Sonderexistenz der Soziologie sprechen, die sich letztlich aufbaut auf dem Nachweis eines eigenen Wirklichkeitscharakters für die Dimension des Sozialen . . .[18]." Die von König derart bestimm

[15] König: Art. „Allgemeine Soziologie", a. a. O., S. 17.

[16] Vgl. ders.: Einleitung, a. a. O., S. 4.

[17] König: Grundlagenprobleme . . ., a. a. O., S. 36.

[18] Ders.: Einleitung, a. a. O., S. 6.

ten soziologischen Kategorien entsprechen den „faits sociaux" E. Durkheims und den „letzten Begriffen" A. Vierkandts.

Aus der nach Königs Ansicht apriorischen Natur der Kategorien folgt zwingend, daß aus ihnen keinerlei spezifische Erkenntnis abzuleiten ist. Das eigene Begriffssystem ist eine der nicht-empirischen Instanzen im Forschungsprozeß. Die Kategorien sind deshalb auch nicht unmittelbar im Erkenntnisprozeß anzuwenden. Vielmehr können sie nur vermittelt in diesen eingehen. Aus den Kategorien werden Hypothesen gebildet, die dann an der Realität empirisch überprüft, modifiziert und gegebenenfalls fallengelassen werden. Auf diese Überprüfung anhand der Erfahrung muß immer wieder zurückgegriffen werden. Soziologische Theorie erstrebt — König zufolge — stets empirisch gesicherte Erkenntnisse in systematischem Zusammenhang, die ausgehend von der Beobachtung empirischer Regelmäßigkeiten über die Entwicklung von ad-hoc-Theorien zu Theorien mittlerer Reichweite und von dort aus zu Theorien höherer Komplexität sich aufbauen. Als Beispiel für diesen stufenartigen Aufbau der soziologischen Theoriebildung führt König das Werk George C. Homans' über die menschliche Gruppe[19] an, „in dem bestimmte Regelmäßigkeiten, die sich in einer Arbeitsgruppe der Western Electric, in einer Gruppe von Halbwüchsigen, in einer Familie auf der Insel Tikopia und in einer kleinen Gemeinde Neu-Englands finden, zunächst auf entsprechende Teiltheorien gebracht und danach zu einer Theorie der menschlichen Gruppe integriert werden . . ."[20]. Ähnlich vorbildlich wie Homans' „Theorie der menschlichen Gruppe" sei A. Vierkandts Vorgehen in seiner „Gesellschaftslehre" (1928), in der er „seine kategoriale Sekundäranalyse genauso unmittelbar an die Ergebnisse der positiven Forschung anschloß wie rund fünfundzwanzig Jahre später George C. Homans . . ."[21]. Soziologische Theorie in diesem Sinne ist immer flexibel, insofern ihre Konstruktionen durch eine neue, widersprechende Erfahrung falsifiziert werden können. Dabei hat die Kategorienlehre stets die Aufgabe, „mit planmäßiger Architektonik die bestehenden empirischen Theorien zu ordnen, in weitere Zusammenhänge zu bringen und z. B. zu vervollständigen, wenn sich etwa erweist, daß eine bestimmte Vielheit von Variablen kategorialer Natur in der Forschung nicht gleichmäßig berücksichtigt worden ist"[22].

Auf jeden Fall muß immer zwischen Allgemeiner Soziologie und soziologischer Theorie strikt unterschieden werden. Den Vorwurf, diese Differenz nicht beachtet zu haben, erhebt König gegen Parsons, der in „The Social System" einzig eine Analyse sozialer Systeme in Begriffen des Bezugssystems sozialen Handelns geben, also eine soziologische Kategorienlehre im Königschen Sinne entwickeln will[23]. Später habe Parsons dann seine Systemtheorie als ein theoretisches Schema bezeichnet, das

---

19 Vgl. G. C. Homans: Theorie der sozialen Gruppe, Köln, Opladen 1960.

20 König: Einleitung, a. a. O., S. 6.

21 König: Grundlagenprobleme . . ., a. a. O., S. 38.

22 Ebenda, S. 41 ff.

23 Vgl. Parsons: The Social System, Glencoe, Ill. 1951, S. 3.

empirisch getestet werden soll. Durch dieses fundamentale Mißverständnis über die Unterscheidung zwischen Kategorienlehre und soziologischer Theorie sei die ganze systemwissenschaftliche Diskussion behindert worden[24]. Auch in Parsons' grundlegendem Buch über Familiensoziologie werde so verfahren, „daß kategoriale Grundverhältnisse empirischen Gegebenheiten substituiert werden . . .“[25]. Eine Folge dessen sei die Verwechslung des Modells der „Kernfamilie als kleine Gruppe“ mit der Realität der amerikanischen Familie[26].

2. **Kritik der Königschen Position**

Die vorstehende Darstellung von Königs methodologischer Position weist ihn als einen positivistischen Soziologen aus. Die Schwächen dieser Position sind ausführlich in dem Methodenstreit zwischen Popper und Albert einerseits sowie Adorno und Habermas andererseits dargelegt[27] und sollen deshalb hier nicht detailliert wiederholt werden. Lediglich einige Grundzüge sollen in bezug auf Königs Darlegungen zur Sprache kommen.

Der fundamentale Unterschied zwischen positivistischer und dialektischer Soziologie — die auch diese Arbeit weitgehend fundiert — besteht darin, daß die erste ihre Hypothesen und Theorien analog zu dem Theoriebildungsverfahren in den Naturwissenschaften konstruiert. Demgegenüber vertreten die „Dialektiker“ den Standpunkt, daß die Übertragung der naturwissenschaftlichen Methodologie auf die Sozialwissenschaften nicht möglich ist, weil hier nicht der Forscher einem Gegenstand gegenübersteht, den er naturwissenschaftlich-experimentell untersuchen kann, sondern selbst ein Teil des gesellschaftlichen Zusammenhanges ist, den er untersuchen will[28]. Für den Forscher ist es somit unmöglich, sich, seine Kategorien und Hypothesen von der Gesellschaft, deren Teil er doch ist, zu sondern, sich seinem Gegenstand wie im naturwissenschaftlichen Experiment gleichsam gegenüberzustellen[29]. Diese methodologische Position setzt allerdings die Auffassung von Gesell-

---

[24] König: Grundlagenprobleme . . ., a. a. O., S. 39 f.

[25] König: Soziologie der Familie, in: Handbuch der empirischen Sozialforschung, Bd. II, a. a. O., S. 179.

[26] Ebenda, S. 180.

[27] Vgl. E. Topitsch (Hrsg.): Logik der Sozialwissenschaften, Köln, Berlin 1965; J. Habermas: Zur Logik der Sozialwissenschaften, Beiheft 5 der Philosophischen Rundschau, Tübingen, Februar 1967; ders.: Zur Logik der Sozialwissenschaften. Materialien, Frankfurt/M. 1970; Th. W. Adorno u. a.: Der Positivismusstreit in der deutschen Soziologie, Neuwied, Berlin 1969.

[28] Vgl. J. Habermas: Analytische Wissenschaftstheorie und Dialektik. Ein Nachtrag zur Kontroverse zwischen Popper und Adorno, in: E. Topitsch (Hrsg.): Logik der Sozialwissenschaften, a. a. O., S. 291.

[29] „Daß das naturwissenschaftliche Modell nicht frischfröhlich und uneingeschränkt auf die Gesellschaft übertragen werden kann, liegt in dieser.“ (Th. Adorno: Soziologie und empirische Forschung, in: E. Topitsch [Hrsg.]: Logik der Sozialwissenschaften, a. a. O., S. 515.)

schaft als Totalität und nicht — wie bei König — als Konglomerat von Partialbereichen voraus.

Die Auffassung positivistischer Theorie von der strikten Trennung zwischen Subjekt und Objekt in der sozialwissenschaftlichen Forschung reproduziert sich in der behaupteten apriorischen Natur der Kategorien. Diese sind dem Gegenstande äußerlich. Sie erweisen sich dann als brauchbar, „wenn sich ihnen die reale Mannigfaltigkeit fügt“[30]. Demgegenüber erhebt die dialektische Soziologie die Forderung, daß sich die Sozialwissenschaften „vorgängig der Angemessenheit ihrer Kategorien an den Gegenstand versichern (müssen), weil Ordnungsschemata, denen sich kovariante Größen nur zufällig fügen, unser Interesse an der Gesellschaft verfehlen“[31]. Anders als in allen Naturwissenschaften gibt es in den Sozialwissenschaften das, was Habermas treffend „die Rache des Objekts“ nennt und damit jenen Typus von Erkenntnissen meint, der zustande kommt, „wenn das noch im Erkennen befangene Subjekt den Zwängen der Sphäre verhaftet ist, die es doch analysieren will“[32]. Die Überwindung jener Zwänge ist nur möglich, wenn der gesellschaftliche Lebenszusammenhang als eine die Forschung selbst bestimmende Totalität begriffen wird. Damit wird die Freiheit in der Wahl der Kategorien und Theoriemodelle beschnitten; nur jene sind verwertbar, die dem Gegenstande angemessen sind. Dialektische Soziologie gewinnt ihre Kategorien „zunächst aus dem Situationsbewußtsein der handelnden Individuen selber“[33]. Freilich muß sie über diesen subjektiven Sinn, der immer beruht auf den von der Stellung im Produktions- und Reproduktionsprozeß abhängigen Interessenlagen hinausgehen. Sie muß quasi hinter dem Rücken der Subjekte und Institutionen deren subjektiven Sinn an dem messen, was sie wirklich sind[34]. „Sie muß die Begriffe, die sie gleichsam von außen mitbringt, umsetzen in jene, welche die Sache von sich selber hat, in das, was die Sache von sich aus sein möchte und es konfrontieren mit dem, was sie ist[35].“

König

Die von König behauptete apriorische Natur der Kategorien impliziert zugleich die Annahme ihrer über die jeweilige historische Situation hinausreichenden Geltung, denn die Allgemeine Soziologie ist losgelöst von Raum und Zeit, bezieht sich nach der Intention ihrer Vertreter auf Soziales schlechthin. Anhand einiger, in der Soziologie gängiger Begriffe wie „Gemeinschaft“, „Gesellschaft“, „Primärgruppe“, hat demgegenüber C. W. Mills darauf hingewiesen, daß diese ihre Entstehung dem historischen Übergang von der ländlich-feudalen zur modernen städtischen Gesellschaft verdanken[36]. Die historische Bedingtheit des Begriffs der Rolle, der bei König

---

30 Habermas: Analytische Wissenschaftstheorie . . ., a. a. O., S. 292.

31 Ebenda, S. 292.

32 Ebenda, S. 293.

33 Ebenda, S. 296.

34 Vgl. ebenda, S. 297.

35 Adorno, Soziologie und empirische Forschung, a. a. O., S. 512.

36 Vgl. C. W. Mills: Kritik der soziologischen Denkweise, Neuwied, Berlin 1963, S. 202 f.

als eine apriorische Kategorie erscheint, hat Habermas aufgezeigt: Erst in einem fortgeschrittenem Stadium der ökonomischen Entwicklung und gesellschaftlichen Differenzierung sei „die funktionale Interdependenz der Institutionen so gewachsen, daß die Subjekte ihrerseits von einer zunehmenden und beweglichen Vielfalt gesellschaftlicher Funktionen beansprucht, als Schnittpunktexistenzen sozialer Verpflichtungen gedeutet werden können“[37]. Die analytische Fruchtbarkeit der Rollenkategorie ist deshalb nicht unabhängig vom Entwicklungsstand einer Gesellschaft. Die Verallgemeinerung zu einer universalhistorischen Kategorie ignoriert mit der historischen Bedingtheit des Begriffs Rolle zugleich die historische Entwicklung der Gesellschaft. „. . . so, als sei es den Individuen äußerlich, ob sie, wie der Leibeigene des hohen Mittelalters einigen wenigen naturwüchsigen Rollen, oder aber wie etwa der Angestellte in der industriell fortgeschrittenen Zivilisation, vervielfältigten und beschleunigt wechselnden, in gewissem Sinn abgelösten Rollen subsumiert sind[38].“ Unabhängig von ihrem Verallgemeinerungsgrad sind die Begriffe der Soziologie immer auch historisch. Daraus folgt, daß „sogar diejenigen, die glauben, nicht historisch vorzugehen, . . . durch ihre Verwendung derartiger Begriffe eine bestimmte Vorstellung von historischen Entwicklungstendenzen und sogar vom Zeitbegriff“ aufweisen[39].

Folglich fließen auch in die als apriorisch ausgegebenen Kategorien der Allgemeinen Soziologie historische und gesellschaftliche Bezüge ein, d. h. aber insbesondere ein dirigierendes „Vorverständnis der zeitgenössischen Gesamtsituation“[40]. Demnach besteht eine methodologische Differenz zwischen positivistischer und dialektischer Soziologie in der ständigen Reflexion letzterer über die Zugehörigkeit und Bestimmtheit von Forschungssubjekt und Forschungsprozeß zur Totalität des gesellschaftlichen Zusammenhangs. Auch positivistische Soziologie kann sich von dieser Bedingtheit nicht freimachen. Deren Leugnung öffnet sie jedoch für das bewußte oder unbewußte Einfließen von Realitätsdeutungen, die, nicht als solche kenntlich gemacht und nicht kritischer Durchdringung unterworfen, sich den Ergebnissen mitteilen. Die Präjudizierung der Ergebnisse durch die Wahl der fundamentalen Kategorien beruht auf folgenden methodischen Problemen[41]:

Analytisch-empirische Theorie verlangt die empirische Überprüfung aller Hypothesen und theoretischen Konstruktionen. Diese empirische Überprüfung ist insofern

---

37 Habermas: Theorie und Praxis. Sozialphilosophische Studien, Neuwied, Berlin 1963, S. 173 f.; ebenso ders.: Zur Logik der Sozialwissenschaft. Materialien, a. a. O., S. 122; H. P. Dreitzel: Die gesellschaftlichen Leiden und die Leiden der Gesellschaft. Vorstudien zu einer Pathologie des Rollenverhaltens, Stuttgart 1968, S. 229 ff.

38 Habermas: Theorie und Praxis, a. a. O., S. 174.

39 C. W. Mills: Kritik der soziologischen Denkweise, a. a. O., S. 203.

40 Habermas: Zur Logik der Sozialwissenschaften. Materialien, a. a. O., S. 122. „. . . immer geht in die Wahl der fundamentalen Kategorien eine vorgreifende Deutung der Gesellschaft im ganzen ein.“ (Habermas: Theorie und Praxis, a. a. O., S. 177.)

41 Vgl. zum folgenden Gedankengang Habermas: Analytische Wissenschaftstheorie und Dialektik, a. a. O., S. 302 ff.

schwierig, als Erfahrung sich nicht unmittelbar evident mitteilt, sondern in die Erfahrung bestimmte Voraussetzungen eingehen, z. B. über das gesetzmäßige Verhalten von Gegenständen, die selbst erst wieder überprüft werden müßten. Das Problem, daß die für die Überprüfung von Hypothesen notwendigen Beobachtungssätze — das sind Sätze über Erlebnisse und Wahrnehmungen — nicht empirisch zwingend gerechtfertigt werden können, löst Popper folgendermaßen: Die an einem Forschungsprozeß Beteiligten einigen sich auf relevante Beobachtungssätze (= Basissätze). Diese Einigung ist immer vorläufig und jederzeit widerrufbar, beruht jedoch letztlich auf reiner Dezision, sie ist weder logischer noch empirischer Natur.

Diese Lösung bedeutet, „daß die empirische Geltung von Basissätzen und damit die Triftigkeit von Theorien keineswegs in einem wissenschaftlichen Kontext entschieden wird, der seinerseits theoretisch geklärt oder auch nur erklärbar wäre“[42]. Denn Gesetzeshypothesen können nur überprüft werden, wenn zuvor eine Einigung über die Tatsachenfeststellung (Basissätze) erreicht worden ist. Diese Tatsachenfeststellung ist jedoch selbst nicht unabhängig von den Hypothesen. Als relevante Tatsachen können sie nur in bezug auf und d. h. gerade schon unter impliziter Anwendung der Hypothesen festgestellt werden, zu deren Überprüfung sie an sich erst beitragen sollen. Dieser „bei der Applikation von Regeln unvermeidliche Zirkel ist ein Indiz für die Einbettung des Forschungsprozesses in einen Zusammenhang, der nicht mehr analytisch-empirisch, sondern nur noch hermeneutisch expliziert werden kann. Die Postulate strikten Erkennens verschweigen freilich das nichtexplizierte Vorverständnis, das sie doch voraussetzen ...“[43].

Das bedeutet, daß die schon in der Wahl der fundamentalen Kategorien implizierte Deutung der Realität — aufgrund des methodischen Zirkels — die Ergebnisse des Forschungsprozesses entscheidend bestimmt.

Unabhängig von den Problemen der Verifizierung und Falsifizierung wirft die sich analytisch-empirisch verstehende Forschung in den Sozialwissenschaften ein weiteres Problem auf. Für die Analyse eines sozialen Phänomens bieten sich nach dieser Auffassung bestimmte apriorische Kategorien an, aus denen Hypothesen abgeleitet und dann empirisch überprüft werden. Dieser Ablauf der wissenschaftlichen Forschung setzt voraus, daß das zu untersuchende Problem zunächst als ein isoliertes begriffen werden kann. Denn die Kategorien und die aus ihnen abgeleiteten Hypothesen können nur einen Ausschnitt der Realität erfassen und analysieren. D. h. dieses Theoriebildungsverfahren zerschneidet von vornherein die Totalität der gesellschaftlichen Phänomene in einzelne Bereiche. Natürlich leugnet niemand, daß diese Bereiche alle miteinander verbunden sind. Die reale Interdependenz wird in der Analyse jedoch bestenfalls darauf reduziert, daß die gesamtgesellschaftliche Struktur, in die der jeweils zu analysierende Teilbereich eingebettet ist, lediglich als konstante Rahmenbedingung wahrgenommen wird und nicht als ein das Untersuchungs-

[42] Ebenda, S. 304.

[43] Ebenda, S. 305.

objekt ständig durch und durch bestimmender und d. h. auch verändernder Faktor. Ein vielleicht extremes, aber sehr anschauliches Beispiel ist die Trennung zwischen Untersuchungsobjekt und Umwelt, die Homans in „Elementarformen sozialen Verhaltens“ vornimmt. Um den Untersuchungsgegenstand zu markieren, zieht Homans eine imaginäre Linie um ihn. Was außerhalb dieser Linie liegt, gleichgültig, ob es Parameter oder Grenzbedingungen genannt wird, konstituiert die Gegebenheiten physischer, sozialer und technischer Natur, die der Forscher für den zu betrachtenden Zeitraum als konstant annehmen muß und die er, selbst wenn er in der Lage dazu wäre, nicht zu erklären hat[44].

Die derart für die Einzelphänomene entwickelten Hypothesen und Theorien sind Teil-Theorien, deren Summe nicht einfach eine Gesamttheorie gibt, denn hier wirkt die „Rache des Gegenstandes“, der nur als komplexe Totalität und nicht als partialisierte erfaßt werden kann. Insofern sind auch die einzelnen Teiltheorien von vornherein realitätsinadäquat.

Die Partialisierung des Gesellschaftszusammenhangs, die die neo-positivistische Soziologie notwendig vornimmt, ist Ursache der Trennung in Mikro- und Makrosoziologie, die, wie oben dargestellt, von König durchgeführt wird. Für ihn gibt es eine Vielzahl gesellschaftlicher Bereiche bzw. Teilsysteme, die, jeder für sich, bezüglich seiner Struktur und seiner Funktionen untersucht werden können (= mikrosoziologische Grundbetrachtungsweise). Daneben kann jeder dieser Bereiche auch in bezug auf alle anderen und den gesamtgesellschaftlichen Zusammenhang untersucht werden (= makrosoziologische Grundbetrachtungsweise). Die Formulierung „in bezug auf“ verdeutlicht treffend, daß tatsächlich bei der makrosoziologischen Grundbetrachtungsweise keine Interdependenzen untersucht werden. Beispielsweise behandelt König unter dem Punkt „Familie und Gesellschaft“ ausschließlich die Wirkungen gesetzlicher Regelungen auf die Familie, unter dem Punkt „Wirtschaft und Familie“ die Wirkungen der Wirtschaft und ihres Wandels auf die Familie. Der jeweilige „Bezugs“-Bereich wird als Gegebenheit gesetzt und ist nicht selbst Objekt der Analyse — z. B. verliert König kein Wort über den spezifischen Charakter der Produktion, die er entweder global nur als „Wirtschaft“ oder als „Industrialismus“ kennzeichnet.

Die von König immer wieder geforderte Einbeziehung gesamtgesellschaftlicher Bezüge in die Familiensoziologie bedeutet deshalb keineswegs die Betrachtung der Familie in ihrer vielfältigen Verknüpfung und Interdependenz mit der als Totalität verstandenen Gesellschaft, in die sie eingebettet ist. Die makrosoziologische Betrachtungsweise reduziert sich bei ihm infolgedessen überwiegend auf die Deskription bestimmter Wirkungen eines Partialbereiches (z. B. Wirtschaft, Massenkommunikation, Staat, öffentliche Meinung etc.) auf einen anderen Partialbereich. Über eine Deskrip-

---

44 Vgl. Homans: Elementarformen sozialen Verhaltens, Köln, Opladen 1968, S. 175 und 194; vgl. dazu auch Ch. P. Loomis und Z. K. Loomis: Modern Social Theories. Selected American Writers, 2. Aufl., Princeton (New Jersey), Toronto, London 1965, S. 173 ff.

tion kann diese Form der Theorie kaum hinausgelangen, weil zum einen — wie oben schon dargelegt — die einzelnen Partialtheorien die Realität nicht adäquat erklären können[45]. Zum anderen ist die Theoriebildung generell dadurch belastet, daß, anders als in den Naturwissenschaften, selbst wenn eine sehr präzise gefaßte Hypothese vorliegt, immer drei Fehlerquellen vorhanden sind. Einmal kann die Theorie falsch sein, zum anderen können Fehler infolge der eben geschilderten Schwierigkeiten bei der Realitätserfassung auftreten, und drittens können sich die als konstant gesetzten Variablen verändert bzw. einen Einfluß auf den Untersuchungsgegenstand genommen haben, der nicht abzusehen war[46]. Die Schwierigkeit besteht eben darin, daß in den Sozialwissenschaften, anders als im Bereich der Naturwissenschaften, ein Experiment nicht unter denselben Bedingungen wiederholt werden kann, weil sich inzwischen die Realität verändert hat, möglicherweise nicht zuletzt unter dem Einfluß des Experiments selbst[47]. Die Feststellung Königs, „daß sich ein großer Teil der soziologischen Forschung noch immer in *Beschreibungen* erschöpft, ohne auch nur die ersten Schritte zur Entwicklung erklärender Hypothesen vollzogen zu haben“[48], hängt m. E. mit diesem Problem zusammen. König erkennt jedoch nicht, daß dies an dem unzulänglichen methodologischen Ansatz liegt, den er auch selbst anwendet.

Es bleibt festzuhalten, daß die beiden Grundbetrachtungsweisen der Familie (mikro- und makrosoziologische) relativ unverbunden nebeneinander bestehen. Diese Form soziologischer Theorie kann lediglich „Aspekte“ der Realität zusammenfassen, nie aber diese in ihren komplexen Zusammenhängen erkennen und erklären. Da die Trennung in Mikro- und Makrosoziologie eine Folge von Königs positivistischem Ansatz ist, erscheint seine oben dargelegte Behauptung, mit der Gruppentheorie der Familie die mikro- und makrosoziologischen Betrachtungsweisen optimal vereinen zu können, als zweifelhaft. Dieses Problem wird im folgenden zu behandeln sein, zusammen mit der Fragestellung, in welchem Ausmaß die Königsche Familiensoziologie durch die Königsche Variante der Gruppentheorie geprägt ist.

---

[45] „... ein faktisches Zusammenstimmen der abgeleiteten Gesetzeshypothesen mit empirischen Gleichförmigkeiten ist prinzipiell zufällig und bleibt als solches der Theorie äußerlich.“ (J. Habermas: Analytische Wissenschaftstheorie und Dialektik, a. a. O., S. 292.)

[46] Die neo-klassische Variante der nationalökonomischen Theorie beispielsweise löst das Problem einfach durch Ausklammerung eines großen Teils relevanter Variablen mit Hilfe der Ceteris-Paribus-Klausel. Als Folge entsteht eine Theorie, die kaum einen Bezug mehr zur Realität hat und zum „Modell-Platonismus“ pervertiert ist. Vgl. dazu den Aufsatz von H. Albert: Modell-Platonismus. Der neo-klassische Stil des ökonomischen Denkens in kritischer Beleuchtung, in: E. Topitsch (Hrsg.): Logik der Sozialwissenschaften, a. a. O., S. 406 ff.

[47] „Freilich lassen sich bedingte und damit technisch brauchbare Voraussagen nur aus Theorien gewinnen, die sich auf isolierbare Felder und stationäre Zusammenhänge mit wiederkehrenden oder doch wiederholbaren Abläufen beziehen. Gesellschaftliche Systeme stehen aber in historischen Zusammenhängen, sie gehören nicht zu den repetitiven Systemen, für die erfahrungswissenschaftlich triftige Aussagen möglich sind.“ (Habermas: Analytische Wissenschaftstheorie und Dialektik, a. a. O., S. 298.)

[48] König: Art. „Soziologische Theorie“, a. a. O., S. 305 f.

III. Besonderheiten einer soziologischen Gruppentheorie

Die Frage, inwieweit eine Gruppentheorie der Familie mikro- und makrosoziologische Betrachtung miteinander vereinbaren kann, erfordert zunächst einmal eine Untersuchung der Besonderheiten einer soziologischen Gruppentheorie und ihrer Implikationen für die Analyse gesellschaftlicher Phänomene. Denn ähnlich wie der Begriff „Institution" gehört der Begriff „Gruppe" zu den soziologischen Allgemeinbegriffen mit geringer Aussagekraft[49]. Wenn deshalb König die Familie als Gruppe bzw. System begreifen will, so können aus dieser Aussage allein noch keine Schlußfolgerungen gezogen werden. Aus diesen Gründen liegt es nahe, zunächst mehrere relevante soziologische Gruppentheorien auf gemeinsame Grundstrukturen hin zu untersuchen und daran anschließend den Königschen Familienbegriff unter der Fragestellung zu überprüfen, inwieweit diese Strukturen nachweisbar und für die Ergebnisse seiner familiensoziologischen Überlegungen prägend sind.

Die Auswahl einiger relevanter soziologischer Gruppentheorien ist jedoch deshalb schwierig, weil die Anzahl der Gruppentheorien außerordentlich groß ist[50]. Das hängt damit zusammen, daß die Soziologen schon sehr früh in der Entwicklungsgeschichte ihrer Wissenschaft darauf verzichtet haben, die gesellschaftliche Totalität zu erfassen und sich statt dessen der Analyse kleinerer, überschaubarer Gebilde, den Gruppen, zuwendeten — in der Hoffnung, durch diese Eingrenzung ihres Gegenstandes zu exakteren Ergebnissen zu gelangen[51].

Da im Zentrum dieses Teils der Arbeit die Familiensoziologie Königs als *exemplarisch* für ein gruppen- bzw. systemtheoretisches Begreifen der Familie steht, ist es legitim, sich auf die Untersuchung jener Gruppen- bzw. Systemtheorien zu konzentrieren, auf die König sich explizit beruft.

In seinen früheren Veröffentlichungen hat König sich immer wieder auf die Gruppentheorien von A. Vierkandt und Th. Geiger bezogen sowie auf den Begriff der Primärgruppe, wie er von Ch. H. Cooley geprägt worden ist[52]. In den neueren größeren Veröffentlichungen Königs fehlen die Verweise auf Vierkandt und Geiger. Statt dessen fundieren die strukturell-funktionale Analyse und die Interaktionsanalyse die

---

49 „Als *soziologischer Allgemeinbegriff* (soziale Kategorie) hat der Gruppenbegriff einen großen Umfang und den diesen Begriffen eigenen geringen Inhalt." (W. Bernsdorf: „Gruppe", in: ders. [Hrsg.]: Wörterbuch der Soziologie, 2. neubearb. u. erw. Aufl., Stuttgart 1969, S. 387.)

50 Vgl. die Übersicht ebenda, S. 384 ff.

51 Vgl. dazu die Ausführungen Königs in: „Gruppe", in: ders. (Hrsg.): Soziologie. Das Fischer-Lexikon, umgearb. u. erw. Neuausgabe, Frankfurt/M., Hamburg, 1967, S. 112 ff.

52 Vgl. dazu König: Materialien zur Soziologie der Familie, a. a. O.; ders.: Soziologie der Familie, in: Gehlen/Schelsky (Hrsg.): Soziologie, 5. Aufl., Köln, Düsseldorf 1964, S. 121 ff.; ders.: „Familie", in: ders. (Hrsg.): Soziologie. Das Fischer-Lexikon, Frankfurt/M. 1958, S. 63 ff.; ders.: „Gruppe", ebenda, S. 104 ff.

Gruppentheorie der Familie[53]. Auf den neuerdings bei König starken Einfluß des strukturell-funktionalen Ansatzes ist oben schon hingewiesen worden. Außerdem hat die Gruppentheorie Homans' für König große Bedeutung gewonnen — wie schon erwähnt, hält König diese Gruppentheorie für ein Vorbild soziologischer Theoriebildung überhaupt, was sich auch aus vielfältigen Hinweisen auf Homans im Zusammenhang familiensoziologischer Überlegungen ergibt[54].

Aus dieser Vielfalt der von König angeführten Theorien bzw. Theoretikern kann die eingehende Beschäftigung mit Cooley entfallen. Er hat zwar den für die gruppentheoretisch fundierte Familiensoziologie wichtigen Begriff der Primärgruppe geprägt, ihn jedoch nicht weiter abgeleitet, geschweige denn eine ausführliche Theorie der Primärgruppe entwickelt[55].

Die Interaktionsanalyse soll im folgenden auch nicht gesondert untersucht werden. Ihr kommt nach Königs eigenen Ausführungen insofern Bedeutung zu, als dieser Ansatz „ganz einfach jenen Kreis von Personen als zusammengehörig aus(weist), die zueinander in Interaktionen einer bestimmten Art stehen"[56]. Davon abgesehen, daß hierdurch — zunächst rein formal — der personelle Umfang einer konkreten Familie erfaßt werden kann, ist die Interaktionsanalyse weitgehend identisch mit der Rollentheorie[57], die sich in der Tradition G. H. Meads jedoch vorwiegend mit der Entwicklung der Persönlichkeit im Rollenspiel beschäftigt[58], d. h. eine Theorie der Sozialisation liefert. Sie ermöglicht dadurch auch eine binnenfamiliäre Rollenanalyse. Die Interaktionsanalyse gehört jedoch überwiegend in den Bereich der Sozialpsychologie und soll deshalb im folgenden lediglich im Zusammenhang mit der funktionalen Systemtheorie behandelt werden.

Von den anderen genannten theoretischen Ansätzen hat offensichtlich der Vierkandts besonders großen Einfluß auf König ausgeübt. Vierkandt hat zur Fundierung von Königs methodologischer Position erheblich beigetragen: seine „letzten Begriffe", das sind jene, die keiner weiteren Auflösung zugänglich sind[59], entsprechen den

---

[53] Vgl. König: Soziologie der Familie, in: Handbuch der empirischen Sozialforschung, Bd. II, a. a. O., S. 189.

[54] Vgl. dazu z. B.: König: „Familie und Familiensoziologie", a. a. O., S. 257; ders.: Soziologie der Familie, in: Handbuch der empirischen Sozialforschung, Bd. II, a. a. O., S. 237, 255.

[55] Cooleys Hauptinteresse liegt in „Social Organization" (a. a. O.), auf der Untersuchung der Schichtung, der Institutionen, des demokratischen Geistes u. ä. In seinem früheren Werk „Human Nature and the Social Order" hat er den Begriff Primärgruppe noch nicht verwendet.

[56] König: Soziologie der Familie, in: Handbuch der empirischen Sozialforschung, Bd. II, a. a. O., S. 209.

[57] Vgl. S. Strycker: The Interactional and Situational Approaches, in: H. T. Christensen: Handbook of Marriage and the Family, 2. Aufl., Chicago 1967, S. 125.

[58] "The central thesis to this group of writers was that the self arises out of social interaction." (Th. R. Sarbin: Role Theory, in: Gardner Lindzey [Hrsg.]: Handbook of Social Psychology, Vol. I: Theory and Method, 3. Aufl., London 1959, S. 238.)

[59] Vgl. A. Vierkandt: Gesellschaftslehre, 2. Aufl., Stuttgart 1928, S. 19.

„Kategorien“ bei König[60]. Zudem wird das Theoriebildungsverfahren in Vierkandts „Gesellschaftslehre“ von König als vorbildlich bezeichnet[61]. Dies und die vielfältigen Hinweise Königs auf Vierkandts Gruppentheorie, insbesondere in den „Materialien“[62], rechtfertigen eine Untersuchung seiner Gruppentheorie[63].

Anschließend daran soll eine Diskussion der funktionalistischen Gruppen- bzw. Systemtheorien anhand der Positionen von Homans und Parsons erfolgen. Homans' Bedeutung für Königs Soziologie ist schon erwähnt worden. Der Einfluß Parsons' ist nicht nur für die Königsche, sondern insgesamt für die neuere westdeutsche Familiensoziologie von großer Bedeutung[64]. Eine eingehende Auseinandersetzung mit den genannten Autoren ist allerdings im Rahmen der beschränkten Fragestellung dieses Abschnittes, die auf die Herausarbeitung der gemeinsamen Grundstrukturen soziologischer Gruppentheorien zielt, nicht möglich.

1. Die Theorie der Gruppe bei A. Vierkandt[65]

Vierkandt gehört zu den Soziologen, die die Gesellschaft im allgemeinen, die reinen Formen der Vergesellschaftung und nicht ihre konkreten historischen Ausformungen untersuchen wollen[66]. Folglich beschäftigt er sich mit dem Wesen der gesellschaftlichen Verhältnisse und stellt fest, daß die Menschen in der Gesellschaft nicht nebeneinander leben, sondern in einen Zustand der inneren Verbundenheit[67]. Vierkandt

---

[60] Vgl. den Hinweis bei König, in: „Grundlagenprobleme ...“, a. a. O., S. 38.

[61] Ebenda; vgl. dazu auch oben S. 58.

[62] Vgl. König: Materialien ..., a. a. O., S. 106, 124, 125.

[63] Angesichts der Ausführlichkeit, in der die Vierkandtsche Gruppentheorie vorliegt und ihrer Ambivalenz in vielen Punkten, beispielsweise hinsichtlich des Problems „Gemeinschaft-Gesellschaft“, läuft die nachfolgende kurze Darstellung die Gefahr, viele Überspitzungen vorzunehmen. Wegen der begrenzten Fragestellung, unter der sie im vorliegenden Zusammenhang behandelt wird, ist es unmöglich, alle Feinheiten der Vierkandtschen Position nachzuzeichnen und konträre Aussagen gegeneinander abzuwägen. Eine gewisse Undifferenziertheit muß deshalb in Kauf genommen werden.

[64] Vgl. dazu oben S. 3.

[65] Diese Darstellung stützt sich im wesentlichen auf folgende Bücher Vierkandts: „Gesellschaftslehre“, a. a. O.; „Familie, Volk und Staat in ihren gesellschaftlichen Lebensvorgängen. Eine Einführung in die Gesellschaftslehre“, Stuttgart 1936 (die 3. Aufl. ist unter dem Titel „Kleine Gesellschaftslehre“ 1961 in Stuttgart erschienen); Art. „Gruppe“ in: ders. (Hrsg.): Handwörterbuch der Soziologie, Stuttgart 1931, S. 239 ff. Nur wörtliche Zitate aus diesen Quellen sind kenntlich gemacht. Einen kurzen, wenn auch wenig kritischen Überblick über Vierkandts Theorie bietet der Aufsatz von M. Mierendorff: „Alfred Vierkandt“, in: KZfSS, Bd. 2 (1949—50), S. 251 ff.

[66] Vgl. Vierkandt: Die Überwindung des Positivismus, in: Jahrbuch für Soziologie, Bd. II, hrsg. v. G. Salomon, Karlsruhe 1926, S. 73. Auf Vierkandts methodologische Position und auf sein Verhältnis zu G. Simmels und F. Tönnies' Positionen kann hier nicht weiter eingegangen werden. Vgl. dazu jedoch seine Ausführungen in „Gesellschaftslehre“, a. a. O. und in „Die Überwindung des Positivismus“, a. a. O.

[67] Vgl. Vierkandt: Gesellschaftslehre, a. a. O., S. 175.

unterscheidet die persönlich-seelische Verbundenheit (= Gemeinschaft) und die Sinn- oder Ordnungsverbundenheit (= Gesellschaft). Diese beiden Prinzipien der Vergesellschaftung seien in jedem Sozialverhältnis in unterschiedlicher Intensität vorhanden und miteinander gekoppelt[68]. Von dieser Konzeption weicht Vierkandt ab, wenn er zugesteht, daß es einen Typus gemeinschaftsferner Beziehungen gibt, bei dem eine seelische Verbundenheit fast gar nicht mehr vorhanden ist. Dieser Typus, der dem Tönniesschen Gesellschaftsbegriff entspreche, sei für unsere Kultur angesichts des Überwiegens der gemeinschaftsfernen über die gemeinschaftsnahen Beziehungen besonders wichtig[69]. Vierkandt gelangt folglich zu einer Skala der Sozialverhältnisse, die sich je nach dem vorhandenen Umfang der Gemeinschaft abstufen von reinen Gemeinschaftsverhältnissen über gemeinschaftsnahe zu gemeinschaftsfernen Verhältnissen, wobei er zu den letzteren auch den Typus „Gesellschaft" zählt.

Gemeinschaft ist „die engste Form des Soziallebens"[70]. In ihr tritt das Ich aus seiner Abgegrenztheit hervor, fühlt sich mit den anderen zu einer Einheit verbunden. Es entsteht ein Wir-Bewußtsein[71]. Die diesem Zustand entsprechende Vereinigung von Menschen bezeichnet Vierkandt als Gruppe. Gemeinschaft ist somit ein Konstituens für die Gruppe. Daneben sind die Mitglieder der Gruppen durch deren Lebensordnung miteinander verbunden[72].

Die wichtigste Eigenschaft der Gruppe[73] besteht in ihrer *Objektivität*. Sie steht ihren Mitgliedern als ein objektives Gebilde gegenüber, als eine Gestalt, die unabhängig vom Wechsel der Individuen bestehen bleibt. Diese sind Bedingung für die Existenz der Gruppe, aber nicht ihre Ursache, sie fundieren sie lediglich — ähnlich wie die Töne die Melodie[74].

---

[68] Die Auffassung von Gemeinschaft und Gesellschaft als „reine Formelemente", „notwendige Begriffskorrelate", die stets *gleichzeitig* an einem empirischen Gegenstand vorhanden sind, findet sich sehr ausgeprägt auch bei Geiger. Vgl. dazu ders.: Die Gruppe und die Kategorien Gemeinschaft und Gesellschaft, in: Archiv für Sozialwissenschaft und Sozialpolitik, Bd. 58 (1927), S. 338 ff.; ebenso ders.: Die Gestalten der Gesellung, Karlsruhe 1928. Der Gruppenbegriff Geigers hat u. a. deshalb eine sehr große Ähnlichkeit mit dem Vierkandts. Beide haben mit ihren Schriften — nach eigenem Zeugnis — sich gegenseitig stark beeinflußt. Es ist deshalb durchaus legitim, wenn Bernsdorf von der „Vierkandt-Geigerschen-Meinung" spricht. Vgl. Bernsdorf: Art. „Gruppe", a. a. O., S. 387. An einzelnen Punkten der folgenden Darstellung von Vierkandts Gruppentheorie wird deshalb auf Entsprechungen bei Geiger verwiesen.

[69] Vgl. Vierkandt: Gesellschaftslehre, a. a. O., S. 239.

[70] Ebenda, S. 208.

[71] Vgl. die entsprechenden Ausführungen bei Geiger: Die Gestalten der Gesellung, a. a. O., S. 19.

[72] Vgl. Vierkandt: Gesellschaftslehre, a. a. O., S. 208.

[73] Vierkandt konzipiert seinen im folgenden dargestellten Gruppenbegriff als einen idealtypischen. Vgl. Gesellschaftslehre, a. a. O., S. 321 ff.

[74] Vgl. Vierkandt: Gesellschaftslehre, a. a. O., S. 330.

Die Gruppe ist eine *Individualität*, sie führt ein *Eigenleben*, entwickelt einen *eigenen Geist*[75]. Sie existiert — Vierkandt zufolge — rein in Form seelischer Prozesse und gehört deshalb zu der Klasse der sozialen Objektivgebilde, die sich nicht auf andere zurückführen lassen. Sowohl für die wissenschaftliche Anschauung wie für die alltägliche Auffassung ist sie daher eine soziale Kategorie.

Trotz wiederholter Abgrenzung gegen organizistische Theorien nähert sich Vierkandt sehr stark an eine ganzheitlich-organizistische Auffassung der Gruppe an. So betont er in einer späteren Veröffentlichung, „daß die Gruppen . . . eine ganzheitliche Betrachtungsweise erfordern . . .“[76] und: „ganzheitlich aufgebaut nennen wir ein Gebilde, wenn in ihm jedes Geschehen in einem Teil vom Ganzen bestimmt oder wenigstens mitbestimmt wird“[77]. Verstärkt wird dieser Eindruck von der Organismusqualität durch die Betonung des *Lebensdrangs* der Gruppe, der — Vierkandt zufolge — stärker ist als der individuelle Lebensdrang der Mitglieder[78]. Er richtet sich insbesondere auf die Aufrechterhaltung der Gruppe in ihrer bestehenden Verfassung. Jede Gruppe als „*Dauerzustand* des organischen Lebens“ (!) muß, wenn sie erst einmal entstanden ist, „mit Notwendigkeit die Eigenschaften des Gleichgewichts in sich enthalten, weil (sie) sonst gar nicht bestehen könnte“[79]. Störungen des Gruppenlebens bewirken eine „Tendenz zur Selbstheilung“[80], die einen neuen Gleichgewichtszustand anstrebt. Innerhalb der Gruppen richtet sich der Lebensdrang auf die feste Ordnung, da die Ordnungsverbundenheit auch zum Wesen der Gruppe gehört[81].

Die Lebensordnung jeder Gruppe beinhaltet auch die Gliederung ihrer Mitglieder in führende und geführte Individuen, wobei die „Grundlage des Führerverhältnisses . . . die persönliche Autorität, d. h. die persönliche Überlegenheit in anerkannten Werten“[82] bildet. Vierkandt fundiert diese Differenzierung durch die Konstruktion eines angeborenen Unterordnungstriebs, der sich gegenüber allem Höherwertigen, seien es Personen, Gruppen oder unpersönliche Gebilde auswirkt. Die Gruppe ist folglich immer strukturiert, d. h. es gibt Rollendifferenzierung und Arbeitsteilung. Vierkandt gelangt daher zu der Folgerung: „Nur in der Gruppe besteht die Herrschaft fester Formen und wird der Sinn für Normen, Pflichten und Disziplin ent-

---

75 Vgl. Ebenda, S. 327 f.

76 Vierkandt: Familie, Volk und Staat . . ., a. a. O., S. III.

77 Ebenda, S. 4.

78 Vgl. Vierkandt: Gesellschaftslehre, a. a. O., S. 366; ebenso: Geiger: Die Gestalten der Gesellung, a. a. O., S. 42 f., S. 45. Der Lebensdrang ist derart stark, daß er sich auf die Ausschaltung aller der Mitglieder richtet, die in biologischer, persönlich-moralischer und sozialer Hinsicht minderwertig sind (vgl. Vierkandt: Gesellschaftslehre, a. a. O., S. 360).

79 Vierkandt: Gesellschaftslehre, a. a. O., S. 360; die Erhaltung des Gleichgewichtszustandes ist gleichfalls ein zentrales Problem der funktionalistischen Systemtheorie.

80 Vierkandt: Familie, Volk und Staat . . ., a. a. O., S. 149.

81 Vgl. Vierkandt: Gesellschaftslehre, a. a. O., S. 386; ähnlich Geiger: Die Gestalten der Gesellung, a. a. O., S. 33 f.

82 Vierkandt: Gesellschaftslehre, a. a. O., S. 285. Vgl. dort auch das Kapitel über den Unterordnungstrieb, S. 37 ff.

wickelt[83]." Die Betonung von Autorität, hierarchischem Aufbau, der Notwendigkeit von Disziplin, Unterordnung, Einfügung, Hingabe etc. wird in seinen späteren Veröffentlichungen noch verstärkt[84].

Gegenüber den einzelnen Mitgliedern übt die Gruppe eine überaus prägende Wirkung aus. Die Gruppe bestimmt und formt den einzelnen in starkem Maße, sie prägt der Persönlichkeit „den Stempel der Gruppeneigentümlichkeit"[85] auf. Die Gruppe ist der entscheidende Faktor für die Persönlichkeitsentwicklung des einzelnen[86]; sie ist also — in moderner soziologischer Terminologie — Sozialisationsinstanz. Ihre Wirkung ist so tiefgreifend, daß man „gar nicht die einzelne Person als ein für sich seiendes Wesen in Gedanken der Gruppe gegenüberstellen (kann), weil sie von vornherein von den Gruppeneigenschaften vollständig durchtränkt ist..."[87]. Die Mitglieder der Gruppe behandeln sich untereinander überwiegend und in erster Linie als Genossen, d. h. in ihrer Eigenschaft als Glied des Ganzen und Verkörperung der Gruppe. Das bedeutet allerdings nicht, daß der andere nicht als Persönlichkeit erkannt und behandelt würde. Diese Sichtweise ist jedoch sekundär. „In der Gesamtauffassung überwiegt bei weitem die Gruppe die Individualität: der einzelne erscheint als individuelle Modifikation der Gruppensubstanz. Jeder Mensch bedeutet für den Gruppenangehörigen nur so lange etwas, als er im Zusammenhang der Gruppe steht[88]."

Im Gegensatz zur Hilfsbereitschaft, die sich auf Nicht-Genossen richtet und bei der egoistische Berechnung eine Rolle spielt, herrscht innerhalb des Gruppenzusammenhangs jene Form der gegenseitigen Hilfe, die dem anderen primär deshalb beisteht, weil er Gruppengenosse ist. Die Hilfsbereitschaft innerhalb der Gruppe ist um so größer, je mehr sie eine gemeinschaftliche Bedeutung hat und damit zur Förderung des Gruppenzusammenhangs beiträgt. Die dieser Art der gegenseitigen Hilfe zugrundeliegende Beziehung hat Geiger gekennzeichnet durch die Formel: Ich — Du im Wir, wogegen die persönliche Hilfsbereitschaft durch eine Beziehung der Art: Ich — Du fundiert ist[89].

---

[83] Ebenda, S. 318.

[84] Vgl. Vierkandt: Familie, Volk und Staat..., a. a. O., S. 34 (Notwendigkeit der Unterordnung für die Sozialisation der Kinder in der Familie), S. 77 (Stufenbau der Autoritäten in der Gruppe), S. 96 ff. (Führung), S. 144 ff. (Gliederung der Gruppen und deren Störung). Diese Belegstellen sind unverändert in die 3. Aufl., die unter dem Titel „Kleine Gesellschaftslehre" 1961 erschienen ist, übernommen worden. Die entsprechenden Seitenzahlen sind dort: S. 27, 56, 69 ff., 103 ff. Auch die anderen zitierten Ausschnitte aus „Familie, Volk und Staat..." sind 1961 unverändert nachgedruckt worden.

[85] Vierkandt: Gesellschaftslehre, a. a. O., S. 322.

[86] Dies betont auch Geiger. Vgl. Die Gestalten der Gesellung, a. a. O., S. 41 f.

[87] Vierkandt: Familie, Volk und Staat..., a. a. O., S. 75.

[88] Vierkandt: Gesellschaftslehre, a. a. O., S. 323.

[89] Vgl. Geiger: Die Gestalten der Gesellung, a. a. O., S. 53; auch betont er (ebenda, S. 44), daß die „solidarische Hilfe" dem Gruppengenossen um der Gruppe willen geleistet wird.

Vierkandt versteht unter Gruppen nahezu ausschließlich Lebensgemeinschaften[90]. Dadurch können — wie auch aus seinen späteren Ausführungen erkenntlich[91] — nur kleine Gruppen dem von ihm konzipierten Idealtypus annähernd entsprechen[92].

Die kleinen Gruppen, Familie, Sippe, Dorfgemeinschaft, in denen die Gemeinschaft (= Verschmolzenheit im Wesen) am intensivsten ausgeprägt ist, bilden für Vierkandt das Fundament der Gesellschaft. Denn die genaue Analyse erweist ihm, daß die Gemeinschaft überhaupt erst die Voraussetzung für die Entstehung von Gesellschaft ist. In ihr werden die Kräfte entwickelt, „die die Regelung außerhalb des Gemeinschaftskreises herbeiführen, da wo sich die Gemeinschaft zur Gesellschaft abkühlt, oder wo Fremde miteinander in Verbindung treten"[93]. Auch historisch — sowohl in der Entwicklung des einzelnen wie auch in der der Gattung — gehen die Gemeinschaftsverhältnisse dem Gesellschaftsverhältnis voraus. Der heute herrschende Individualismus, konstatiert Vierkandt, vertrage sich nicht mit den Zwängen, die Gruppen (= Gemeinschaft) auf die einzelnen mit dem Ziel ihres eigenen Überlebens und ihrer Stärkung ausüben. Infolgedessen richtet sich die Absicht der „kleinen Gesellschaftslehre" gegen die „*Irrwege des Individualismus*"[94], der die aus dem Gemeinschaftsleben stammenden „Reserven" an „Tiefenkräften" immer mehr angegriffen habe, so daß die Gefahr des Zusammenbrechens der Gesellschaft bestehe.

Man kann infolgedessen feststellen, daß bei Vierkandt Gemeinschaft höherwertiger ist als Gesellschaft. Beide werden zudem mit historischen Entwicklungsstufen gleichgesetzt, woraus sich die negative Einschätzung der individualistischen Moderne zwingend ergibt. Diese kulturkritische Tendenz der Vierkandtschen Gruppentheorie ist darauf zurückzuführen, daß die ursprünglich intendierte Verwendung von Gemeinschaft und Gesellschaft als Gestaltungsprinzipien aller Sozialverhältnisse nicht durchgehalten worden ist[95].

Der Grund für die Hypostasierung der Gruppe und die damit verbundene Reduktion der Bedeutung der Individuen auf das Gruppen-„material", liegt hingegen in Vierkandts methodischem Vorgehen begründet. Vermittels der phänomenologischen

---

[90] „Die Gruppe in reiner Ausprägung ist eine Lebensgemeinschaft, deren Mitglieder ihr ganzes wirtschaftliches, soziales und geistiges Leben miteinander teilen." (Gesellschaftslehre, a. a. O., S. 322.) An diesem Punkt unterscheiden sich die Gruppentheorien Vierkandts und Geigers. Vgl. die verschiedenen Möglichkeiten des Gruppenbeitritts bei Geiger: Gestalten der Gesellung, a. a. O., S. 79 ff.

[91] Vierkandt: Familie, Volk und Staat . . ., a. a. O., S. 9.

[92] Vgl. dazu seine Ausführungen über die kleinen Gruppen (ebenda, S. 10, ähnlich S. 42).

[93] Vierkandt: Gesellschaftslehre, a. a. O., S. 318. Die „Gemeinschaftswelt mit ihren *Tiefenkräften* aber hat fortgesetzt die Reserven geliefert, von denen das *Oberflächenleben* der bürgerlich-kapitalistischen Nützlichkeitsbeziehungen gespeist wurde". (Familie, Volk und Staat . . ., a. a. O., S. 3 f.)

[94] Vierkandt: Familie, Volk und Staat . . ., a. a. O., S. 1; vom „überspitzte(n) individualistische(n) Geist der Moderne" spricht auch König. Vgl. dazu besonders: „Soziologie der Familie", in: Gehlen/Schelsky (Hrsg.): Soziologie, a. a. O., S. 126, 140; ähnlich König: „Materialien . . .", a. a. O., S. 44.

[95] Vgl. dazu oben, S. 68.

Methode erweist sich die Gruppe als ein letzter Begriff, der nicht weiter auf einzelne Elemente rückführbar ist. Die Einheit der Analyse ist damit die Gruppe. Von den Individuen kann die Analyse deshalb auch nie ausgehen, denn diese werden lediglich in ihrer Eigenschaft als Genossen erfaßt, in der sie bereits umfassend von der Gruppe geprägt sind. Damit konzipiert er eine fast völlige Determination der Individuen durch die Gruppe und gerät in die Nähe des Soziologismus. Das dialektische Verhältnis zwischen den Menschen und ihrer Umwelt kann mit diesem Gruppenbegriff nicht erfaßt werden, denn er verkennt, daß die Formen der Vergesellschaftung von den Menschen selbst im Prozeß der Auseinandersetzung mit der Natur geschaffen und im Verlauf dieses Prozesses von den Menschen als den Subjekten der historischen Entwicklung umgestaltet werden[96]. Einer soziologischen Theorie, die das Ich als bloßen „Bezugspunkt von Erlebnissen“[97] auffaßt, ist diese Erkenntnis allerdings versperrt.

Insgesamt ist Vierkandts Gruppentheorie nicht geeignet, über die Grenzen der Gruppe hinaus ihre Beziehungen zum und ihre Bestimmung durch den gesamtgesellschaftlichen Zusammenhang zu erfassen. Da, wo von Gesellschaft die Rede ist, stellt sie sich dar als ein Konglomerat großer und kleiner Gruppen, deren inhaltliche Bestimmung lediglich durch ihre Nähe oder Ferne zur reinen Form der Gemeinschaft erfolgt. Ein innerer Zusammenhang zwischen den verschiedenen Gesellungsformen kann auch wegen der von vornherein aufs Formale eingegrenzten Analyse nicht festgestellt werden. So ist Scharmann weitgehend zuzustimmen, wenn er feststellt, daß die funktionale Bedeutung des Begriffs Gruppe bei Vierkandt, nämlich „Träger des Gemeinschaftslebens“ zu sein, die Ursache ist für die Unfähigkeit zu einer systematischen Unterscheidung zwischen den verschiedenen Formen der Vergesellschaftung[98].

2. Die funktionalistische Theorie der Gruppe: Gruppe als System

Wie eingangs erwähnt, sollen im folgenden Abschnitt lediglich die Grundstrukturen der Homansschen und Parsonsschen Gruppen- bzw. Systemtheorien dargestellt und anschließend mit denen der Vierkandtschen Theorie verglichen werden.

Dabei ist von vornherein zu vermuten, daß sich Homans' und Parsons' theoretische Grundpositionen von denen Vierkandts nicht sehr unterscheiden werden. König selbst hat große Ähnlichkeiten zwischen Homans „Theorie der sozialen Gruppe“ und Vierkandts „Gesellschaftslehre“ konstatiert und beide als beispielhaft für soziologische Theoriebildung gelobt[99]. Außerdem hat er die Nähe der theoretisch-metho-

---

[96] Vgl. dazu die Ausführungen im 1. Teil, S. 33 ff.

[97] Geiger: „Gemeinschaft“, a. a. O., S. 175.

[98] Th. Scharmann: Zur Systematik des „Gruppen“-Begriffs in der neuen deutschen Soziologie, in: Psychologische Rundschau, Bd. 10 (1959), S. 22.

[99] Vgl. König: Grundlagenprobleme . . ., a. a. O., S. 38; ders.: Einleitung, a. a. O., S. 6.

dischen Position von Homans und Parsons zu seiner eigenen betont[100]. Deshalb ist es wahrscheinlich, daß zwischen der Vierkandtschen Gruppentheorie und den Systemtheorien von Homans und Parsons enge Verbindungen bestehen. In diesem Sinne konstatiert Bernsdorf, daß Vierkandt in seiner Theorie der Gruppe „bereits die strukturelle und die funktionale Betrachtungsweise durchgeführt“[101] habe, wenngleich — entsprechend dem Stand der Wissenschaft seiner Zeit — die Hypothesen noch nicht empirisch-experimentell kontrolliert wurden.

a) Die Theorie der sozialen Gruppe von G. C. Homans[102]

Homans hat nie vollständig zum Kreis der strukturell-funktionalen Theoretiker um Parsons, Merton, Bales etc. gehört. In seiner Theorie der sozialen Gruppe, die 1950 erschien, stand er jedoch in der Nähe der Funktionalisten, wenn auch distanziert[103]. Später hat er sich dann vom Funktionalismus abgewendet und kennzeichnet sich selbst als nicht-funktionalistischen Theoretiker[104]. Nach seinen neueren Arbeiten, in denen er menschliche Interaktion unter Verwendung des Nutzenbegriffs, Nutzenprinzips etc. analysiert, kann er wohl als Psycho-Soziologe klassifiziert werden[105]. In der „Theorie der sozialen Gruppe“ arbeitet er jedoch mit dem Systembegriff und interessiert sich für Fragen des Gleichgewichts, Fortbestands und Wandels der Gruppe[106], so daß seine Position in dieser Arbeit wohl mit Recht unter dem Titel „Funktionalistische Theorie der Gruppe“ behandelt werden kann[107].

Homans' Untersuchungsgegenstand ist die Primärgruppe. Diese ist definiert durch „eine Reihe von Personen, die in einer bestimmten Zeitspanne häufig miteinander Umgang haben“, „deren Anzahl so gering ist, daß jede Person mit allen anderen in Verbindung treten kann“ und zwar „von Angesicht zu Angesicht“[108]. Sein metho-

---

100 Vgl. König, Grundlagenprobleme . . ., a. a. O., S. 41.

101 Bernsdorf: „Vierkandt“, a. a. O., S. 600.

102 Die folgende Darstellung beruht auf dem Buch von Homans: Die Theorie der sozialen Gruppe (a. a. O., im folgenden zitiert als „Theorie . . .“); deshalb werden lediglich wörtliche Zitate aus diesem Buch als solche kenntlich gemacht. Wegen der beschränkten Fragestellung kann auf viele Besonderheiten des Homansschen Theoriebildungsverfahrens nicht eingegangen werden. Vgl. dazu, wenn auch nicht immer zutreffend, E. Hahn: Soziale Wirklichkeit und soziologische Erkenntnis, Berlin 1965.

103 Vgl. H. Hartmann: Stand und Entwicklung der amerikanischen Soziologie, in: ders. (Hrsg.): Moderne amerikanische Soziologie, Stuttgart 1967, S. 8.

104 Vgl. Homans: Funktionalismus, Verhaltenstheorie und sozialer Wandel, in: W. Zapf (Hrsg.): Theorien des sozialen Wandels, Köln, Berlin 1969, S. 97.

105 Vgl. Hartmann, a. a. O., S. 64.

106 Vgl. Homans: „Theorie . . .“, a. a. O., S. 9.

107 Martindale klassifiziert die „Theorie der sozialen Gruppe“ von Homans als „one of the major recent examples of functionalistic theory construction“ (a. a. O., S. 477). Vgl. auch Homans' Kennzeichnung seiner eigenen Analyse als funktionalistische, in: „Theorie . . .“, a. a. O., S. 264.

108 Homans: „Theorie . . .“, a. a. O., S. 29.

disches Vorgehen skizziert Homans folgendermaßen: „Erstens, das Gruppenverhalten wird in eine Anzahl gegenseitig voneinander abhängiger Elemente aufgegliedert. Zweitens, die Gruppe wird als ein organisches Ganzes, als ein soziales System, untersucht, das sich in einer bestimmten Umwelt am Leben erhält. Drittens, die Beziehungen, in denen die Elemente in diesem System miteinander stehen, bringen die Entwicklung des Systems im Fluß der Zeit hervor[109]." Die Elemente des Systems gewinnt Homans aus der unmittelbaren Beobachtung menschlichen Verhaltens[110]. Es sind: 1. Aktivität (activity): das, was die Mitglieder der Gruppe als Mitglieder tun; 2. Interaktion (interaction): die Beziehung zwischen den Aktivitäten der Gruppenmitglieder untereinander; 3. Gefühle (sentiments): Empfindungen der Gruppenmitglieder in bezug auf die Gruppe. Im Verlauf der Analyse erweist sich als 4. Element die Norm: bewußt oder unbewußt übernommene Verhaltensvorschriften und -vorstellungen der Gruppe[111]. Aus den drei Elementen: Aktivitäten, Interaktionen und Gefühlen der Gruppenmitglieder untereinander entsteht während der Lebensdauer der Gruppe das soziale System[112]. Alles, was nicht zum System der Gruppe gehört, ist ein Teil der Umwelt, in der das System existiert. Die Umwelt unterteilt Homans in physische, technische und soziale. Diese drei Aspekte der Umwelt hängen natürlich eng miteinander zusammen, aber je nach der zu untersuchenden Gruppe tritt mehr der eine oder der andere Aspekt in den Vordergrund. Das soziale System Gruppe entwickelt zunächst ein äußeres System (external system), das bestimmt ist sowohl durch die Bedürfnisse der Gruppe wie auch durch die Umweltbedingungen. Das äußere System bildet daher *eine* Lösung der Frage: Wie soll die Gruppe in ihrer Umwelt überleben? Das System wird „äußeres" genannt, weil es durch die Umwelt bedingt ist; es ist ein System, weil die einzelnen Elemente voneinander abhängig sind. Die Abhängigkeit der Elemente ist eine gegenseitige. Es handelt sich um interdependente Beziehungen der Form, daß, wenn sich ein Element ändert, auch das andere davon berührt wird[113]. Wesentlich ist, daß alle Elemente eine Interaktionspyramide hervorrufen (hierarchische Struktur der Kooperation). „*Welche Veränderungen auch immer im Schema der Aktivitäten einer Gruppe auftreten, das zwischen den Führern verschiedener Stufen und ihren Untergebenen bestehende Interaktionsschema tendiert immer dazu, dieselbe allgemeine Pyramidenform beizubehalten*[114]."

---

[109] Ebenda, S. 34.

[110] Vgl. zur Kritik an Homans' Verfahren: Hahn: Soziale Wirklichkeit und soziologische Erkenntnis, a. a. O., S. 114 ff.

[111] Vgl. dazu auch Martindale, a. a. O., S. 478; zu den einzelnen Elementen vgl. ebenda, S. 483.

[112] Die Entscheidung darüber, welche Anzahl von Personen eine Gruppe ausmacht, ist abhängig von der Fragestellung und natürlich von der tatsächlich vorhandenen Intensität der Interaktionen (Homans: „Theorie ...", a. a. O., S. 103 f.).

[113] Vgl. die generellen Aussagen Homans': „Theorie ...", a. a. O., S. 115, 117.

[114] Ebenda, S. 119.

Das äußere System zusammen mit Beziehungen zwischen den Gruppenmitgliedern, die Homans als das innere System bezeichnet, bilden das gesamte soziale System[115]. Das innere System entsteht durch eine Entfaltung des Gruppenverhaltens, die durch das äußere System bewirkt wird und auf dieses wieder zurückwirkt. „Wir nennen dieses System ein ‚inneres', weil es nicht direkt von der Umwelt bestimmt ist, und wir sprechen von ihm als einer ‚Entfaltung', weil es Verhaltensformen einschließt, die nicht unter den Titel des äußeren Systems fallen[116]." Das innere System verdankt seine Entstehung den Interaktionen im äußeren System, die Gefühle unter den Gruppenmitgliedern hervorrufen, die ihrerseits zum inneren System gehören, weil sie erst im Gruppenprozeß entstehen[117]. Bei der Entfaltung des inneren Systems kann zwischen den Prozessen der Integration und der Differenzierung der Gruppe unterschieden werden. Die Integration der Gruppe ist dann offensichtlich, wenn die Mitglieder Normen über das zu erwartende gegenseitige Verhalten entwickelt haben. Der Prozeß der Normierung wird dadurch in Gang gesetzt, daß die Aktivitäten und Gefühle mit zunehmender Interaktionshäufigkeit sich angleichen, standardisiert werden. Erst dann, wenn die Gruppenmitglieder Normen über das gegenseitig erwartete Verhalten entwickelt haben, kann von einer Integration des Systems die Rede sein. Homans definiert Normen als rein geistige Phänomene, nämlich als „Idee(n) in den Köpfen der Gruppenmitglieder"[118]. Eine Norm, die das erwartete Verhalten eines Mitgliedes in einer bestimmten Lage zu anderen festlegt, ist eine Rolle. Die Normen sind teils von außen, aus der Umwelt, in die Gruppe hineingetragen worden, zum Teil entwickeln die Gruppenmitglieder eigene Normen. Auf zweierlei Art bestimmt die Umwelt also das innere System: über das äußere System und über die Normen.

Als zweites Ergebnis der Interaktionen unter den Gruppenmitgliedern entwickelt sich eine Differenzierung innerhalb der Gruppe; es entstehen Untergruppen, Cliquen, Führer. Der Rang, den ein Mitglied innerhalb der Gesamt- oder Untergruppe einnimmt, ist reziprok zur Einhaltung der Gruppennormen. Insofern ist der Führer einer Gruppe das unfreieste Mitglied, seine Führerschaft beruht gerade auf der genauesten Einhaltung der Gruppennormen. Die Beziehungen zwischen dem äußeren und dem inneren System, die schon angedeutet wurden, sind sehr eng. Das innere System modifiziert die Reaktion auf die Umwelt, die man vom äußeren System allein erwartet haben würde. Beispielsweise hängt die Arbeitsleistung einer Gruppe nicht nur von den Bedingungen der Umwelt ab, sondern auch von den eigenen Gruppennormen, die zum inneren System gehören. Die Beziehungen zwi-

---

115 Die Unterscheidung zwischen äußerem und innerem System geht auf Pareto zurück (vgl. Martindale, a. a. O., S. 466 f., 478).

116 Homans: „Theorie . . .", a. a. O., S. 124.

117 Die dabei auftretenden Beziehungen zwischen den einzelnen Elementen sollen hier nicht im einzelnen aufgeführt werden, weil sie wenig aussagekräftig sind. Sie sind im Original hervorgehoben und S. 125 ff. nachzulesen.

118 Ebenda, S. 136.

schen beiden Systemen sind derart, „daß das innere System ständig aus dem äußeren hervorgeht und sich kontinuierlich rückkoppelt, um das äußere System zu modifizieren oder ... um das soziale System als Ganzes auf etwas mehr ‚einzuschwingen' als es das äußere System war, mit dem wir begannen“[119]. Der „Rückkoppelungsprozeß“ kann jedoch auch in der Richtung verlaufen, daß soziale Desintegration und Verfall der Gruppe erfolgen. Homans analysiert diesen Fall anhand der Stadt Hilltown, wo durch Veränderungen der Umwelt eine Abnahme der Anzahl und Stärke der Gefühle, Aktivitäten und Interaktionen im äußeren System erfolgte. Dieser Niedergang im äußeren wird von einem Niedergang im inneren System begleitet. Die Wirkung von Gefühlen, Aktivitäten und Interaktionen wirken zentrifugal statt zentripetal. „Gesunde“ Gruppen tendieren hingegen zu einem Gleichgewicht, d. h. einem relativ stabilen Zustand. Gleichgewicht herrscht dann, wenn die sozialen Kontrolle wirksam ist. Durch sie wird „das Verhalten eines Menschen, der von seinem bestehenden Ausmaß der Einhaltung einer Norm abweicht, wieder auf dieses Maß zurückgebracht ...“[120]

Die Gruppen können nach dem Ausmaß, in dem die Umwelt das äußere System bestimmt, unterschieden werden. Gruppen, deren Verhalten zum großen Teil spontan, d. h. eben nicht direkt umweltbedingt ist, werden als autonome Gruppen bezeichnet.

b) Die Konzeption des sozialen Systems bei T. Parsons[121]

Grundlegend für die Parsonssche Systemtheorie ist eine allgemeine Theorie des Handelns, die im Laufe der Entwicklung der Parsonsschen Theorie mannigfache Veränderung erfahren hat. Diesen Differenzierungen kann im einzelnen nicht nach-

---

[119] Ebenda, S. 161.

[120] Ebenda, S. 286.

[121] Parsons' Systemtheorie ist hier nur für eine bestimmte Entwicklungsperiode seines Denkens, etwa die 50iger Jahre rezipiert. Diese Beschränkung ist dadurch gerechtfertigt, daß die familiensoziologischen Arbeiten Parsons' im wesentlichen in diese Periode fallen. Allerdings muß darauf hingewiesen werden, daß einige der in dieser Arbeit vorgenommenen Charakterisierungen Parsonsscher Begriffsbildung für spätere Arbeiten von ihm nicht mehr zutreffen.
Der folgenden Darstellung liegen im wesentlichen zwei Schriften Parsons' zugrunde: The Social System, a. a. O., und Systematische Theorie in der Soziologie. Gegenwärtiger Stand und Ausblick, in: ders.: Beiträge zur soziologischen Theorie, hrsg. u. eingel. v. D. Rüschemeyer, Neuwied, Berlin 1964, S. 31 ff. Speziell zu Parsons' Theorie ist eine Fülle von Sekundärliteratur erschienen, von der hier einige der wichtigsten genannt werden sollen. J. E. Bergmann: Talcott Parsons' Theorie des sozialen Systems. Eine kritische Analyse, Frankfurt/M. 1967; M. Black (Hrsg.): The Social Theories of Talcott Parsons. A Critical Examination, Englewood Cliffs, N. J. 1961; P. Kellermann: Kritik einer Soziologie der Ordnung. Organismus und System bei Comte, Spencer und Parsons, Freiburg 1967; H. Nolte: Psychoanalyse und Soziologie. Die Systemtheorien Sigmund Freuds und Talcott Parsons'. Bern, Stuttgart, Wien 1970.

gegangen werden, weil im hier behandelten Zusammenhang in erster Linie der Aufbau des sozialen Systems von Interesse ist. Aus diesem Grunde beschränkt sich die folgende Skizze der allgemeinen Handlungstheorie auf deren grundlegende Strukturen[122].

Ausgangspunkt für die Entwicklung eines Begriffsschemas, das die Analyse sozialer Systeme vermittels des Handlungsbezugsrahmens („action frame of reference") erlaubt, ist das Konzept von sozialen Handlungssystemen. Die Interaktion verschiedener Akteure ist derart gestaltet, daß dieser Prozeß als ein System im wissenschaftlichen Sinne behandelt werden kann.

Der Bezugsrahmen bezieht sich auf die Orientierung eines oder mehrerer Akteure an einer Situation, die andere Akteure einschließt. Die Situation besteht aus Orientierungsobjekten. Die Orientierung eines spezifischen Akteurs kann demnach differenziert werden hinsichtlich der verschiedenen Objekte und Objektklassen, aus denen seine Situation besteht. Die Objekte können nun unterschieden werden in soziale, physikalische und kulturelle. Ein *soziales* Objekt ist immer ein Akteur. Als solcher kann abwechselnd jeder andere individuelle Akteur (alter) fungieren, der Akteur, der selbst als Bezugspunkt gewählt wird (ego), oder eine Kollektivität, die für die Zwecke der Analyse als Einheit betrachtet wird. *Physikalische* Objekte interagieren nicht mit und antworten nicht auf ego. Sie sind lediglich Mittel und Bedingung der Handlung. *Kulturelle* Objekte sind symbolische Elemente der kulturellen Tradition wie Ideen oder Glaubenssätze, expressive Symbole oder Werthaltungen, insofern sie von ego als situationelle Objekte behandelt werden und nicht durch Internalisierung Elemente seiner Persönlichkeitsstruktur geworden sind.

Handlung („action") ist ein Prozeß in dem Akteur-Situation-System, der motivierende Bedeutung für den einzelnen Akteur bzw. die individuellen Komponenten einer Kollektivität hat. D. h. die Orientierung der korrespondierenden Handlungsprozesse steht immer in Zusammenhang mit dem Erreichen von Befriedigung oder der Vermeidung von Enttäuschungen für den speziellen Akteur. Nur insoweit als seine Beziehung zur Situation in diesem Sinne motivationsmäßig relevant ist, wird sie als Handlung (im technischen Sinn) betrachtet[123].

Die so definierte Handlung besteht jedoch nicht aus ad-hoc-Antworten auf spezielle situationelle Stimuli, sondern der Akteur entwickelt ein System von Erwartungen (system of "expectations") bezüglich der verschiedenen Objekte der Situation. Diese

---

122 Zur Weiterentwicklung der allgemeinen Theorie des Handelns vgl.: Parsons, Bales, Shils: Working Papers in the Theory of Action. Glencoe, Ill. 1953; Parsons, Shils (Hrsg.): Towards a General Theory of Action, 4. Aufl., Cambridge, Mass. 1959; die folgende Kurzfassung der Parsonsschen Handlungstheorie beruht auf dem „The Social System" zugrundeliegenden Stand (vgl. ebenda, S. 3 ff.).

123 Die von Parsons vorgenommene Unterscheidung der drei grundlegenden Arten der „motivational orientation" in „cathectic", „cognitive" und „evaluative" kann in diesem Zusammenhang unberücksichtigt bleiben. Vgl. dazu „The Sozial System", a. a. O., S. 7 f.

können einmal strukturiert sein in bezug auf die eigene Bedürfnis-Disposition. Im Fall der Interaktion mit sozialen Objekten kommt noch eine weitere Dimension hinzu. Die mögliche Reaktion von alter auf eine mögliche Aktion von ego muß von diesem antizipiert werden. Die antizipierte Reaktion von alter wird zu einem Bestandteil von egos Erwartungen und beeinflußt zugleich seine eigenen Entscheidungen.

Als eine Voraussetzung für die Entwicklung von Interaktionssystemen erweist sich das Vorhandensein von Signalen und Symbolen, die eine gemeinsame Bedeutung haben und Kommunikation zwischen alter und ego ermöglichen[124]. Ein soziales System besteht also aus einer Vielzahl miteinander interagierender Personen, die motiviert sind „in terms of a tendency to the 'optimization of gratification' and whose relation to their situations, including each other is defined and mediated in terms of culturally structured and shared symbols“[125]. D. h. wesentlich für das soziale System ist die Integration der Interaktionen auf der Grundlage einer gemeinsamen normativen Ordnung. So betrachtet ist das soziale System nur einer von drei Aspekten der Strukturierung eines vollständigen, konkreten sozialen Handlungssystems. Die beiden anderen sind das Persönlichkeitssystem des individuellen Akteurs und das kulturelle System.

Da ein soziales System ein Interaktionssystem ist, stellen die Beziehungen zwischen den Handelnden die Struktur des Systems dar. Die Elemente der sozialen Struktur entstehen aus zwei Quellen, den Orientierungsalternativen des Handelns[126] und den Elementen der Situation, auf die es orientiert ist[127]. Der Handelnde als Grundeinheit des sozialen Systems ist an diesen Beziehungen jedoch meistens nur mit einem Ausschnitt seines Persönlichkeitssystems beteiligt, nicht als individuelle Ganzheit. D. h. der Handelnde agiert als Rollenträger. Die Rolle ist definiert als eine Anzahl von normativen Verhaltenserwartungen, die an den Inhaber einer bestimmten Position von seiner sozialen Umwelt gestellt werden. Die Einhaltung dieser Rollenvorschriften wird weitgehend durch Sanktionen — positiver oder negativer Art — gewährleistet. Teilweise sind solche Rollenerwartungen auch internalisiert und damit Bestandteil der Persönlichkeit.

Da die Rolle immer an eine bestimmte Position in der Struktur eines sozialen Systems geknüpft ist, die Parsons als Status bezeichnet, bilden Status-Rollen die elementarsten Struktureinheiten des sozialen Systems[128]. Rollenkomplexe, die strate-

---

[124] "When symbolic systems of interaction which can mediate communication have emerged we may speak of the beginning of 'culture' which becomes part of the action system of the relevant actors." (Parsons: The Social System, a. a. O., S. 5.)

[125] Ebenda, S. 5 f.

[126] Vgl. dazu unten S. 80, Anm. 137.

[127] Vgl. Parsons: „The Social System“, a. a. O., S. 167.

[128] Vgl. dazu auch Martindale, a. a. O., S. 486.

gisch-strukturelle Bedeutung für das System haben, bilden Institutionen[129]. „Vom funktionalen Gesichtspunkt aus stellen die institutionalisierten Rollen Mechanismen dar, mit Hilfe derer die außerordentlich vielfältigen Möglichkeiten der ‚menschlichen Natur' in ein einziges integriertes System eingefügt werden, das mit allen Situationserfordernissen fertig werden kann, denen sich die Gesellschaft und ihre Mitglieder gegenüberstehen[130].

Wenn ein System eine dauerhafte, stabile Ordnung entwickeln oder einen geordneten (im Gegensatz zur Desintegration) Entwicklungs- und Wandlungsprozeß durchlaufen will, muß es mehrere funktionale Voraussetzungen erfüllen[131]: 1. Befriedigung der Mindest-Bedürfnisse der individuellen Akteure; 2. Aufrechterhaltung eines Mindestmaßes an Kontrolle über mögliches „disruptives" Verhalten; 3. Sicherung der adäquaten Teilnahme einer ausreichenden Anzahl der Akteure am sozialen System, „that is to motivate them adequately to the perfomances which may be necessary if the social system in question is to persist or develop. Indeed it is because it is a condition of this that the need to satisfy minimum needs of actors is a prerequisite at all"[132].

Nach Parsons bringt ein Handlungssystem motivierende und kulturelle oder symbolische Elemente in ein geordnetes System. Die Integration eines Interaktionssystems setzt die Anerkennung einer gemeinsamen normativen Ordnung durch die Handelnden voraus[133]: "This integration of a set of value patterns with the internalized need-disposition structure of the constituent personalities is the core phenomenon of the dynamics of social systems. That the stability of any social systems except the most evanescent interaction process is dependent on a degree of such integration may be said to be the fundamental dynamic theorem of sociology[134]." Die Normen sind von ausschlaggebender Bedeutung für die Rollen, diese wiederum für die Institutionen. Die Normen erweisen sich somit als das zentrale Element von Rollen und Institutionen und d. h. für die gesamte Struktur des sozialen Systems. Der Konsens *aller* Mitglieder bildet daher das Fundament jeglichen sozialen Systems.

Anschließend an die Untersuchung des Integrationsaspekts sozialer Systeme untersucht Parsons die Differenzierungen der Rollen. „Wie im Falle der Anatomie

---

129 "An institution will be said to be a complex of institutionalized role integrates, which is of strategic structural significance, in the social system in question." (Parsons: The Social System, a. a. O., S. 39.)

130 Parsons: Systematische Theorie . . ., a. a. O., S. 56.

131 Vgl. dazu: Parsons: The Social System . . ., a. a. O., S. 26 ff.

132 Ebenda, S. 29.

133 Parsons weist darauf hin, daß die Spieltheorie nachgewiesen habe, daß ein komplexes Interaktionssystem ohne Regeln, in dem jeder rational sein Eigeninteresse verfolgt, unstabil ist. (In: Interaction: Social Interaction, a. a. O., S. 437.)

134 Parsons: The Social System, a. a. O., S. 42.

stellt ... die funktionale Differenzierung das grundlegende Strukturprinzip dar[135]." Rollendifferenzierung beruht auf dem relativen Übergewicht von je einer der drei verschiedenen Orientierungsmöglichkeiten des Handelnden (cognitive, cathectic, evaluative) über die beiden anderen. Als Folge der Rollendifferenzierung ergibt sich auch eine Differenzierung in den Institutionen. Da das soziale System ein Netz von interaktiven Beziehungen ist, sind die zentralsten Institutionen jene, die durch die Definition der Status und Rollen der Teile des interaktiven Prozesses diese Beziehungen direkt strukturieren[136]. Dies sind die „relational institutions". „Regulative institutions" definieren die Mittel und Wege für die Verfolgung von Interessen. „Cultural institutions" hingegen definieren Verpflichtungen hinsichtlich der kulturellen Muster[137].

Die Betonung der Differenzierung und Strukturierung eines sozialen Systems führt bei Parsons zu einer intensiven Beschäftigung mit den Problemen der Zuweisung von Akteuren zu Rollen, der Verteilung von „facilities"[138] und Belohnungen (rewards). Ein differenziertes soziales System erfordert die Festsetzung der Beziehungen zwischen den Rollenträgern. Im Prozeß der Festsetzung dieser Beziehungen entsteht die Möglichkeit von Macht- und Herrschaftsausübung[139] und zeigt sich deren Relevanz für das Erreichen von Zielen, was gleichbedeutend ist mit der Konstatierung des Beziehungs(relational)-Charakters von Besitztümern, „facilities" eingeschlossen. Rollenträger zu sein, bedeutet deshalb zugleich, über die entsprechenden Macht- und Herrschaftsmittel verfügen zu können. Dem Prozeß der Rollenzuweisung kommt folglich entscheidende Bedeutung zu. Die Rollenzuweisung erfolgt durch Ernennung, selektiven Prozeß, Wettbewerb, aufgrund angeborener Eigenschaften wie Alter, Geschlecht etc. Die Rollen sind differenziert nach dem Grad der Verantwortung für die Angelegenheiten der Kollektivität. Aus den Differenzierungen

---

135 Parsons: Systematische Theorie ..., a. a. O., S. 57; "There is the same order of relationship between roles and functions relative to the system in social systems, as there is between organs and functions in the organism." (Parsons: The Social System, a. a. O., S. 115.)

136 "... they constitute the structural core of the social system, and the institutionalization of the value-orientation patterns concerned is the primary mechanism of the stabilization of the social system itself." (Parsons: The Social System, a. a. O., S. 52.)

137 Dieses dreiteilige Grundschema entspricht ungefähr dem in „Systematische Theorie ..." (a. a. O., S. 57) entwickelten. Dort unterscheidet Parsons „integrierende", „instrumentale" und „situationsbedingte" Institutionen. Die von Parsons für die „relational institutions" in engem Zusammenhang mit den Begriffen Gemeinschaft und Gesellschaft der deutschen Soziologie entwickelten Orientierungsalternativen des Handelns (pattern-alternatives of value orientation), die wesentlich für die Analyse der Differenzierung der sozialen Struktur sind, sollen hier wegen der beschränkten Fragestellung außer acht bleiben. Vgl. dazu: The Social System (a. a. O., S. 58 ff.) und die kurze Zusammenfassung bei D. Rüschemeyer (Einleitung zu Parsons: Beiträge zur soziologischen Theorie, a. a. O., S. 26 ff.).

138 "Facilities ... are possessions which are significant as means to further goals in complexes of instrumental orientation." (Parsons: The Social System, a. a. O., S. 119 ff.)

139 Parsons faßt unter dem Begriff „power" Macht und Herrschaft ununterschieden zusammen.

der Kompetenz und Verantwortung sollten sich Differenzierungen in den „facilities“ ergeben, denn „there is, ... an inherent tendency to allocate greater facilities to those on the higher levels of competence and responsibility“[140]. Soziale Schichtung innerhalb eines sozialen Systems, die Ausbildung institutionalisierter Lenkungsbefugnisse und eines „Systems von legitimen Autoritätsrollen“ erweisen sich dementsprechend als funktionale Bedingung für jede komplexe Gesellschaft, die regelwidriges Verhalten und erfolgreiche Koordination des Handelns der einzelnen erreichen will[141]. Für das „partial social system“ Kernfamilie weist Parsons — auf der Grundlage von Ergebnissen der Kleingruppenforschung — beispielsweise nach, daß für die optimale Erfüllung der Funktionen der Kernfamilie u. a. eine zweifache Differenzierung, eine Dominanz-Subordinations- und eine Instrumental-Expressiv-Differenzierung, Voraussetzung ist[142]. Die scharfe Unterscheidung zwischen den Geschlechtsrollen in eine mehr instrumentale (männlich) und eine mehr expressive (weiblich) ist nach Parsons' Auffassung der Mechanismus, durch den der Zerfall der Familiensolidarität verhindert wird. Denn die Geschlechtsrollendifferenzierung führe zu einer Trennung der Aufgabenbereiche zwischen den Eltern und schließe eine mögliche Konkurrenzsituation von vornherein aus. Beispielsweise würde eine gleichberechtigte Stellung der Frau im Berufsleben mit dem daraus folgenden Wettbewerb beider Ehepartner im beruflichen Status zu ernsten „Spannungen in bezug auf die Solidarität der Familieneinheit“[143] führen. Denn „wie schon Plato gesehen hat, sind absolute Gleichheit und positive Familiensolidarität nicht miteinander vereinbar“[144]. Die Ungleichheit der Positionen der Geschlechter sowohl im familiären wie im außerfamiliären Bereich wird so unversehens zu einer funktionalen Voraussetzung für die Erhaltung der Familieneinheit[145].

Ein stabiler interaktiver Prozeß, d. h. ein sich im Gleichgewicht befindender, tendiert dazu, unverändert weiterzubestehen. In der Realität gibt es jedoch kein vollständig sich im Gleichgewicht befindendes und integriertes System. Abweichende Motivationsfaktoren sind ständig wirksam. Die „conformity-deviance“-Dimension ist jedem strukturierten sozialen System eigen. Soziale Kontrolle hat die Aufgabe, entweder die abweichenden Motivationsfaktoren zu eliminieren oder — falls diese zu ständigen geworden sind — deren Auswirkungen einzugrenzen. Die meisten fundamentalen

140 Parsons: The Social System, a. a. O., S. 159.

141 Vgl. Parsons: Systematische Theorie ..., a. a. O., S. 58.

142 Vgl. dazu Parsons: Das Inzesttabu in seiner Beziehung zur Sozialstruktur und zur Sozialisierung des Kindes, a. a. O., S. 110 ff. Diese Konzeption von der Struktur der Kernfamilie ist als „gesicherte Erkenntnis“ auch in die deutsche Familiensoziologie eingegangen. Vgl. z. B. Claessens: Familie und Wertsystem, a. a. O., S. 46 ff.

143 Parsons: Ansatz zu einer analytischen Theorie der sozialen Schichtung, in: ders.: Beiträge zur soziologischen Theorie, a. a. O., S. 193; vgl. auch ders.: The Social System, a. a. O., S. 161.

144 Parsons: Ansatz zu einer analytischen Theorie ..., a. a. O., S. 193.

145 Gegen die Notwendigkeit der scharfen Geschlechtsrollendifferenzierung für die Sozialisation der Kinder wendet sich P. E. Slater: Parental Role Differentiation, in: AJS, Bd. 67 (1961), S. 296 ff.

Mechanismen der sozialen Kontrolle sind im normalen Interaktionsprozeß in einem institutionell integrierten sozialen System wirksam, nämlich insofern, als ebenso wie die Tendenzen zu abweichendem Verhalten auch die Mechanismen der sozialen Kontrolle im Sozialisationsprozeß angelegt werden und das gesamte Leben durchziehen, so daß: "... a process of social control is continually going on[146]." Allerdings tritt bei Parsons die Bedeutung der sozialen Kontrolle gegenüber der von Institutionen mit integrativen Ordnungsfunktionen zurück. Die Integration der Subsysteme des sozialen Systems erfolgt entscheidend durch die Übernahme der normativen Wertsysteme.

Der maßgebende Typus eines sozialen Systems ist für Parsons eine Gesellschaft (society). Sie kann alle notwendigen funktionalen Voraussetzungen für ihre Existenz über einen längeren Zeitraum hinweg aus eigenen Kräften schaffen. Dieses sind: 1. „duration sufficiently long to transcend the life span of the normal human individual; 2. recruitement by biological reproduction" und 3. „socialization of the oncoming generation"[147]. Gesellschaft ist ein „empirically self-subsistent social system"[148]. Und obwohl die meisten empirischen soziologischen Untersuchungen sich mit sozialen Teilsystemen beschäftigen, „using the society as a 'norm' in the theory of social systems ensures that a conceptual scheme will be developed for explicitly and systematically placing the partial social system in question in the setting of the society of which it is a part"[149]. Die strukturell-funktionale Theorie versucht also, vermittels des theoretisch konzipierten Idealtypus des „Sozialen Systems" die Funktionen gesellschaftlicher Phänomene für die Erhaltung des postulierten Gleichgewichts dieses Systems zu ermitteln sowie mit Hilfe der Strukturkategorien die empirischen Sachverhalte zu beschreiben. Gesellschaftliche Vorgänge werden somit beurteilt nach ihrem funktionalen Beitrag zur Integration aller Elemente zu einem stabilen, sich durch Regelmechanismen erhaltenden Gesellschaftssystems, dem empirischen Korrelat des Idealtypus „Soziales System".

3. Gemeinsamkeiten der Systemtheorien Homans' und Parsons' mit der Vierkandtschen Gruppentheorie

Die schon für Vierkandt nachgewiesene Nähe seiner Theorie zu einem organizistischen Verständnis der Gruppe findet sich bei Homans und Parsons gleichfalls — wenn auch wesentlich stärker ausgeprägt. Homans' „Theorie der sozialen Gruppe" ist von Analogien zwischen dem System Gruppe und dem Organismus durchzogen. Trotz wiederholter Abgrenzungen gegenüber einer völligen Gleichsetzung[150] geht

[146] Parsons: The Social System, a. a. O., S. 303.

[147] Parsons: The Social System, a. a. O., S. 19.

[148] Ebenda. „Die Idee eines selbst-regulierenden Systems steht im Mittelpunkt des Parsonsschen theoretischen Bezugsrahmens." (Rüschemeyer, a. a. O., S. 18.)

[149] Parsons: The Social System, a. a. O., S. 19.

[150] Vgl. Homans: „Theorie ...", a. a. O., S. 105.

die Analogiebildung bei ihm so weit, daß er zwischen einem Tierkörper und einer Gruppe hinsichtlich ihrer Fähigkeit zum Überleben nur graduelle Abstufungen entdecken kann[151]. Deshalb ist Anpassung für eine Gruppe ebenso charakteristisch wie für andere Organismen[152]. Auch Parsons vergleicht das soziale System häufig mit einem Organismus, insbesondere die Beziehung zwischen Rollen und Funktionen für die Erhaltung des Systems stellt er immer wieder dem Verhältnis von Organen und Funktionen in einem Organismus gegenüber[153]. Diese Orientierung am Funktionieren eines Organismus ist bei Parsons sicher am stärksten ausgeprägt. Bei ihm gewinnt „das Modell selbst-regulierender Systeme — übernommen aus der Biologie — . . . strategische Bedeutung“[154].

Grundlegend für die organizistische Fassung des System- bzw. Gruppenbegriffs ist die nahezu ausschließliche Orientierung entweder am Überleben der Gruppe (Vierkandt und Homans) oder an der Erhaltung des Systems (Parsons). Die Gruppe bzw. das System als solches wird zum Selbstzweck. Die Begriffe Gleichgewicht, Ordnung, Anpassung, Stabilität, soziale Kontrolle bekommen infolgedessen eine zentrale Stellung, während Widersprüche und Konflikte als pathologische und anomische Erscheinungen gedeutet werden[155]. Daher erhält auch der Funktionsbegriff eine spezifische Bedeutung. Funktion wird verstanden als der Beitrag eines Teiles zu der Erhaltung des Ganzen und wird dadurch ein Bestandteil organischen Denkens. Der Funktionsbegriff ist der Ausdruck für die innere Zweckmäßigkeit des sozialen Systems im Hinblick auf seine Selbsterhaltung, nicht etwa für andere konkrete Zwecke und Ziele wie beispielsweise individuelle Bedürfnisbefriedigung[156]. Infolge der Organismusqualität der Gruppe bzw. des sozialen Systems, derzufolge die Teile lediglich vom Ganzen her zu verstehen sind, wohnt dem Funktionalismus die Tendenz zu einer Hypostasierung des Ganzen gegenüber den Teilen inne. Der Funktionalismus kann deshalb gekennzeichnet werden erstens durch die Annahme vom Primat des Systems und zweitens durch die Vorstellung, daß alle Einheiten (units) des Systems sekundär und zudem nur vom Standpunkt des Systems aus relevant sind, dem sie zugehören[157]. Durch diese Kennzeichnung funktionalistischer

---

151 Vgl. Ebenda, S. 105.

152 Vgl. ebenda, S. 163.

153 Vgl. Parsons: The Social System, a. a. O., S. 115; ders.: Systematische Theorie in der Soziologie, a. a. O., S. 57.

154 Rüschemeyer, a. a. O., S. 18. Auf die stark biologistischen Anklänge bei Parsons weist auch Hartmann (a. a. O., S. 72) hin. Vgl. dazu auch D. Ambros: Über Wesen und Formen organischer Gesellschaftsauffassung, in: Soziale Welt, Bd. 14 (1963), S. 14 ff. Parsons weist selbst darauf hin, daß das System-Modell im wesentlichen aus der Biologie übernommen wurde. (Vgl. Die jüngsten Entwicklungen in der strukturell-funktionalen Soziologie, in: KZfSS, Bd. 16 [1964], S. 30.)

155 Vgl. dazu I. S. Kon: Der Positivismus in der Soziologie, Berlin 1968, S. 317.

156 Vgl. dazu Ambros, a. a. O., S. 30 f.

157 Nach Martindale, a. a. O., S. 446, 462.

Theorie stellt sich die oben referierte Bemerkung Bernsdorfs, Vierkandt habe in seiner Gruppentheorie schon eine funktionale Betrachtungsweise angewendet, als zutreffend heraus[158].

Die Untersuchung der Binnenstruktur, d. h. der Bedingungen für die Aufrechterhaltung der Gruppen- bzw. Systemeinheit ist das zentrale Problem sowohl bei Vierkandt als auch bei Parsons und Homans. Die Beziehungen zwischen Gruppe (System) und gesellschaftlichem Umfeld treten hinter diesem Interesse zurück.

Grundlage des inneren Zusammenhalts der Gruppe bzw. des Systems ist bei Parsons und Homans die Anerkennung gemeinsamer Normen durch die Mitglieder, bei Vierkandt die „Ordnungsverbundenheit", die er für alle Sozialverhältnisse als konstitutiv ansieht. Inhaltlich bedeutet „Ordnungsverbundenheit" natürlich auch die Akzeptierung bestimmter Normen durch die Gruppenmitglieder. Als zweite Bedingung für die Erhaltung der Einheit muß eine innere Differenzierung innerhalb der Gruppe bzw. des Systems hinzukommen. Deren Untersuchung führt sowohl bei Vierkandt wie bei Homans und Parsons infolge ihrer nahezu ausschließlichen Orientierung am Bestand der Gruppe bzw. des Systems zu einer starken Akzentuierung der Notwendigkeit von Autorität und Disziplin. Denn die Fähigkeit zum Überleben erfordert, daß jedes Element der Gruppe bzw. des Systems in seinem Verhalten sich auf dieses Ziel: Systemerhaltung hin orientiert. Dies ist aber nur möglich bei einer bestimmten inneren Organisation. Nach Homans tendiert jede Gruppe unabhängig von ihren spezifischen Aktivitäten zu einem hierarchischen Aufbau mit einem Führer an der Spitze, der über mehrere Stufen von Unterführern hinweg mit der Basis kommuniziert. Parsons beschäftigt sich ebenfalls sehr intensiv mit Arbeitsteilung, Hierarchie, Führung und betrachtet sie unter dem Gesichtspunkt ihres funktionalen Beitrags zur Erhaltung des Systemgleichgewichts[159]. Auch bei Vierkandt ist diese Tendenz stark ausgeprägt[160]. Die lediglich formale Bestimmung des Gruppen- bzw. Systemziels als „Überleben" bzw. „system-maintenance" zeitigt bedeutsame inhaltliche Konsequenzen. Beispielsweise wenn Homans schreibt: „Allgemeine Stimmung, Führerschaft und Disziplin haben . . . alle einen potentiellen Überlebenswert für die Gruppe[161]." Hier rächt sich die starke Orientierung am Funktionieren biologischer Systeme wie dem Organismus, dessen Aufbau hierarchisch ist und der von einer zentralen Stelle aus

[158] Vgl. oben, S. 73.

[159] Habermas kritisiert zutreffend an Parsons' Gleichgewichtskonzeption, daß physisches Überleben zwar eine notwendige, aber keine hinreichende Bedingung für die Erhaltung gesellschaftlicher Systeme sei. Der Sollzustand eines Systems lasse sich nur politisch durch öffentliches Räsonnement der Gesellschaftsmitglieder auf der Grundlage von Informationen über die Reproduktionsbedingungen des Systems ermitteln. (Zur Logik der Sozialwissenschaften. Materialien, a. a. O., S. 177 f.) Diese Kritik trifft natürlich auch Vierkandt und Homans.

[160] Vgl. dazu oben S. 69 f.

[161] Homans: „Theorie . . .", a. a. O., S. 264.

gesteuert wird. Tendenziell reduziert deshalb jede funktionalistische Theorie die Bedeutung der einzelnen Elemente des Systems bzw. der Gruppe und der zugehörigen Personen darauf, bloße Funktionsträger zu sein, die im optimalen Falle quasi-automatisch reagieren. Insofern ist es nicht verwunderlich, wenn Homans die menschliche Freiheit lediglich als die perfekte Internalisierung der Gruppennormen, als „geliebte Disziplin“ bestimmen kann[162].

Die Grundeinheit der funktionalistischen Analyse ist nicht das handelnde Individuum, sondern die Rolle. Die Wahl dieser Kategorie führt notwendig zu einer Vernachlässigung der menschlichen und gesellschaftlichen Spontaneität und des zielbewußten rationalen Handelns von einzelnen und Gruppen sowie zu einer Überbetonung der gesellschaftlichen Zwänge. Denn: alle Personen haben lediglich vorgegebene Rollen nach einem ganzheitlichen, organizistischen Konzept zu erfüllen. Das Handeln ist blind und komplementär zu den Handlungen der anderen. Die Frage nach dem Sinn einer bestimmten konkreten Handlung kann daher auch nur formal mit dem Hinweis auf ihren Beitrag zur Erhaltung oder Gefährdung der Stabilität des jeweiligen Systemganzen beantwortet werden[163].

Eine der Ursachen für die Ausschaltung des handelnden, seine Umwelt schöpferisch gestaltenden Individuums aus der funktionalistischen Theorie liegt — wie schon erwähnt — in der Übernahme des Modells eines sich selbst steuernden und regulierenden Systems aus der Biologie. Die Reproduktion eines Organismus „scheint Zweckmäßigkeit ohne Zwecktätigkeit, also einen objektiv intentionalen Zusammenhang zu verbürgen“[164]. Die analoge Auffassung sozialer Systeme als „self-regulating-systems“ — bei Vierkandt als Selbstheilungstendenzen der Gruppe bei Störungen schon antizipiert — macht die Annahme eines handelnden Subjekts — auch eines kollektiven — überflüssig[165].

Möglich wird diese Reduktion der handelnden menschlichen Subjekte auf quasi-automatisch reagierende Rollenträger durch die sowohl bei Vierkandt als auch bei Homans und Parsons vorhandene Überbetonung der Prägung der Person durch die Gruppe bzw. das System im Laufe des Sozialisierungsprozesses. Dies wird deutlich, wenn Vierkandt davon spricht, daß die Gruppe der einzelnen Persönlichkeit den Stempel der Gruppeneigentümlichkeit aufprägt[166] oder Homans die soziale Entfaltung nur bei denjenigen Individuen als möglich ansieht, „denen es ihre Persön-

---

162 Vgl. ebenda, S. 316.

163 Vgl. Kellermann, a. a. O., S. 145; vgl. dazu auch die Kritik N. Luhmanns an Parsons' Systemtheorie (Moderne Systemtheorien als Form gesamtgesellschaftlicher Analyse, in: Spätkapitalismus oder Industriegesellschaft, Verhandlungen des 16. Deutschen Soziologentages, hrsg. v. Th. W. Adorno, Stuttgart 1969, S. 258 f.).

164 Habermas: Zur Logik der Sozialwissenschaften. Materialien, a. a. O., S. 168.

165 Vgl. ebenda.

166 Vgl. Vierkandt: Gesellschaftslehre, a. a. O., S. 322.

lichkeit erlaubt, vollwertige Mitglieder der betreffenden Gruppe zu werden“[167]. Bei Parsons wird die Deckungsgleichheit zwischen individuellen und Systembedürfnissen erreicht durch den individualpsychologischen Mechanismus der Internalisierung der sozialen Normen[168]. “... the *human* personality is not ‘born’ but must be ‘made’ through the socialization process ...[169]” und: “... personality structure is thus in some sense a kind of ‘mirror-image’ of the social structure he has experienced ...[170]” Wrong hat darauf aufmerksam gemacht, daß die Harmonisierung des Verhältnisses Individuum — System bei Parsons nur gelingt aufgrund einer Rezeption Freudscher Kategorien, die wesentliche Elemente der Freudschen psycho-analytischen Kategorien ausklammere. Nur deshalb könne Parsons zu einer Gleichsetzung zwischen Internalisierung und „habit-formation“ gelangen, wodurch die bei Freud besonders betonte Bedeutung des inneren Konflikts, der Spannung zwischen machtvollen Impulsen und der Über-Ich-Kontrolle, aus der Theorie herausfalle. Nach Freud bewirke nämlich Internalisierung von Normen keineswegs zwingend ein ihnen entsprechendes Verhalten, sondern lediglich Schuldgefühle bei entgegengesetzem Handeln[171]. Sozialisation meine zwei verschiedene Dinge: die Übermittlung der Kultur und den Prozeß der Menschwerdung. Im letzteren Sinn sind alle Menschen sozialisiert, „but this does not mean that they have been completely molded by the particular norms and values of their culture“[172]. Infolge der bei allen in diesem Teil der Arbeit behandelten Autoren vorhandenen Überbetonung des Einflusses der Gruppe im Sozialisationsprozeß auf die Entwicklung des einzelnen kann das dialektische Verhältnis zwischen Individuum und Gruppe bzw. System nicht erfaßt werden.

Mit der sehr starken Betonung der Prägung und Stabilisierung des einzelnen in der kleinen Gruppe, speziell der Familie, hängt jene Entgegensetzung zwischen großen und kleinen Gruppen zusammen, die den Arbeiten von Homans und Vierkandt einen fast kulturkritischen Zug gibt; Parsons macht diese Entgegensetzung nicht, sondern löst die Gemeinschafts-Gesellschafts-Dichotomie durch die Konstruktion der „Orientierungsalternativen des Handelns“ auf[173]. Vierkandts Überlegungen zum Ver-

---

[167] Homans: „Theorie ...“, a. a. O., S. 149, auch S. 421; vgl. dazu den Kreislauf in den Beziehungen zwischen Individuum und Gruppe (a. a. O., S. 305) und seinen oben schon erwähnten Freiheitsbegriff (a. a. O., S. 316), der für außerhalb der Gruppennormen liegendes Denken und Handeln keinen Raum läßt. Vgl. dazu auch Hahn: Soziale Wirklichkeit und soziologische Erkenntnis, a. a. O., S. 128 ff.

[168] Vgl. Bergmann, a. a. O., S. 36; ebenso S. 148 ff.

[169] Parsons u. Bales: Family. Socialization and Interaction Process, a. a. O., S. 16.

[170] Ebenda, S. 54.

[171] Vgl. D. H. Wrong: The Oversocialized Conception of Man in Modern Sociology in: ASR, Bd. 26 (1961), S. 187. “To Freud man is a *social* animal without being entirely a socialized animal. His very social nature is the source of conflicts and antagonism that create resistance to socialization by the norm of any of the societies ...” (ebenda, S. 192); vgl. dazu auch Nolte, a. a. O., S. 200 ff.

[172] Wrong, a. a. O., S. 192.

[173] Vgl. dazu Rüschemeyer, a. a. O., S. 26 ff.

hältnis von Gemeinschaft und Gesellschaft bewegen sich sehr nahe an dem Postulat einer Dichotomie. Bei Homans taucht diese als Entgegensetzung von Zivilisation und kleiner Gruppe wieder auf[174]. Die Zivilisation beruht für ihn auf dem Fundament der kleinen Gruppe. Deshalb muß jede Zivilisation, die weiterbestehen will, wenigstens einige Merkmale der Gruppe erhalten, denn die Psychiatrie habe nachgewiesen, daß erst die Zugehörigkeit zu einer Gruppe dem Menschen jene Verhaltenssicherheit gibt, die es ihm ermöglicht, selbst wieder gesunde Mitglieder der Gruppe aufzuziehen. Da die Zivilisation sich bisher von der „Fäulnis des Dorfes“[175] genährt hat, müssen neue Gruppen geschaffen werden, die sie fundieren.

Eine weitere Gemeinsamkeit der theoretischen Ansätze von Vierkandt, Homans und Parsons besteht in ihrer Intention, eine allgemeine, für alle historischen gesellschaftlichen Zustände geltende Theorie zu entwickeln[176]. Dieses Ziel impliziert von vornherein die Abstraktion von der jeweiligen historischen Konstellation. Der Verzicht auf Geschichte bedeutet die Ausklammerung der Analyse der konkreten Verhältnisse, in denen die Menschen ihr Leben reproduzieren und dabei jene Verhältnisse selbst gestalten und entwickeln[177]. Nur dadurch läßt sich u. a. auch jene Symbiose zwischen Funktionalismus und Kleingruppenforschung erklären, die voraussetzen muß, daß alle Gruppen bzw. Systeme die gleichen grundlegenden Strukturen aufweisen[178].

Bei der Verwendung der Ergebnisse der Kleingruppenforschung für die Theoriebildung werden zudem grundlegende methodische Fehler begangen. Abgesehen von dem Problem, inwieweit überhaupt durch Experimente mit künstlich gebildeten kleinen Gruppen Aussagen über die Prozesse in realen Gruppen gemacht werden können[179], sind die Ergebnisse häufig tautologisch. Beispielsweise wird aus der Beobachtung, daß sich in anfänglich undifferenzierten kleinen Gruppen im Laufe des Experiments eine zweifache Differenzierung, einmal unter dem Gesichtspunkt der Dominanz-Subordination und zum anderen unter dem der instrumentalen oder expressiven Funktion herausbildet, der Schluß gezogen, daß die Kernfamilie, die die gleiche Differenzierung aufweist, eine ideale kleine Gruppe sei. Pitt hat den Zirkelschluß, der hier zugrundeliegt, gesehen, wenn er schreibt: “There is a certain amount of circularity about this argument, since the role skills that are brought to

---

[174] Vgl. dazu Homans: „Theorie ...“, a. a. O., S. 418 ff.

[175] Ebenda, S. 346.

[176] Vgl. Vierkandt: Gesellschaftslehre, a. a. O., S. 3 f.; Parsons: The Social System, a. a. O., S. 20; Homans: „Theorie ...“, a. a. O., S. 31 ff.

[177] Die Ausbreitung der strukturell-funktionalen Theorie in der amerikanischen Soziologie hat zu einer zunehmenden Vernachlässigung historischer Aspekte geführt (vgl. Hartmann, a. a. O., S. 55). Vgl. dazu auch die Bemerkungen Parsons' über marxistische Theorie („Interaction: Social Interaction“, a. a. O., S. 433).

[178] Vgl. dazu für Homans: Martindale, a. a. O., S. 483; für Parsons: Hartmann, a. a. O., S. 7, 21; kritisch: Hahn: Bürgerliche und marxistische Gruppensoziologie, in: Dt. Zeitschr. f. Philosophie, Bd. 13, 1 (1965), S. 411.

[179] Vgl. dazu: Th. M. Mills: Soziologie der Gruppe, München 1969, S. 68 (mit Literaturhinweisen).

group formation beyond the family were learned in the family. It would not be surprising, therefore, if small groups which are goal-orientated imitated the nuclear family structure — and hence the nuclear family would be bound to come out as an ideal small group[180]." Es steht zu vermuten, daß in der Tat die experimentell nachgewiesene Gruppenstruktur lediglich eine Reproduktion der familiären Struktur ist, die selbst — wie die Entstehung der gesellschaftlichen Normen insgesamt — inhaltlich bestimmt wird von den konkreten historischen und materiellen Bedingungen des gesellschaftlichen Lebens.

Diese Zusammenhänge bleiben verborgen infolge der Geschichtslosigkeit der behandelten theoretischen Ansätze. Funktionalistische Theorie richtet ihre theoretischen Bemühungen deshalb auch stärker auf die Beschreibung gesellschaftlicher Verhältnisse als auf die Klärung der Frage, *warum* diese so sind, wie sie sind[181]. Kellermann äußert den Verdacht, daß mit der Beschränkung auf die Beschreibung der gesellschaftlichen Situation zugleich der Nachweis ihrer Berechtigung erbracht werden soll. Neben der Deskription hat Soziologie aber auch die Aufgabe, die Ursachen gesellschaftlicher Verhältnisse zu untersuchen; „sie hätte die aufgewiesene Situation mit dem zu konfrontieren, was rational möglich ist"[182]. Dieser zweite Schritt ist für funktionalistische Theorie Vierkandtscher, Homansscher oder Parsonsscher Provenienz infolge der Ausklammerung der konkreten Inhalte der Vergesellschaftung nicht möglich. Dies führt bei allen drei Autoren zu einer Verklärung und Rechtfertigung der bestehenden Strukturen und gesellschaftlichen Verhältnisse. „Denn in die angeblich nur formalen Begriffe sind eben schon inhaltlich geschichtliche Bestimmungen eingegangen und die angeblich schlechthinnige Formalität des Begriffs erweist sich mit einer sehr bestimmten geschichtlichen Materialität, wie etwa ... im Überlebensbegriff angefüllt"[183], so daß die bestehende Ungleichheit, Hierarchie, Autorität nicht nur als tatsächlich vorhandene beschrieben, sondern mit normativer Realität ausgestattet wird[184]. Hieraus dürfte auch der dem Funktionalismus so häufig vorgeworfene Konservatismus resultieren[185].

Von der zuletzt angedeuteten Problematik einer allgemeinen Theorie in der Soziologie einmal abgesehen, resultieren alle wesentlichen Besonderheiten des Funktio-

---

180 J. R. Pitt: The Structural-Functional Approach, in: Handbook of Marriage and the Family, a. a. O., S. 63. Pitt zieht aus dieser Erkenntnis jedoch keine Konsequenzen.

181 Vgl. Homans: Funktionalismus ..., a. a. O., S. 95; Bergmann zufolge schrumpft die Theorie darauf zusammen, zu zeigen, „daß es so ist, wie es ist, weil es so ist" (a. a. O., S. 156).

182 Kellermann, a. a. O., S. 148.

183 W.-D. Narr: Vorwort zu Kellermann, a. a. O., S. 13.

184 Vgl. dazu die Ausführungen von Kellermann, a. a. O., S. 147.

185 Vgl. dazu z. B. Mills: Kritik der soziologischen Denkweise, a. a. O., S. 31 ff.; R. Dahrendorf: Struktur und Funktion. Talcott Parsons und die Entwicklung der soziologischen Theorie, und ders.: Pfade aus Utopia. Zu einer Neuorientierung der soziologischen Analyse, beides in: ders.: Gesellschaft und Freiheit. Zur soziologischen Analyse der Gegenwart, München 1963, S. 49 ff. und S. 85 ff.

nalismus aus der Übertragung des Organismus-Modells, das auch von Vierkandt verwendet wurde, auf die Analyse sozialer Verhältnisse. In Reaktion auf den Sozialbehaviorismus hat die funktionalistische Theorie auf die wesentlichen Postulate der organischen Schule der Soziologie des 19. Jahrhunderts zurückgegriffen. Von letzterer unterscheidet sie sich nach Martindale[186] hauptsächlich in drei Punkten: Erstens wird der Begriff des sozialen Systems verallgemeinert, d. h. jede Gesellschaft, aber auch jede ihrer Untergruppen, z. B. eine Fabrik oder eine Familie, werden als Systeme erfaßt und analysiert. Damit wird zweitens der Systembegriff zum zentralen theoretischen Begriff, von dem jede Analyse einer Struktur oder eines Prozesses ausgeht. Drittens wird das spezifische System nicht mit einem bestehenden historischen Gesellschaftstyp identifiziert. Als Folge der Verallgemeinerung des Systembegriffes fehlt dem Funktionalismus größtenteils[187] der kultur- und sozialkritische Zug, der den positivistischen Organizismus ausgezeichnet hatte. Die tiefe Verwurzelung im Organizismus führt jedoch dazu, daß „practically every item said to be peculiar to functionalism has been anticipated by the organicists. Functionalism at best represents merely a regrouping of and re-emphasis upon ideas that were already present“[188].

Zusammenfassend läßt sich als Ergebnis der Untersuchung der Gruppen- bzw. Systemtheorien von Vierkandt, Parsons und Homans feststellen, daß ihnen trotz vielfacher Unterschiede, beispielsweise im Grad der Differenziertheit und methodischen Exaktheit oder in der unterschiedlich starken Ausprägung des Organismus-Modells, die vorstehend diskutierten wesentlichen Grundzüge gemeinsam sind.

Die zu Beginn dieses Abschnitts[189] aufgeworfene Fragestellung, inwieweit ein gruppentheoretischer Ansatz in der Familiensoziologie die mikro- und makrosoziologische Betrachtungsweise miteinander vereinbart — wie König behauptet — kann auf der Grundlage der vorstehenden Untersuchung dahingehend beantwortet werden, daß infolge der Konzentration der behandelten Theorien auf die Binnenstruktur der Gruppe bzw. des Systems und die dadurch bedingte Vernachlässigung der Beziehungen zum „sozialen Umfeld“ die Analyse der Familie im gesamtgesellschaftlichen Kontext schwerlich mit diesem Ansatz möglich sein wird.

Die Konzentration auf die Binnenstruktur hängt ganz offenbar damit zusammen, daß „das Allerweltswort ‚Gruppe‘ . . . vergessen läßt, daß nicht bloß jeder einer Vielzahl von Gruppen angehört, die alle ihren Einfluß ausüben, . . . sondern die einzelne Gruppe empirisch gar nicht zu isolieren ist; daß andere Gruppen, mit denen keinerlei direkter Kontakt besteht, das Tun und Lassen, das Denken und noch die Affekte

---

186 Vgl. Martindale, a. a. O., S. 449 f.

187 Zu den Ausnahmen s. oben, S. 86 f.

188 Martindale, a. a. O., S. 465. Zu dem Ergebnis, daß Parsons' Theorie zu den „positivistischen Entwicklungslehren des soziologischen Universalismus“ zurückführt, gelangt auch Tjaden (Soziales System und sozialer Wandel, a. a. O., S. 295).

189 Vgl. dazu S. 54 ff.

des einzelnen wie die Reaktionen der untersuchten Gruppe bestimmen; daß eine konkrete Darstellung nicht darauf verzichten darf, die Situation und Funktion einer Gruppe aus übergreifenden historischen Konstellationen zu begreifen, die jeweils für die Gesellschaft wie die Gruppen ... charakteristisch sind ..."[190]

Daß König in seinen familiensoziologischen Arbeiten mit dem gruppentheoretischen Ansatz sein Ziel, die Analyse der Familie in mikro- und makrosoziologischer Betrachtung, nicht erreicht hat, wird deshalb im folgenden nachgewiesen werden.

IV. Die Analyse der Familie bei R. König

1. Die Familie als Gruppe eigener Art[191]

In der Entwicklung des Begriffs der Familie als Gruppe eigener Art durch König finden sich wesentliche Elemente der Vierkandt-Geigerschen Gruppentheorie wieder: Das Gruppenverhältnis ist durch die Gemeinschaft der Gruppenmitglieder gekennzeichnet. Gemeinschaft gründet auf dem Selbstwert der Person und bedeutet innere Verbundenheit der Gruppenmitglieder. Die Gemeinschaft in Ehe und Familie umfaßt die Menschen voll und ganz, reicht bis in die seelische Tiefenregion. Sie entspricht vollkommen dem Vierkandt-Geigerschen Begriff von Gemeinschaft, die als „Verschmolzenheit im Wesen" oder seelische Verbundenheit beschrieben wurde[192]. Grundprinzip der ehelichen und familialen Gemeinschaft ist die gegenseitige Hilfe. Sie wird — analog zu Vierkandt — von der persönlichen Hilfsbereitschaft unterschieden, die um der Person des anderen willen geschieht. Gegenseitige Hilfe hingegen wird geleistet für den Zusammenhalt des übergeordneten Ganzen, d. h. eines den einzelnen Familienmitgliedern übergeordneten Gesamtzusammenhangs. Deshalb ist die gegenseitige Hilfe stärker als die persönliche Hilfsbereitschaft, denn „die Teilnahme am Anderen ist immer dann am stärksten, wenn das Bewußtsein vorwaltet, daß man damit dem Ganzen hilft"[193]. Wie bei Vierkandt und Geiger steht also auch bei König die Erhaltung der Gruppeneinheit im Zentrum des Gruppenlebens. Der Wille zur gegenseitigen Hilfe, der für die Familie konstitutiv ist, kann nur verstanden werden, „wenn man über die personale Gemeinschaft hinaus die Existenz eines Gruppenkreises ansetzt, innerhalb dessen dann der Maßstab dafür gefunden wird, wann gegenseitige Hilfe zu leisten ist und wann nicht"[194]. Unter Hinweis auf Geiger kennzeichnet König die gegenseitige Hilfe durch die Formel „Ich und Du im Wir". D. h. innerhalb einer Gruppe leisten „zwei Menschen *als*

---

[190] Maus, a. a. O., S. 86.

[191] Die Darstellung der Königschen Familiendefinition stützt sich im wesentlichen auf die Ausführungen in den „Materialien ...", a. a. O., S. 103 ff.

[192] Vgl. dazu oben, S. 67 f.

[193] König: „Materialien ...", a. a. O., S. 106.

[194] Ebenda.

Glieder dieser Gruppe einander gegenseitige Hilfe ... im Sinne der Gruppensolidarität und zur Förderung der Gruppenwohlfahrt“[195].

Ganz wie Geiger unterscheidet König zwischen Paar und Gruppe[196]. Das Paarverhältnis beruhe auf einer rein personalen Beziehung; es fehle der übergeordnete Zusammenhang in bezug auf den gehandelt und von dem die Maßstäbe für das Handeln gewonnen werden. Dagegen werde die Ehe zwar durch personale Beziehungen eingeleitet, aber nicht durch diese fundiert. Denn: „die Ehe ist ein Verhältnis zwischen Mann und Frau, das nicht auf personale Gemeinschaft, sondern auf Familie zielt“[197]. Das bedeutet für König, daß in der Ehe- und Familiengemeinschaft die Mitglieder „nicht so sehr um ihrer Einzigartigkeit willen, als vielmehr in Eigenschaft von Trägern bestimmter Gruppenfunktionen da“[198] sind. Deshalb sind sie im Falle ihres Ausscheidens aus der Gruppe auch ersetzbar. Damit schließt sich König der Geiger-Vierkandtschen Auffassung an, daß in der Gruppe im anderen primär das Gruppenmitglied gesehen wird, das eine bestimmte Stellung innerhalb der Gruppe einnimmt und Funktionen ausübt. Das Individuum wird also in erster Linie als Rollenträger wahrgenommen.

Die Ausrichtung der Beziehungen der Ehepartner auf die zukünftigen Kinder ist für die Ehe daher von Anfang an bestimmend. Insofern kann die Ehe auch als „unvollständige Familie“ gekennzeichnet werden. Soziologisch ist die Ehe „nichts anderes als der Beginn einer Gruppe durch Vermittlung zweier Individuen“[199]. D. h. die Ehe ist keine reale, aber eine potentielle Gruppe. Wegen ihrer Ausrichtung auf die Gruppe Familie kann auch die Ehe als Gemeinschaft bestimmt werden. Denn die Existenz von Gemeinschaftsbeziehungen setzt — nach Königs Auffassung — die einer Gruppe voraus[200]. Innerhalb der Gruppe überwiegen „immer die gemeinsamen Ziele und Strebungen über die persönlichen Zwecke“[201]. Die innige gemeinschaftliche Verbundenheit der Gruppenmitglieder führt zu enger Kooperation, die zwar nicht immer konfliktfrei ist; aber letztlich hat „aller Widerstreit ... zum Ziel die Gruppeneinheit“[202].

---

195 Ebenda, S. 107 (Hervorhebung von mir — H. R.).

196 Vgl. Geiger: Gestalten der Gesellung, a. a. O., S. 83 ff.

197 König: „Materialien ...“, a. a. O., S. 109; die Formulierung bei Geiger (Gestalten der Gesellung, a. a. O., S. 90) ist nahezu identisch.

198 König: „Materialien ...“, a. a. O., S. 110.

199 Ebenda, S. 115.

200 Gemeinschaftsbeziehungen zeichnen sich dadurch aus, „daß sie den sozialen Zusammenhängen ihre lebendige Bewegtheit und innere Gefühlserfüllung sichern, daß sie aber selbst keine Gruppen aufbauen, diese vielmehr voraussetzen“. (Ebenda, S. 115 f.) Daß König — trotz dieser Begriffsbestimmung von Gemeinschaft — in bezug auf das Paar, das keine Gruppe ist, auch von Gemeinschaft spricht, verwirrt außerordentlich.

201 Ebenda, S. 118.

202 Ebenda.

Die Familie erweist sich durch diese Merkmale als eine Gruppe eigener Art. Sie ist eine Primärgruppe im Cooleyschen Sinne insofern, als sie nach Zeit und Bedeutung allen anderen Gruppen vorausgeht, denn in den Primärgruppen vollzieht sich der Aufbau der „menschlich-sozialen" Natur[203]. Die von Cooley in „Social Organization" kurz und knapp vorgenommene Begriffsbestimmung[204], der aber keine Theorie der Primärgruppe zugrundeliegt, deckt die von König als Kriterien für die Familiengruppe herangezogenen Merkmale ab. Infolgedessen kann König seine Begriffsbestimmung folgendermaßen zusammenfassen: „Familie als Gruppe verbindet ihre Mitglieder in einem Zusammenhang des intimen Gefühls, der Kooperation und der gegenseitigen Hilfe, wobei die Beziehungen der Familienmitglieder den Charakter der Intimität und der Gemeinschaft innerhalb der Gruppe haben[205]." Das „wesentliche und unaufgebbare Merkmal" der Familie, durch das sie sich von den meisten anderen Gruppen unterscheidet, ist das der Intimität[206]. König setzt folglich auch Primärgruppe und Intimgruppe gleich.

König behauptet nun, daß seine Definition der Familie es erlaubt, „in den Begriff der Familie sowohl die überindividuell-allgemeine Gruppenordnung wie zugleich die individuelle Selbstdarstellung der Einzelpersonen bis in ihre Tiefenschicht aufzunehmen, so daß auch dem ... Selbstwertgefühl des Menschen Rechnung getragen ist, ohne daß jedoch darum alle Gruppenordnungen in einem überspannten Individualismus gesprengt werden"[207]. Zwar war König davon ausgegangen, daß die Gemeinschaft sich auf dem Selbstwert der Person gründet[208]. Die zuvor referierte Bestimmung des Verhältnisses der Gruppenmitglieder untereinander läßt aber dem einzelnen Individuum wenig Raum für seine individuelle Entfaltung, denn die Ehe- und Familiengemeinschaft ist eine den Menschen voll und ganz umfassende und prägende. „Sie reicht von den biologischen und biopsychischen Substrukturen über die seelische Tiefenregion, die wirtschaftliche Selbstbehauptung bis in die höchsten geistigen Ordnungen[209]." Man kann deshalb vermuten, daß allen persönlichen Bestrebungen innerhalb der als eine Gruppe dieser Art aufgefaßten Familie enge Grenzen gesetzt sind[210].

Dieser 1946 entwickelte Familienbegriff liegt Königs familiensoziologischen Arbeiten durchgängig zugrunde. König verweist bis heute immer wieder darauf. Später

---

203 Ebenda, S. 117.

204 Vgl. Cooley: Social Organization, a. a. O., S. 23 ff.

205 König: „Materialien ...", a. a. O., S. 119.

206 Vgl. König: Soziologie der Familie, in: Handbuch der empirischen Sozialforschung, Bd. II, a. a. O., S. 237.

207 König: „Materialien ...", a. a. O., S. 119.

208 Ebenda, S. 105 f.

209 Ebenda, S. 105 f.

210 Vgl. dazu unten, S. 101 ff.

betont er zusätzlich die Bedeutung der von der Familie entwickelten Normen und Verhaltensweisen für die Verhaltenssicherheit des einzelnen[211] und die Tatsache, daß die Gruppe Familie sich selbst reproduziert[212]. Wie im vorhergehenden Abschnitt nachgewiesen, hat die neuerlich vorhandene theoretische Anlehnung Königs an den Funktionalismus der amerikanischen Soziologie seine grundlegende Konzeption nicht verändern können, weil diese schon von Anfang an — auf der Vierkandtschen Gruppentheorie fußend — dieselben theoretischen Grundstrukturen aufwies wie jener.

Entsprechend der am Anfang dieses Teils dargestellten methodologischen Position Königs ist Gruppe eine Kategorie, die dem Bereich der Allgemeinen Soziologie angehört und nicht unmittelbar im Erkenntnisprozeß angewendet werden kann. Bei der von König als vorbildlich dargestellten soziologischen Theoriebildung müssen unter Verwendung von Kategorien Hypothesen gebildet werden, die dann empirisch an der Realität überprüft werden können. Für die Entwicklung einer soziologischen Theorie der Familie, die auf der Kategorie der Gruppe basieren soll, ist eine Gruppentheorie notwendig, mit deren Hilfe Hypothesen der Form „Wenn . . ., dann . . ." entwickelt werden können. Deren empirische Überprüfung würde erst den Aufbau einer exakten Theorie der Familie erlauben.

Die von König bei der Begriffsbestimmung der Familie als Gruppe eigener Art vorgenommene inhaltliche Auffüllung der verhältnismäßig inhaltsleeren soziologischen Kategorie Gruppe entspricht zwar annähernd diesem Verfahren, denn er legt — wie nachgewiesen — eine bestimmte Gruppentheorie, die Geiger-Vierkandtsche, zugrunde. Seine Definition der Familie enthält dadurch eine Vielzahl von hypothesen-ähnlichen Annahmen, die aber nicht so konstruiert sind, daß sie exakter empirischer Überprüfung zugänglich wären. In der oben entwickelten Königschen Familiendefinition steckt beispielsweise folgende Quasi-Hypothese: Alle Selbstbehauptungsbestrebungen von Gruppenmitgliedern, die sich gegen andere Gruppenmitglieder richten, „dienen nur dem stärkeren Zusammenhalt der Gruppe"[213]. Nun wird wahrscheinlich auch König nicht behaupten wollen, daß die Emanzipationsbestrebungen innerhalb der Familiengruppe immer positive Wirkungen für den Familienzusammenhalt haben. Voraussetzung dafür, daß Aussagen dieser Art zu überprüfbaren Hypothesen werden, ist eine Eingrenzung der Fälle, für die diese Hypothese gelten soll, mittels der Angabe von Rahmenbedingungen. Da die Annahmen, die in Königs Familiendefinition eingeflossen sind, nicht die Form von exakten Hypothesen haben, können sie auch nicht empirisch überprüft werden.

Selbst für den Fall, daß die Konstruktion exakter Hypothesen auf der Grundlage von Königs Gruppentheorie möglich wäre, würde jenes oben[214] schon beschriebene Problem auftauchen, das bei der Überprüfung der Hypothesen entsteht. Erfahrung

---

211 Vgl. König: Soziologie der Familie, in: Soziologie, a. a. O., S. 148 f.

212 Vgl. ders.: Art. „Familie und Familiensoziologie", a. a. O., S. 257.

213 Vgl. König: „Materialien . . .", a. a. O., S. 118.

214 Vgl. S. 61 f.

über die Realität ist nicht unmittelbar zugänglich. Die Realität selbst kann nur als in bestimmter Hinsicht strukturiert wahrgenommen werden. In die Feststellung der Tatsachen fließen die in den Hypothesen formulierten Annahmen schon ein, denn Tatsachen können als relevant nur in bezug auf, d. h. aber nichts anderes als unter impliziter Anwendung der Hypothesen ermittelt werden. Die Gefahr, daß aufgrund dieses Zirkels der Wissenschaftler im Grunde gar keine anderen empirischen Tatsachen feststellen kann als solche, die seine Hypothesen bestätigen, ist natürlich um so größer, je weniger eingegrenzt und exakt die Hypothesen sind. Aufgrund dieser Überlegungen kann die Vermutung ausgesprochen werden, daß die Ergebnisse von Königs familiensoziologischen Untersuchungen jene in seine Begriffsdefinition von Familie eingeflossenen Annahmen, die auf der Vierkandt-Geigerschen Gruppentheorie beruhen, widerspiegeln. Diese Vermutung wird sich im folgenden anhand ausgewählter Beispiele als zutreffend erweisen.

2. Auswirkungen des gruppensoziologischen Ansatzes[215, 216]

Wie wenig König die von ihm intendierte Analyse der Familie im gesamtgesellschaftlichen Kontext gelingt, wird deutlich sowohl an seiner Begriffsbestimmung von Familie als auch an dem familiensoziologischen Grundbegriff der Desintegration.

Wie zuvor aufgezeigt, entwickelt König den Begriff Familie ausschließlich anhand binnenfamiliärer Phänomene wie Gemeinschaft, gegenseitige Hilfe, Familienzusammenhang usw. Diese Begriffsbestimmung enthält kein Element, das über die innerfamilialen Beziehungen hinaus den Bezug der Familie zur Gesellschaft herstellen könnte. Die oben bei den einzelnen Gruppen- bzw. Systemtheorien festgestellte Konzentration auf Probleme der Binnenstruktur und Vernachlässigung des Einbezogenseins in den gesamtgesellschaftlichen Lebensprozeß ist also auch bei König vorhanden.

Mit dem Begriff der Desintegration will König die gewandelten Beziehungen der Familie zur Gesamtgesellschaft erfassen, die sich im Laufe der Entwicklung des Kapitalismus herauskristallisiert haben. D. h. der Begriff Desintegration zielt auf den

---

[215] Wie schon im 1. Teil bei der Diskussion der Schelskyschen Familiensoziologie sollen hier nur die wichtigsten Ergebnisse andiskutiert und auf ihre Problematik hingewiesen werden — allerdings ist die Erörterung der Ergebnisse von Königs familiensoziologischen Arbeiten infolge deren Anzahl erheblich umfangreicher als der entsprechende Abschnitt im 1. Teil. Das Verhältnis von Familie und Gesellschaft sowie die These von der Familie als optimaler Sozialisationsinstanz werden ausführlich im 3. Teil behandelt.

[216] Wenn im folgenden eine Kritik der Königschen Familiensoziologie vorgenommen wird, sollen damit seine Verdienste nicht verkannt werden. Gegenüber konservativen Soziologen wie Schelsky hebt er sich deutlich ab. Als Positivist muß König zunächst einmal vom Gegebenen ausgehen und kann daher nicht jene eindeutig rückwärtsgewendete Theorie vertreten, die für Schelsky nachgewiesen wurde. Insgesamt ist die Königsche Familiensoziologie eine der am besten fundierten in der Bundesrepublik.

Prozeß der Abgabe vieler, für die vorkapitalistische Familienform wesentlicher Aufgaben an spezielle gesellschaftliche Institutionen. Die Familie, zentraler *gesellschaftlicher* Funktionen entledigt, wird zum Bereich der Intimität, der Privatheit[217]. Diese „Ausgliederung der Familie aus den gesamtgesellschaftlichen Zusammenhängen“[218] wird von König als Desintegration bezeichnet. Der derart gefaßte Begriff der Desintegration erweckt den Eindruck, daß keine relevanten Verbindungen zwischen Familie und außerfamiliären Bereichen bestehen. Dieser Ansicht ist König auch offensichtlich, denn die Familie ist für ihn ein „relativ unabhängig“ von den anderen Gesellschaftsbereichen funktionierender und „autonomer“ Bereich[219].

Durch den „Funktionsverlust“ ist die Familie jedoch tatsächlich wesentlich abhängiger von der gesellschaftlichen Entwicklung geworden, die sich außerhalb ihrer vollzieht, denn sämtliche Gegenstände, mit denen sie sich befaßt, sind gesellschaftlich bestimmt. Von einer Ausgliederung der Familie aus der Gesellschaft kann folglich keine Rede sein, sondern lediglich von einer Veränderung der Formen der Integration der Familie in die Gesellschaft.

Mit dem Königschen Begriff der Desintegration werden die Beziehungen zwischen Familie und Gesellschaft nur höchst unvollkommen erfaßt. Das hängt mit dem oben[220] diskutierten Problem zusammen, daß der von König selbst propagierte Gang der Theoriebildung voraussetzt, daß der zu untersuchende Gegenstand — die Gruppe Familie — zunächst als ein isolierter begriffen werden kann. Dadurch wird die Totalität der gesellschaftlichen Erscheinungen in einzelne Bereiche zerschnitten. Wenn auch die Interdependenz der gesellschaftlichen Phänomene nicht bestritten und sogar die Forderung nach gesamtgesellschaftlicher Perspektive erhoben wird, so gehen die außerfamilialen Faktoren lediglich als „Gegebenheiten“ oder „Rahmenbedingungen“ in die Analyse ein, aber nicht als das Untersuchungsobjekt Familie selbst in starkem Maße bestimmende und strukturierende. Zwar stellt König gelegentlich die Prägung der Struktur der Familie durch die moderne Gesellschaft fest[221]. Wie die folgenden Beispiele zeigen, wird diese richtige Erkenntnis immer wieder verdrängt bzw. fließt nicht konkret in seine Überlegungen ein.

Die bei König prinzipiell vorhandene Trennung zwischen Familie einerseits und Gesamtgesellschaft andererseits drückt sich beispielsweise darin aus, daß er das Problem der gleichberechtigten Partnerschaft der Ehegatten als ein rein binnenfamiliäres ansieht, denn innerfamiliäre Partnerschaft entwickele sich gleichsam von selbst in einer von der Gesellschaft distanzierten Familie. Störungen des Familien-

---

217 Zu diesem Prozeß vgl. den 3. Teil, S. 109 ff.

218 König: „Materialien . . .“, a. a. O., S. 76 f.

219 Ders.: „Familie und Familiensoziologie“, a. a. O., S. 255.

220 Vgl. oben, S. 62 ff.

221 Vgl. König: Soziologie der Familie, in: Gehlen/Schelsky (Hrsg.): Soziologie, a. a. O., S. 124.

lebens beruhen nach Auffassung Königs wesentlich auf der „Verflechtung der Familie in eine Reihe familienfremder Ordnungen (vor allem der politischen und wirtschaftlichen Macht). Eine Familie, die sich dagegen rein in sich beschließt und aus allen familienfremden Zusammenhängen ‚herausintegriert' hat, wird auch allmählich in ihrer (inneren — H. R.) wirtschaftlichen und rechtlichen Ordnung wachsend dazu tendieren, das Verhältnis von Abhängigkeit und Selbständigkeit mehr im Sinne der Gegenseitigkeit von Rechten und Pflichten auszugestalten, solange sie nicht von außen gestört wird"[222].

Auch inhaltlich werden Familie und Gesellschaft von König entgegengesetzt: Familie und Ehe finden ihren Sinn in der Gemeinschaft der Mitglieder. Gemeinschaft ist eine Funktion der Primärgruppe, bedeutet innere Verbundenheit und bewirkt Sympathie und Solidarität unter den Mitgliedern. Ebenso wie bei Vierkandt — im Gegensatz zu Geiger[223] — beinhaltet Gemeinschaft für König jene spezifische Art der menschlichen Verbundenheit, die nur den Primärgruppen eigen ist: so weist er besonders auf den Beitrag der Romantik für die Auffassung der Ehe als Gemeinschaftszusammenhang hin[224]. Der Gemeinschaftszusammenhang schafft eine den ganzen Menschen umfassende „leibseelisch-geistige Einheit" zwischen den Ehegatten und den Kindern[225]. Die Familie wird infolgedessen — ähnlich wie bei Schelsky — zu einem Schutzraum vor der Gesellschaft, zu einer heilen Welt. Dem durch emotionale Beziehungen geprägten Familienleben steht der „bürokratisch-organisatorische Bereich" gegenüber, der durch „rational bestimmte Normen" geregelt wird[226]. Die Familie schafft so „gegenüber der rein sachlich bedingten Außenwelt einen Schutzraum, der für die Persönlichkeit des modernen Menschen gewichtige Ausgleichsfunktionen hat"[227].

Die von König vorgenommene Entgegensetzung von Familie und Gesellschaft verweist auf eine weitere Problematik seines Familienbegriffs: dessen biologische und anthropologische Fundierung. Allerdings ist Königs Begrifflichkeit wenig stringent. So bemängelt er einerseits an Parsons dessen Annäherung an einen biologistisch

---

222 König: Abhängigkeit und Selbständigkeit in der Familie, a. a. O., S. 242 f.

223 Vgl. Geiger: „Gemeinschaft" (a. a. O., S. 175), wo Gemeinschaft und Gesellschaft nicht als zwei Qualitäten der Kollektivität, sondern als einander ergänzende, korrelative Strukturelemente bestimmt werden.

224 König: Soziologie der Familie, in: Gehlen/Schelsky (Hrsg.): Soziologie, a. a. O., S. 139. Verstärkt wird dieser Eindruck noch dadurch, daß König sich in diesem Zusammenhang mit keinem Wort von der in der deutschen Soziologie nach Tönnies dem Begriff Gemeinschaft anhaftenden Bedeutung absetzt, wie es beispielsweise Vierkandt und Geiger getan haben. Dazu kommt, daß König sich auf Homans beruft, der, wie oben dargestellt, die kleine Gruppe bzw. Primärgruppe als eine die Zivilisation zwar fundierende, aber andere Qualität des menschlichen Zusammenlebens bestimmt.

225 Ebenda, S. 139.

226 G. Lüschen u. R. König: Jugend in der Familie, München 1965, S. 11 f.

227 Ebenda, S. 18.

gefaßten Familienbegriff und verweist darauf, daß Geschlechtsgemeinschaft und Zeugung auch außerhalb der Familie möglich sind[228], andererseits „muß in allen Formen der Familie gesichert sein, daß Mann und Frau sich vereinigen und danach zusammenbleiben, um ihre Nachkommenschaft gemeinsam aufzuziehen“[229]. Einerseits warnt er vor der Verwechslung von Kernfamilie (der Gruppe von Mann und Frau mit ihren unmündigen Kindern) und der Kleinfamilie, die nur einer historischen Phase der bürgerlichen Gesellschaft zu entsprechen scheint[230], andererseits behauptet er, daß die Kernfamilie viel älter sei als die Reformation[231] und meint hier offensichtlich Kleinfamilie. Seine gelegentlichen Unterscheidungsbemühungen zwischen Kern-, Klein-, Reproduktions-, Großfamilie etc.[232] wirken deshalb wenig überzeugend. Überwiegend verwendet König einen weiten, anthropologischen Familienbegriff, der lediglich den Tatbestand ausdrückt, daß der menschliche Nachwuchs der Pflege und Aufzucht[233] durch langjährige enge Verbundenheit mit Dauerpflegepersonen bedarf. Der als „Gruppe von Mann und Frau mit ihren unverheirateten und unmündigen Kindern“[234] bestimmte Begriff der Kernfamilie enthält weder Aussagen über die konkrete Ausgestaltung des Zusammenhangs, innerhalb dessen die Kernfamilie existiert, noch eine Bestimmung des Verhältnisses der zugehörigen Personen untereinander, das gleichfalls nicht unabhängig von Stellung und Funktion der Kernfamilie im gesamtgesellschaftlichen Zusammenhang ist[235].

---

228 Vgl. König: Soziologie der Familie, in: Handbuch der empirischen Sozialforschung, Bd. II, a. a. O., S. 189 f.

229 Ebenda, S. 196; ähnlich auch S. 237. In diesem Zusammenhang ist die Bemerkung Königs interessant, die Mutterrolle sei biologisch bedingt (König: Die Stellung der Frau in der modernen Gesellschaft, a. a. O., S. 34). Dies ist um so erstaunlicher, als König, der so großen Wert auf die Sozialisationsfunktion der Familie legt, doch wohl nicht im Ernst behaupten will, durch die Tatsachen von Empfängnis, Schwangerschaft und Gebären sei eine Frau in der Lage, die Mutterrolle ausfüllen zu können. Daß gerade die Erziehungspraktiken gesellschaftlich bedingt sind, dürfte ihm eigentlich nicht entgangen sein.

230 Vgl. König: Soziologie der Familie, in: Handbuch der empirischen Sozialforschung, Bd. II, a. a. O., S. 206.

231 Ebenda, S. 216.

232 Vgl. ebenda, S. 189; ebenso König: Materialien ..., a. a. O., S. 78 f.; ders.: Staat und Familie in der Sicht des Soziologen, in: H. Conrad und R. König: Der Schutz der Familie, Hannover 1966, S. 61 f.

233 Aufzucht und Pflege werden in diesem Zusammenhang nicht nur im biologischen Sinne verstanden, sondern umfassen auch den Prozeß der Vermittlung der spezifischen gesellschaftlichen Werthaltungen und Einstellungen, also das, was normalerweise durch den Begriff Sozialisation abgedeckt ist.

234 König: Soziologie der Familie, in: Handbuch der empirischen Sozialforschung, Bd. II, a. a. O., S. 206.

235 Vgl. zu diesem Problem die fundierten Auseinandersetzungen Marion J. Levys mit den Definitionen Murdocks und Parsons': Levy: Some Questions about Parsons' Treatment of the Incest Problem, in: British Journal of Sociology, Bd. 6 (1955), S. 277 ff.; ders. und L. A. Fallers: The Family: Some Comparative Considerations, in: AA, Bd. 61, S. 647 ff.; ders.: The Structure of Society, 6. Aufl., Princeton 1966.

Die Verwendung dieses unsoziologischen Familienbegriffs erlaubt es König, die Familie als ein „Urgut der gesellschaftlich lebenden Menschheit", als „Grundeinrichtung der menschlichen Gesellschaft" zu bezeichnen, die deshalb — wenn auch unter gewissen Modifikationen — immer erhalten bleiben wird[236]. Zugleich wird eine kritische Untersuchung der Leistungen der konkreten Familienform für die gesellschaftliche Entwicklung durch diesen anthropologischen Familienbegriff ausgeschlossen. Familie wird zu einer „ewigen" und unantastbaren Einheit.

Die apologetische Funktion des derart aus allen konkreten Zusammenhängen gelösten Begriffs von Familie erweist sich in folgendem: König zufolge kann sich einzig in der Familie die „Zweite Geburt" des Menschen als sozial-kulturelle Persönlichkeit vollziehen[237]. Diese Behauptung impliziert, daß die in unserer Gesellschaft vorherrschende Form der Kleinfamilie, von Ausnahmen abgesehen, optimale Bedingungen für die Persönlichkeitsentwicklung der Kinder bietet. Angesichts des in allen westlichen Ländern, in denen diese Familienform dominiert, feststellbaren Ausmaßes erziehungsbedingter psychischer Deformationen sowie der erschreckenden Zahl von Kindesmißhandlungen und -tötungen durch die Eltern, umschreibt die Feststellung Königs, daß die Familienerziehung „manchmal nicht so perfekt ist, wie zu wünschen"[238] wäre, diesen Sachverhalt höchst mangelhaft und verklärend. Zusammen mit der Hervorhebung der Familie als einzig möglicher, grundlegender Sozialisationsagentur lenken derart beschönigende Aussagen davon ab, die Mängel unserer Familienstruktur zu erkennen und sich Gedanken um eine andere Organisation der Familie zu machen.

Die Tendenz Königs, die bestehenden Familienstrukturen kritischer Untersuchung zu entziehen, ist wahrscheinlich auch die Ursache für seine Ablehnung des von psychoanalytisch orientierten Soziologen nachgewiesenen Zusammenhangs zwischen bestimmten Erziehungsmethoden und politischem Verhalten[239]. König setzt sich inhaltlich mit dieser These gar nicht auseinander, sondern verweist auf eine Unter-

---

236 Vgl. König: Soziologie der Familie, in: Gehlen/Schelsky (Hrsg.): Soziologie, a. a. O., S. 121 f.

237 Vgl. beispielsweise ebenda, S. 145 f.; ähnlich auch in: Sozialpsychologie der gegenwärtigen Familie, in: ders.: Soziologische Orientierungen, Köln 1965, S. 113. Diese Ansicht teilt König mit vielen anderen Soziologen. Vgl. z. B. Claessens: Familie und Wertsystem, a. a. O.; Parsons, Bales u. a.: Family, Socialization and Interaction Process, a. a. O. Zur Auseinandersetzung mit dieser These vgl. die Diskussion im 3. Teil dieser Arbeit, unten S. 153 ff.

238 König: Sozialpsychologie der gegenwärtigen Familie, a. a. O., S. 113. Zu den schlechten Bedingungen, die die städtische Kleinfamilie für die Sozialisation bietet, vgl. A. Mitscherlich: Auf dem Weg zur vaterlosen Gesellschaft, München 1967, S. 79 f. Zum Problem der Kindesmißhandlungen durch die Eltern vgl.: G. Biermann: Kindeszüchtigung und Kindesmißhandlung, München, Basel 1969; H. P. Bleuel: Kinder in Deutschland, München 1971; für die USA: Friedan, a. a. O., S. 193 ff.

239 Grundlegend dazu: E. Fromm, M. Horkheimer, H. Mayer, H. Marcuse u. a.: Studien über Autorität und Familie, Paris 1936; Th. W. Adorno u. a.: The Authoritarian Personality, New York 1950.

suchung Lowies, der für die Schweiz eine noch autoritärere Familienstruktur nachwies als für Deutschland. Da aber andererseits die Schweiz für ihre lange demokratische Tradition bekannt ist, folgert König: "This may contribute to the weakening of the old prejudice that there necessarily exists a tie between the prevailing family type and the political power structure of society[240]." Dazu sei lediglich kurz angedeutet, daß der Zusammenhang zwischen der Erziehung und der Anfälligkeit für autoritäres politisches Verhalten nur unter besonderen politischen Bedingungen zum Tragen kommt, d. h. daß bestimmte politische Traditionen autoritäre Erziehungsmechanismen politisch „neutralisieren" können. Außerdem übersieht König in seiner Argumentation, daß der Begriff von Demokratie, demzufolge die Schweiz eine lange demokratische Tradition hat, sicherlich ein anderer ist, als der von den betreffenden Wissenschaftlern zugrunde gelegte. Schweizerische Demokratie hat sich schließlich bis zum Jahre 1971 sogar mit dem Ausschluß von ungefähr der Hälfte der erwachsenen Bevölkerung, den Frauen, vom vollen Wahlrecht vertragen.

Wie sehr König die Probleme der bestehenden Familienstruktur verharmlost, zeigt sich auch an folgenden Beispielen: Zwar ist er im Laufe der Zeit von seiner 1946 in den „Materialien" aufgestellten Behauptung abgerückt, in der Familie sei die gleichberechtigte Partnerschaft zwischen den Ehegatten schon erreicht[241], aber nach einer von ihm durchgeführten Kölner Untersuchung der fünfziger Jahre ist die gleichberechtigte Partnerschaft schon in der überwiegenden Zahl der Ehen vorhanden (in 150 von 234 Fällen)[242]. Dieses für jeden, der sich mit den Problemen der Emanzipation der Frau und ihrer Position in der Familie beschäftigt hat, überraschende Ergebnis ist schon in der Methode der Untersuchung angelegt. Innerfamiliäre Partnerschaft wird überwiegend ermittelt anhand von Fragen, die sich auf die binnenfamiliäre Arbeitsteilung zwischen den Ehepartnern beziehen[243]. Daß die Positionen von Mann und Frau in der Familie eng zusammenhängen mit denen, die sie in den anderen gesellschaftlichen Bereichen einnehmen, bleibt unberücksichtigt. Das führt notwendig zu völlig irrealen Ergebnissen[244].

Ähnlich unproblematisch sieht König die Frage der Frauenarbeit: Frauenerwerbsarbeit lasse sich nicht mehr dadurch erklären, daß Frauen „wegen des total unge-

---

240 König: Family and Authority: The German Father 1955, in: The Sociological Review, Bd. V (1957), S. 116; neuerlich wieder in: Soziologie der Familie, in: Handbuch der empirischen Sozialforschung, Bd. II, S. 226.

241 Vgl. dort, S. 59.

242 Vgl. König: Family and Authority ..., a. a. O., S. 121.

243 Vgl. ebenda, S. 120; den Fragenkatalog führt König auch auf in „Die Familie der Nachkriegszeit", in: Hessische Hochschulwochen für staatswissenschaftliche Fortbildung (1956), Bd. 13, Bad Homburg v. d. H., S. 77.

244 Die Beschränkung auf die binnenfamiliären Probleme ist für König nur möglich, weil er zwischen Familie und Gesellschaft eine Trennungslinie zieht. An diesem Beispiel wird deutlich, wie sehr die Entgegensetzung beider Bereiche zur Verklärung der realen Probleme führt.

nügenden Lohnes ihrer Männer jede Arbeit annehmen *müssen*, sondern weil sie arbeiten *wollen* und es auch aufgrund besserer Schul- und Ausbildungsverhältnisse für Mädchen können"[245]. Auch die Gesellschaft legt den Frauen nach Königs Ansicht keine Hindernisse in den Weg. Infolge der Ausweitung der Büroberufe, des Mutter- und Frauenschutzes und der vielen verschiedenen Einrichtungen zugunsten der Kinder berufstätiger Frauen, z. B. Kindertagesheimen, könne „selbst eine Frau mit mehreren kleinen Kindern erwerbstätig sein ..., wenn sie es *will* oder *muß*"[246]. Angesichts der im Verhältnis zum wirtschaftlichen Entwicklungsstand immer noch sehr niedrigen Löhne großer Bevölkerungsschichten[247], der geradezu katastrophal schlechten Ausbildung der Mädchen und Frauen[248], des täglich diskutierten Mangels an Kindergärten — von Tagesstätten, Gesamtschulen etc. ganz zu schweigen — wirken diese Ausführungen Königs geradezu zynisch.

Ein weiteres Beispiel für die Tendenz Königs, die gegebene Familie und Familienstruktur nicht in Frage zu stellen, ist die Behandlung des Problems der Ehescheidung. Anschließend an die Feststellung, daß es Ehescheidung schon immer und zu allen Zeiten gegeben habe[249], wird die zu verzeichnende Zunahme der Zahl der Ehescheidungen als positiv funktional für den Bestand der gesellschaftlichen Einrichtung Ehe und Familie gedeutet, denn „die Scheidungsfrequenz (stellt) keine Flucht vor der Ehe, sondern die Korrektur eines begangenen Fehlers dar ...!"[250] Zwar bringt König allgemein die Probleme der Desorganisation und Überorganisation der Familie in Beziehung zu ihrer durch die Desintegration bewirkten Tendenz zur Isolierung von der Gesamtgesellschaft[251], die Ehescheidung wird von ihm jedoch vorwiegend auf persönliche Unzulänglichkeiten der Ehepartner zurückgeführt[252] und nicht auf die Struktur der bestehenden Ehe- und Familienverfassung. Tatsächlich scheinen aber gerade aus der Kombination von einer auf lebenslange Dauer ange-

---

[245] König: Die Stellung der Frau in der modernen Gesellschaft, a. a. O., S. 8; wie König mit dieser Behauptung seine auf S. 28 dieses Aufsatzes getroffene Feststellung vereinbart, daß in Deutschland Frauenerwerbsarbeit überwiegend aus wirtschaftlichen Gründen erfolgt, bleibt unklar.

[246] Ebenda, S. 37.

[247] Vgl. dazu die Grafik über die durchschnittlichen Bruttomonatsverdienste in: Statistisches Jahrbuch für die Bundesrepublik Deutschland, Wiesbaden 1970, S. 441.

[248] Vgl. dazu die Informationen in dem Aufsatz von H. Deppe-Wolfinger und J. v. Freyberg: Zur sozialen Lage der Frauen in der BRD und in der DDR, in: Blätter für deutsche und internationale Politik, 16. Jg. (1971), S. 406 ff.

[249] Vgl. König: Soziologie der Familie, in: Handbuch der empirischen Sozialforschung, Bd. II, a. a. O., S. 272 ff.

[250] Ebenda, S. 276.

[251] Ebenda, S. 254 f.

[252] Ehescheidung ist ein „Sicherheitsventil für Spannungen", sie dient dazu, die disruptiven Tendenzen „dieser höchst persönlichen Krise zweier Menschen in neue Kanäle einzulenken" (ebenda, S. 285); vgl. auch ders.: „Materialien ...", a. a. O., S. 97.

legten Beziehung einerseits und der Intimität, der Vertrautheit, dem engen Kontakt der Familienmitglieder andererseits die stärksten Konflikte zu entstehen[253]. Diese Konflikte sind deshalb aber ebensowenig wie die oben angeführten Mängel in der Erziehungsleistung primär den Individuen zuzurechnen, sondern der Struktur der Ehe und Familie, denn sie resultieren gerade aus jenen Eigenschaften, die König in seiner Familiendefinition als wesentliche, unaufgebbare und positiv zu bewertende Merkmale der Familie herausgearbeitet hat.

Die Gruppenauffassung von Ehe und Familie ist von König bewußt und explizit gegen das angeblich herrschende individualistische Eheideal konzipiert worden. Obschon er immer wieder betont, daß seine Familienauffassung auf der auf dem Christentum beruhenden Anerkennung des Selbstwertes der Person basiere, beschränkt die notwendige Erhaltung der Gruppen- bzw. Familieneinheit die persönlichen Wünsche und Strebungen in starkem Maße[254].

Die fortschreitende Emanzipation der Frau erfolgt nach König auch nicht im Sinne eines individualistischen Frauenrechts, sondern ausschließlich im Sinne des Aufbaus der Familiengemeinschaft, die auf der Anerkennung des Selbstwertes der Person beruhe[255]. Weiterreichende Emanzipationsbestrebungen, die den Familienzusammenhang gefährden, sind gemeinschaftszerstörend und negativ einzuschätzen. Es nimmt daher nicht wunder, daß König als Grundformen sozialer Ideale, die in der Familie erfahren werden, neben der Liebe und der Vorstellung vom Selbstwert der Person die *Rücksicht,* den *Dienst* und das *Opfer* nennt[256]. Selbständigkeit, Mündigkeit, Zivilcourage und ähnliche „Tugenden" können im familiären Sozialisationsprozeß wegen der Unterordnung der einzelnen Individuen unter den übergreifenden Familienzusammenhang bzw. unter die Autorität der Eltern auch kaum der nachfolgenden Generation vermittelt werden.

Der Familienzusammenhang wird bei König zum Selbstzweck und obersten Kriterium für die Beurteilung der Handlungen, Wünsche und Strebungen der Familienmitglieder. Sogar das persönliche Gefühl der Gruppenmitglieder ist „nicht um seiner selbst willen da, sondern als Ausdruck der gruppenhaften Solidarität der verschiedenen Familienmitglieder"[257]. Diese sind als Individuen von sekundärer Bedeutung. Primär werden sie als Rollenträger, die wesentliche Funktionen für die Familieneinheit ausüben, relevant. Der Gruppenzusammenhang wird sichtbar an den Rollen,

---

253 Vgl. Dreitzel, a. a. O., S. 336 f.; im gleichen Sinne äußert sich Mitscherlich (Die Ehe als Krankheitsursache, in: Krise der Ehe?, München 1966, S. 100).

254 „Denn hier (in der Familie) ist ein jeder andauernd gezwungen, im Interesse der Erhaltung der Familiengruppe seine persönlichen Wünsche zurückzustecken." (König: Soziologie der Familie in: Gehlen/Schelsky [Hrsg.]: Soziologie, a. a. O., S. 143.)

255 Vgl. ders.: „Materialien . . .", a. a. O., S. 105.

256 Vgl. König: Soziologie der Familie, in: Gehlen/Schelsky (Hrsg.): Soziologie, a. a. O., S. 146 f. (Hervorhebungen von mir — H. R.)

257 Ebenda, S. 144.

die der einzelne in der Gruppe zu spielen hat, wie Vater, Mutter, Ernährer, Hausfrau ...[258]

Die Verobjektivierung und die Verfestigung der Gruppenbeziehungen sind ein wesentliches Mittel, den Gruppenzusammenhalt zu garantieren. Infolgedessen entstehen der modernen Ehe, die auch Liebesehe sein will, nach Königs Ansicht „die schwersten Gefährdungen, falls sie sich nicht zur Familie erweitert"[259]. Denn die Beziehungen in der Familie, die ihrer Funktion nach auf die Erziehung der Nachkommenschaft ausgerichtet seien, gingen über die rein individualistischen hinaus. Das dokumentiere sich beispielsweise darin, daß in dem Familienzusammenhang auch Sachgüter mit eingeschlossen sind[260], die schon ganz äußerlich und handfest die Objektivität des Zusammenhangs deutlich machen. Die Betonung der überpersönlichen Einheit der Familiengruppe wird am klarsten in Königs Hinweis, daß die Ehe mit einem Kind an sich nicht als Familie im strengen Sinne angesehen werden darf, sondern nur als „erweiterte Ehe". Seiner Ansicht nach kann wegen der hier vorhandenen überindividualisierten Beziehungen nicht mehr von einer Gruppe gesprochen werden, „vielmehr liegt hier ein ganz eigenartiges (durch hohe Intimität ausgezeichnetes) Dreierverhältnis vor"[261]. Es ist äußerst widersprüchlich, daß König, der doch die Intimität der Beziehungen als ein wesentliches und unaufgebbares Merkmal der Familiengruppe bestimmt hatte, gerade das Vorhandensein dieser Intimität als Kriterium dafür nimmt, einer spezifischen Familienform die Qualität von Familie abzusprechen. Die Ursache dafür liegt in folgendem: „... wo mehr Personen in einer Familiengruppe zusammenleben, da vervielfachen und verdichten sich die Beziehungen. Zugleich ist auch der materielle Aufwand im Haushalt ein größerer, so daß sich die Festigkeit der Gruppe durch die Festigkeit des Betriebes verdoppelt, der zu ihrer Erhaltung notwendig ist. Schließlich bauen sich Familientraditionen auf mit gemeinsamem Erinnerungsschatz, gemeinsamen Gewohnheiten, gemeinsamen Wertvorstellungen und gemeinsamen Sprechweisen (‚esprit de famille'), die allesamt zur Verfestigung der Gruppe beitragen[262]." Je geringer der Kreis der Personen, desto geringer ist auch die Chance, daß sich diese, den Gruppenzusammenhang tragenden und stützenden Normen und festen Gewohnheiten herausbilden. Die Konstellation: Ehepaar und ein Kind, in der alle noch tendenziell als einzigartige Individualitäten miteinander in Beziehung stehen, kann deshalb von König nicht als Familie angesehen werden, weil für ihn tatsächlich weniger die Intimität als vielmehr die Verobjektivierung des Familienzusammenhalts das „wesentliche und unaufgebbare Kriterium" für Familie ist.

---

[258] Vgl. König: Der Mensch in der Sicht des Soziologen, in: ders.: Soziologische Orientierungen, a. a. O., S. 37.

[259] König: Soziologie der Familie, in: Gehlen/Schelsky (Hrsg.): Soziologie, a. a. O., S. 144.

[260] Vgl. ebenda, S. 125 f.

[261] König: „Ehe und Ehescheidung", a. a. O., S. 204.

[262] Ders.: Soziologie der Familie, in: Gehlen/Schelsky (Hrsg.): Soziologie, a. a. O., S. 149.

An anderer Stelle hat König Untersuchungsergebnisse referiert, denen zufolge die nicht berufstätige Frau mit Kindern in bezug auf Hilfe, wirtschaftlichen Unterhalt und beim Treffen von Entscheidungen nicht nur vom Mann wesentlich abhängiger ist als die kinderlose berufstätige Ehefrau, sondern auch ihr geistiger Reifungsprozeß wegen des fehlenden Kontakts mit der wirtschaftlichen und sozialen Umwelt stagniert[263]. Wenn König in anderem Zusammenhang feststellt: „Wir möchten aber ... natürlich in keiner Weise eine Erwerbstätigkeit der verheirateten Frau mit Kindern befürworten ...“[264], offenbart sich daran deutlich, daß der anzuerkennende „Selbstwert der Person“ der Frau in der Familie von ihm sehr gering veranschlagt wird. Sofern König die These vom Selbstwert der Person wirklich ernst nehmen würde, müßte er Überlegungen anstellen, wie der Frau mit Kindern ein Verbleiben im Beruf und damit die Chance zur geistigen Weiterentwicklung gegeben und zugleich eine neue Form der Kindererziehung gefunden werden kann, die mindestens genauso gut wie die in der Familie, wenn nicht noch besser ist. Selbst wenn man unterstellt, daß König weniger als an der individuellen Entfaltung und Emanzipation der einzelnen Mitglieder an dem Zusammenhang der Familiengruppe interessiert ist, wären solche Überlegungen berechtigt, denn infolge der „Stagnation der Entwicklung der Frau in der eigentlichen Familienphase (gelingt) in der nachelterlichen Phase die Neuanpassung von Mann und Frau nicht ..., woraus eine neuerliche Krise der Ehe erwächst, die in den relativ hohen Scheidungszahlen nach längerer Ehedauer zum Ausdruck kommt“[265].

Die Lösung dieses Problems sieht König darin, daß die Frau nach dem Ausscheiden der Kinder aus dem engeren Familienzusammenhang wieder berufstätig wird[266]. Abgesehen von den dabei auftauchenden Schwierigkeiten, die König zum Teil auch sieht, ist auch hier das Hauptmotiv die Erhaltung des ehelichen Zusammenlebens, aber nicht die individuelle Emanzipation. Der Primat des Gruppenzusammenhangs bleibt unberührt. Dieser kommt auch zur Geltung in der Bejahung einer guten Berufsausbildung der Frau *vor* der Ehe, weil einzig die Frau, die berufstätig *gewesen ist,* ihren Kindern eine dem Berufsleben adäquate Erziehung vermitteln könne[267]. Abgesehen davon, daß das Bewußtsein, den Beruf im Falle der Heirat bzw. der Mutterschaft aufgeben zu müssen, eine Identifikation mit ihm und insgesamt mit dem Berufsleben sehr erschwert, werden auch die oben beschriebene stärkere Abhängigkeit der verheirateten, nicht berufstätigen Frau mit kleinen Kindern

---

263 Vgl. König: Soziologie der Familie, in: Handbuch der empirischen Sozialforschung, Bd. II, S. 248 f.; wahrscheinlich bezieht sich die von König referierte Untersuchung auf Frauen mit qualifizierter Ausbildung. Unqualifizierte Arbeiterinnen, die z. B. am Fließband arbeiten, haben nicht die Möglichkeit, sich durch ihre Berufstätigkeit zu selbständigen, entscheidungsfreudigen Persönlichkeiten zu entwickeln.

264 König: Die Stellung der Frau in der modernen Gesellschaft, a. a. O., S. 38.

265 König: Soziologie der Familie, in: Handbuch der empirischen Sozialforschung, Bd. II, a. a. O., S. 249.

266 Vgl. König: Die Stellung der Frau in der modernen Gesellschaft, a. a. O., S. 31.

267 Vgl. ebenda, S. 24.

und die Stagnation ihrer Entwicklung wohl kaum eine in Hinblick auf die außerfamiliären Bereiche optimale Sozialisation gewährleisten.

Viel weniger ausgeprägt als in den Gruppen- bzw. Systemtheorien von Vierkandt, Homans und Parsons, aber dennoch implizit vorhanden ist bei König die Bedeutung der Autorität für den familialen Zusammenhalt. Die Autoritätsverteilung richtet sich nach der Arbeitsteilung zwischen den Geschlechtern[268]. Da die Frau immer einen wesentlichen Beitrag zur wirtschaftlichen Erhaltung der Familie geleistet hat, ist dadurch die patria potestas stark eingeschränkt worden[269]. Die notwendige Rollentrennung zwischen den Geschlechtern schafft getrennte Zuständigkeitsbereiche. Jeder ist in seinem Gebiet selbständig und hat dadurch Autorität. Die Autorität in der Familie ist also rational gerechtfertigt. Auch „die Kinder stehen heute ... nicht mehr kraft der Hausgemeinschaft unter der Autorität des Vaters oder der Eltern, sondern der Grund ihrer *Unterwerfung* liegt einzig in ihrer Hilfsbedürftigkeit und Minderjährigkeit ...“[270].

Die Autorität in der Familie ist offensichtlich für König kein besonderes Problem. Nachdem der alte Patriarchalismus verschwindet, der durch einen *übertriebenen* Ausbau der väterlichen Gewalt infolge besonderer sozialer, wirtschaftlicher und politischer Entwicklungen gekennzeichnet war, kann sich — seiner Meinung nach — ein „gesundes“ Familienleben entwickeln. Dies ist durch die „Gegenseitigkeit von Pflichten und Rechten“[271] geprägt. Eine wirkliche Gegenseitigkeit von Rechten und Pflichten ist jedoch m. E. nur möglich, wenn sich diese auf dieselben Gegenstände beziehen. Das wiederum setzt eine völlige Gleichberechtigung zwischen den Familienmitgliedern, insbesondere zwischen den Geschlechtern voraus und gerade keine starke Geschlechtsrollendifferenzierung. Auf dieser beruht nicht nur die trotz faktisch großer wirtschaftlicher Bedeutung dennoch vorhanden gewesene Unterdrückung der Frau in nahezu allen Gesellschaften[272], sondern auch ihre unterprivilegierte Stellung in unserer Gesellschaft.

Die vorstehenden Abschnitte haben die Vermutung bekräftigt, daß die Ergebnisse von Königs familiensoziologischen Arbeiten ganz grundlegend geprägt sind durch seinen methodischen Ansatz und die auf diesem beruhenden Basis-Hypothesen lediglich widerspiegeln. Ebenso wie bei den untersuchten Gruppen- bzw. Systemtheorien fehlt bei Königs Familientheorie die historische Konkretion und der Bezug zum gesamtgesellschaftlichen Zusammenhang, von Marginalien einmal abgesehen.

---

268 Vgl. König: Abhängigkeit und Selbständigkeit in der Familie, a. a. O., S. 236.

269 Vgl. ebenda; ähnlich König: „Familie und Familiensoziologie“, a. a. O., S. 261.

270 König: Soziologie der Familie, in: Gehlen/Schelsky (Hrsg.): Soziologie, a. a. O., S. 138 (Hervorhebung von mir — H. R.).

271 König: Abhängigkeit und Selbständigkeit in der Familie, a. a. O., S. 243.

272 Vgl. dazu die Darstellung von Marianne Weber: Ehefrau und Mutter in der Rechtsentwicklung, Tübingen 1907; S. de Beauvoir: Das andere Geschlecht (Taschenbuchausgabe), Hamburg 1968.

Dieser schon in der Begriffsbestimmung von Familie angelegte Mangel verhindert die Untersuchung der Abhängigkeit der konkreten Familienstruktur von und ihrer Funktion für die Prozesse der gesellschaftlichen Produktion und Reproduktion. Die von König intendierte Verbindung von mikro- und makrosoziologischer Betrachtung der Familie ist nicht gelungen.

Ebenso wie bei Vierkandt, Homans und Parsons findet sich bei König die Vorstellung von der Gesellschaft als einem Konglomerat von Gruppen. Nach der grundlegenden Sozialisation in der Familie wächst das Individuum in eine Vielzahl anderer Gruppen hinein, wobei sich immer wieder ein Sozialisationsprozeß abspielt[273].

Insgesamt betont König — wie auch die genannten Theoretiker — sehr stark die soziale Determination des einzelnen, wenngleich er den Parsonsschen Fehler vermeidet, von der Internalisierung der Normen auf ein diesen entsprechendes Verhalten zu schließen. Für König ist aber nur das normkonforme Verhalten sozial determiniert. Gesellschaftliche Entwicklung wird lediglich durch abweichendes Verhalten provoziert, das als reine Spontaneität bestimmt wird[274]. „Das Individuum erscheint in dieser Konzeption als die einzige Variable, die Gesellschaft, das Soziale als das schlechthin Konstante[275].“ Das dialektische Verhältnis zwischen den geronnenen Formen des sozialen Lebens, den Institutionen und verfestigten Gruppenstrukturen einerseits und den Individuen andererseits, die doch in der tätigen Auseinandersetzung mit der Umwelt die gesellschaftlichen Verhältnisse erst produzieren, kann mit dieser Konzeption nicht erfaßt werden.

Die unhistorische Vorgehensweise sowie die Auffassung von der Familie als dem Fundament des gesellschaftlichen Lebens, das nicht erschüttert werden darf, lassen König, ähnlich wie Vierkandt, Homans und Parsons, zu einer starken Betonung der Verobjektivierung der Familienbeziehungen und der Erhaltung des Familienzusammenhangs gelangen. Die individuellen Ansprüche sind deshalb nur innerhalb der Grenzen der Familiengemeinschaft realisierbar. Die Individuen sind — entgegen Königs Beteuerungen — primär als Rollenträger von Interesse.

Die Betonung der Rollendifferenzierung, Arbeitsteilung und Autorität in der Familie, die in den unhistorischen und unscharfen Familienbegriff Königs einfließen, bedeuten ebenso wie bei den Gruppen- bzw. Systemtheorien Vierkandts, Homans' und Parsons' eine Rechtfertigung und Verabsolutierung der bestehenden autoritären und repressiven Familienstrukturen.

---

273 Vgl. König: Der Mensch in der Sicht des Soziologen, a. a. O., S. 36.

274 Vgl. ebenda, insbesondere S. 39 ff.

275 Hahn: Historischer Materialismus und marxistische Soziologie, Berlin 1968, S. 112.

3. Teil: Die Abhängigkeit der Familie in ihrer Gestalt und ihren Funktionen von der Gesellschaftsstruktur

In den ersten Teilen dieser Arbeit konnte nachgewiesen werden, daß die beiden wesentlichen theoretischen Ansätze in der westdeutschen Familiensoziologie eine Gegensätzlichkeit der Bereiche Familie und Gesellschaft konstatieren[1]. Die Familie ist demnach gegenüber der Gesamtgesellschaft oder den anderen gesellschaftlichen Bereichen ein isolierter, relativ unabhängig funktionierender und autonomer Bereich, der gänzlich entgegengesetzte Strukturen aufweist. Indem Familie so als aus den anderen gesellschaftlichen Bereichen ausgegliedert begriffen wird, wird auch dem familiären Dasein eine andere Qualität des Zusammenlebens zugesprochen. Einzig in ihm finde das einzelne Familienmitglied menschlich-emotionale Beziehungen sowie Schutz gegenüber der unmenschlichen, abstrakten, bürokratischen Umwelt, gegenüber den anonymen Großorganisationen, die unser gesamtes gesellschaftliches Leben, die Sphäre der Öffentlichkeit, beherrschen. Dagegen hebt sich die konkrete Intimität der Privatsphäre Familie positiv ab.

Dieses Verhältnis von Familie und Gesellschaft wird nun nicht nur als Realität festgestellt, sondern zugleich positiv bewertet, weil nur in der Familie die Menschen einen Schutzraum vor der unmenschlichen Gesellschaft finden. Diese Deutung des Verhältnisses von Familie und Gesellschaft ist allerdings keine Spezialität der Königschen oder Schelskyschen Familiensoziologie, sondern findet sich in der Literatur — von wenigen Ausnahmen[2] abgesehen — nahezu durchgängig[3].

Im folgenden sollen diese These und ihre Ursachen untersucht werden. Bei der Analyse des Verhältnisses von Familie und Gesellschaft wird dabei von einer Hypothese ausgegangen, die der der oben diskutierten Familiensoziologie entgegengesetzt

---

[1] Vgl. dazu oben, S. 41 ff., 94 ff.

[2] Beispielsweise bei D. Claessens: Die Familie in der modernen Gesellschaft in: F. Oeter (Hrsg.): Familie und Gesellschaft, Tübingen 1966, S. 235 ff.; F. Oeter: Die Wiederertüchtigung der Familie, in: ders. (Hrsg.): Familie im Umbruch, Gütersloh 1960, S. 318.

[3] Vgl. H. Schmucker u. a.: Die ökonomische Lage der Familie in der Bundesrepublik Deutschland, Stuttgart 1961, S. 2; G. Mackenroth: Bevölkerungslehre, Berlin 1954, S. 376 f.; G. Wurzbacher: Leitbilder gegenwärtigen deutschen Familienlebens, a. a. O., S. 244; ders. und H. Kipp: Das Verhältnis von Familie und öffentlichem Raum unter besonderer Berücksichtigung der BRD, in: Wurzbacher (Hrsg.): Die Familie als Sozialisationsfaktor, Stuttgart 1968, S. 6. Neuerdings auch wieder Mühlmann, der darauf hinweist: „Vieles spricht dafür, daß die Familie am besten dort gedeihen wird, wo sie sowohl auf die Intervention ihrer Interessen in das Gemeinganze verzichtet, als auch allzu heftigen Übergriffen dieses Gemeinganzen in ihren Kreis zu begegnen weiß." (Die Bevölkerungsexplosion und die Zukunft der Familie, einleitendes Essay zu G. Schwägler: Soziologie der Familie, Tübingen 1970, S. XIX.) Aus denselben Ursachen empfiehlt wohl auch B. Molitor die Abstinenz des Staates gegenüber der inneren Gestaltung der Familie (Konzept einer rationalen Familienpolitik, in: Hamburger Jahrbuch für Wirtschafts- und Gesellschaftspolitik, Bd. 13, Tübingen 1968, S. 171).

ist. Einige sozialhistorische Überlegungen sollen deutlich machen, daß die Entwicklung der Familie nur zu verstehen ist, wenn man ihre wechselnde und sich wandelnde Funktion im Zusammenhang der jeweils konkreten Bedingungen der gesellschaftlichen Produktion und Reproduktion in das Zentrum der familiensoziologischen Analyse stellt. Dieser Tatsache kann von einer Familiensoziologie, die von einer relativ isolierten „Institution" oder „Gruppe" Familie ausgeht, nicht Rechnung getragen werden. Für diese Familiensoziologie steht — bei allen Hinweisen auf gesamtgesellschaftliche Einflüsse — notwendigerweise die sich aus der inneren Struktur der Gruppe bzw. Institution Familie ergebende Eigendynamik im Vordergrund der Untersuchung. Daraus erklären sich m. E. auch die in den vorstehenden Teilen nachgewiesenen Parallelen in den Ergebnissen der gruppentheoretisch bzw. institutionalistisch arbeitenden Familiensoziologien[4].

Während bei historischen Überlegungen die heute vorherrschenden Richtungen der Familiensoziologie die gesellschaftliche Bedingtheit der Familienstruktur noch eher erfassen, weil sie sich hier unübersehbar aufdrängt — auch wenn das ihrem methodischen Ansatz nicht entspricht —, steht die Eigendynamik der inneren Struktur der Familie bei der Analyse der gegenwärtigen Familie gänzlich im Vordergrund. Demgegenüber wird im folgenden aufzuzeigen sein, daß das gesamte Familienleben abhängig ist von ökonomischen und sozialen Faktoren, die in die Familie hineinwirken und von ihr nicht gestaltbar sind. Familienstruktur und Familienfunktionen hängen ganz entscheidend ab von der jeweiligen Stellung des oder der „Ernährer" in der Produktion, von Art und Höhe des Einkommens, von den durch die Produktionsverhältnisse bestimmten Bedingungen des Konsums, des Freizeitverhaltens etc. Hier wirken gesellschaftliche, insbesondere auch klassen- und schichtspezifische Faktoren, die nicht eine vorgegebene, der Gruppe bzw. Institution Familie immanente Struktur beeinflussen, sondern diese Strukturen wesentlich erst hervorbringen. Folglich sind die Familienstrukturen nach Klassen- bzw. Schichtzugehörigkeit, die sich hauptsächlich aus der Stellung der für den Lebensunterhalt der Familie arbeitenden Familienangehörigen in der gesellschaftlichen Produktion ergibt, unterschiedlich.

Die folgenden Überlegungen können lediglich die Richtung andeuten, in der eine Familiensoziologie zu forschen hätte, die ihren Gegenstand als das begreift, was er ist: als Teil einer Gesellschaftsstruktur, die durch die Gestaltung ihrer Produktionsverhältnisse geprägt ist — eine Tatsache, die die Feststellung eines „Nebeneinander" von relativ selbständigen und „gleichberechtigten", sich in „wechselseitiger" Abhängigkeit befindlichen Teilbereichen nicht zuläßt.

Unter diesem Gesichtspunkt soll anschließend an die Untersuchung des Verhältnisses von Familie und Gesellschaft eine Auseinandersetzung mit der These von der

[4] Diese Parallelen sind besonders ausgeprägt in der Betonung der bestehenden Strukturen, der Rechtfertigung und Autorität, Herrschaft, hierarchischem Prinzip sowie in der geringen Bedeutung, die einer bewußten, planvollen Gestaltung der gesellschaftlichen Verhältnisse durch die in ihnen lebenden Menschen zugestanden wird. Vgl. dazu oben S. 33 ff., 82 ff.

Familie als optimaler Sozialisationsinstanz erfolgen, die ebenfalls unter vollständiger Abstraktion von dem je konkreten gesellschaftlichen Zusammenhang, in dem und für den sozialisiert wird, gewonnen wurde[5]. Diese These ist zudem von erheblicher politischer Relevanz. Ihre Akzeptierung verhindert eine kritische Auseinandersetzung mit der in unserer Gesellschaft üblichen Gestaltung der frühkindlichen Sozialisation und die Reflexion über mögliche Alternativen. Die „normale" Familienerziehung ist aber ein nicht zu unterschätzender Faktor für die Aufrechterhaltung und Stabilisierung der bestehenden Sozialstruktur, weil durch sie die klassen- und schichtspezifischen Verhaltensweisen und damit auch die Klassenstruktur und gesellschaftliche Schichtung beständig reproduziert und von Generation zu Generation tradiert werden[6].

I. Das Verhältnis von Familie und Gesellschaft

1. Gesellschaftliche Produktionsverhältnisse und Familienstruktur

Die so häufig vertretene These von der Isolierung der Familie von der Gesellschaft, ihrer Ausgliederung aus den gesamtgesellschaftlichen Zusammenhängen sowie die Behauptung, die Familie sei ein gegenüber anderen gesellschaftlichen Bereichen relativ unabhängig funktionierender und autonomer Bereich, kurz: die Familie sei eine Gegenstruktur zur Gesellschaft wird überwiegend als eine Erscheinung gedeutet, die eng verbunden sei mit den Veränderungen der Familie im Verlaufe der letzten zweihundert Jahre, in denen sich der Übergang von der agrarisch-ständischen zur kapitalistischen Gesellschaft vollzogen hat[7].

Diese These wird meistens in dieser Allgemeinheit begründet, ohne daß sich die Soziologen eingehender mit den tatsächlichen Strukturveränderungen, die sich in der

---

[5] Ein geradezu „klassisches" Beispiel dafür ist die Arbeit von Claessens (Familie und Wertstruktur, a. a. O.), in der die Kern-Familie „aller ethnischen Bedingtheit entkleidet" (S. 10), „allein als anthropologisch-soziale Formalgruppe" (S. 13) analysiert wird.

[6] Lüschen/König weisen beispielsweise anschließend an die Betrachtung der „negativen" Auswirkungen der Zuweisung des gesellschaftlichen Status' der Kinder durch die Familie darauf hin, „daß die Bedeutung der Familie für die Statuszuweisung grundsätzlich ein starker stabilisierender Faktor im gesellschaftlichen Geschehen ist". (Vgl. ebenda, S. 15.) Vgl. dazu auch den Aufsatz von Neidhardt (Stabilisierungseffekte der Familie, in: Hamburger Jahrbuch für Wirtschafts- und Gesellschaftspolitik, Bd. 14, Tübingen 1969, S. 53 ff., insbesondere S. 58), in dem er darauf hinweist, daß nicht die Moral der Gesellschaft, sondern die der Subkultur der betreffenden Schicht von den Eltern weitervermittelt wird.

[7] Vgl. als beispielhaft für viele: „In ihrem Verlauf (der Prozesse soziokultureller Differenzierung und Spezialisierung) formt sich auch die Familie zu ihrer typisch modernen privaten Eigenständigkeit aus und entwickelt jene Gegenpositionen und Gegenstrukturen (Polarisationen) von privat und öffentlich, auf die letztlich die meisten Deutungen des modernen Verhältnisses von Familie und Gesellschaft hinauslaufen." (G. Wurzbacher und H. Kipp, a. a. O., S. 6); vgl. auch König: Soziologie der Familie, in: Gehlen/Schelsky (Hrsg.): Soziologie, a. a. O., S. 135 f.

Gesellschaft vollzogen haben, beschäftigen[8]. Nur deren eingehendere Untersuchung kann aber ergeben, in welchem Verhältnis sich die Familie heute zur Gesellschaft befindet und ob man tatsächlich von einer größeren Abhängigkeit der Familie und ihrer inneren Struktur von der Gesellschaft im Vergleich zu vergangenen Zeiten sprechen kann. In welche Richtung eine derartige Untersuchung gehen müßte, soll im folgenden angedeutet werden. Eine detaillierte Überprüfung der referierten Behauptung ist allerdings schon allein aufgrund des Mangels historischer Studien über die Familie nicht möglich, sie würde zudem auch den Rahmen dieser Arbeit sprengen.

a) Die Stellung der Familie in der vorkapitalistischen und in der kapitalistischen Gesellschaft

In der vorkapitalistischen Gesellschaft kann von „Familie" im heutigen Sinn nicht gesprochen werden. Das Wort Familie dringt auch erst im 18. Jahrhundert in die deutsche Umgangssprache ein. Bis dahin ist der ländliche *Haushalt,* der neben den Familienmitgliedern das blutsfremde Gesinde in einem nahezu ihr gesamtes Dasein prägenden Produktions- und Konsumtionsprozeß umfaßte, „das wichtigste und das tragende Wirtschafts- und Sozialgebilde der damaligen Zeit"[9]. Brunner weist darauf hin, daß selbst nach Ausbildung des Städtewesens im hohen Mittelalter immer noch 70 bis 90 % der Bevölkerung zum Bauerntum gehören — von einigen Landstrichen abgesehen[10]. Die Sozialform des „ganzen Hauses", die innige Verbindung von Haushalt und Betrieb ist jedoch auch für die im Handel und Gewerbe tätige städtische Bevölkerung typisch[11]. Allerdings unterscheidet sich das „ganze Haus" eines Handwerksmeisters von dem bäuerlichen Haushalt. Dieser produziert überwiegend *Gebrauchsgüter,* d. h. solche, die im Hause selbst verbraucht werden. Der bäuerliche Haushalt ist — auch bei gleichzeitigem Vorhandensein eines ausgebildeten Handwerks — im Mittelalter noch eine tendenziell autarke Wirtschaftsform[12].

Im Handwerkerhaushalt werden anders als im bäuerlichen Produktionsverband vorwiegend keine Güter für den eigenen Gebrauch hergestellt, sondern *Waren,* durch deren Verkauf auf dem Markt ein Geldeinkommen realisiert wird, das zum Erwerb

---

8 Vgl. dazu die Arbeiten von König, Schelsky, Neidhardt.

9 E. Egner: Epochen im Wandel des Familienhaushalts, in: Oeter (Hrsg.): Familie und Gesellschaft, a. a. O., S. 59.

10 Vgl. O. Brunner: Das „ganze Haus" und die alteuropäische „Ökonomik", in: Oeter (Hrsg.): Familie und Gesellschaft, a. a. O., S. 31.

11 Ebenda.

12 Die geschlossene Hauswirtschaft charakterisiert K. Bücher folgendermaßen: „Diese ist eine Eigenwirtschaft. In ihrer typischen Ausgestaltung kennt sie keinen Tausch. Alles, was verbraucht werden soll, muß durch die Arbeit der Hausgenossen erzeugt sein. Art und Umfang des Verbrauchs ist also bestimmt durch die Möglichkeit der eigenen Herstellung ... Die Produktion ist sozusagen in den Haushalt mit einbezogen." (Die Entstehung der Volkswirtschaft, Bd. II, 5. u. 6. Aufl., Tübingen 1921, S. 329 f.).

der nicht im Haushalt produzierten, aber zum Lebensunterhalt notwendigen Produkte verwendet wird[13]. Obwohl beide Varianten der Sozialform des „ganzen Hauses" insofern gleich strukturiert sind, als sie Lebens-, Produktions-, Konsum- und Herrschaftsverband sind[14], weist die überwiegende Herstellung von Waren für den Markt an Stelle von Gebrauchsgütern den Handwerkerhaushalt als eine Übergangsform von der agrarischen zur kapitalistischen Wirtschaft aus.

Die Produktion von Waren für den Markt verdrängt im Laufe der Entwicklung die Produktion von Gütern für den Eigengebrauch immer mehr — zunächst noch unter Beibehaltung der Arbeitsplätze im Hause. Auch das Verlagssystem, das einer fortgeschrittenen Stufe der Entwicklung der Produktion angehört, kennt nicht die Trennung zwischen Betrieb und Haushalt. Die für die Entwicklung des Familienverbandes entscheidende Stufe der ökonomischen Entwicklung besteht in der Ausbreitung der Manufakturen, später der Fabriken, die beide auf der Trennung von Betrieb und Haushalt beruhen[15].

Die kapitalistische Produktion beruht auf dem Vorhandensein der Lohnarbeit, d. h. darauf, daß Menschen gezwungen sind, täglich für eine bestimmte Zeit für einen anderen und auf dessen Weisung unselbständige Arbeit zu leisten. Durch den Verkauf ihrer Arbeitskraft erzielen sie ein Einkommen, mit dem sie auf dem Markt die für ihren Lebensunterhalt notwendigen Waren erwerben können. Die Entwicklung des Kapitalismus führt dazu, daß immer größere Teile der Bevölkerung gezwungen sind, ihre Arbeitskraft zu verkaufen und außerhalb ihres Hauses bzw. ihrer Wohnung tätig zu sein. In der Bundesrepublik — wie in anderen entwickelten kapitalistischen Gesellschaften — sind heute ungefähr 80 % der erwerbstätigen Bevölkerung Unselbständige[16]. Für die überwiegende Zahl der Familie bedeutet diese Entwicklung, daß eines oder mehrere Familienmitglieder den Tag über getrennt von der Familie arbeiten. Das dadurch erzielte Einkommen ist die Grundlage für die materielle Versorgung der Familienmitglieder. Die ökonomische Funktion der Familie besteht im wesentlichen nicht mehr in der Produktion — diese findet außerhalb der Wohnung statt — sondern in der konsumtiven Verwendung des Einkommens[17]. Bestenfalls kann man die Familie heute als „Erwerbsgemeinschaft" (Mackenroth) bezeichnen.

---

13 Die Marktabhängigkeit des Handwerkers betont Egner (Epochen im Wandel des Familienhaushalts, a. a. O., S. 69).

14 Vgl. Brunner, a. a. O., S. 30 f.; für den Handwerkerhaushalt: „Gesellen und Lehrlinge waren Glieder der Meisterfamilie, unterstanden der Autorität des Meisters als Hausvater und empfingen von der Hausmutter Kost und Wohnung, wie sie sich auch sonst der Hausordnung zu fügen hatten" (Bücher, a. a. O., S. 34).

15 Die Trennung von Wohnung und Arbeitsplatz hatte sich zuvor lediglich im Bergbau und in größeren Handwerksbetrieben durchgesetzt, wo die Gesellen zwar im Hause des Meisters arbeiteten, aber dort nicht mehr wohnten. (Vgl. Brunner, a. a. O., S. 31.)

16 In der BRD betrug der Anteil der unselbständig Beschäftigten 1969 ca. 81,6 %, der Anteil der Selbständigen ca. 11 %, der der mithelfenden Familienangehörigen ca. 7,4 % (berechnet nach: Statistisches Jahrbuch für die BRD 1970, Wiesbaden 1970, S. 119).

17 Vgl. M. Weber: Wirtschaft und Gesellschaft, Bd. I, a. a. O., S. 293.

Diese Kennzeichnung betrifft jedoch nur Familien, in denen Mann und Frau berufstätig sind und in denen die Mitarbeit und der Mitverdienst der Frau bejaht werden[18]. Die Tatsache, daß im Verlauf dieses ökonomischen Entwicklungsprozesses die Familie nicht nur die wichtige Produktionsfunktion verlor, sondern auch andere vormals familiale Funktionen an spezielle gesellschaftliche Institutionen abgab, z. B. an Schulen, Krankenhäuser, Altenheime etc. ist häufig festgestellt und mit der These vom Funktionsverlust der Familie belegt worden[19]. Allerdings mehren sich in letzter Zeit in der Literatur Stimmen gegen die damit verbundene Behauptung, daß die Familie überwiegend eine Wohn- und Konsumgemeinschaft sei.

Die eine Argumentationsrichtung behauptet, daß der Funktionsverlust bzw. die Desintegration nur den erweiterten Familienzusammenhang betroffen habe, während die Kernfamilie keinen Funktionsverlust habe hinnehmen müssen[20]. Diese Argumentation übersieht einmal, daß es — wie Schwägler überzeugend nachgewiesen hat — sehr zweifelhaft ist, ob die vielfach vertretene Vorstellung von der großen Verbreitung, die die mehrere Generationen umfassende Großfamilie, die gemeinsam lebt, produziert und konsumiert, in den vorkapitalistischen Epochen Mitteleuropas gehabt haben soll, überhaupt zutrifft[21]. Zudem hängen die Funktionen und die Beziehungen der Personen, die mit dem Begriff der Kernfamilie bezeichnet werden sollen, ganz entscheidend ab von der jeweils historisch konkreten Gestalt des gesellschaftlichen Zusammenhangs, in dem sie leben[22].

Andere Soziologen[23] weisen darauf hin, daß die Familie zwar viele produktive Funktionen im Laufe der Entwicklung verloren habe, aber beileibe nicht alle. Im Familienhaushalt seien noch eine Reihe produktiver Funktionen verblieben[24], z. T. sogar

---

18 Vgl. dazu G. Mackenroth, Bevölkerungslehre, a. a. O., S. 365.

19 Vgl. z. B. König: „Materialien ...“, a. a. O., insbes. S. 57 ff.; Schelsky: Wandlungen der deutschen Familie in der Gegenwart, a. a. O., S. 17 ff.

20 Vgl. beispielsweise diese Argumentation bei Neidhardt: Die Familie in Deutschland, in: Bolte/Neidhardt/Holzer, a. a. O., S. 66, ähnlich auch S. 34.

21 Vgl. G. Schwägler: Soziologie der Familie, a. a. O., S. 136 ff., 145 ff.; auch die Vorstellung von dem großen Kinderreichtum früherer Epochen hält einer genaueren Überprüfung nicht Stand (ebenda, S. 141 ff.). Im Mittelalter lag in den Städten die durchschnittliche Kinderzahl bei ein bis zwei. (Nach J. Kulischer: Allgemeine Wirtschaftsgeschichte des Mittelalters und der Neuzeit, Bd. I: Das Mittelalter, 3. Aufl., München, Wien 1965, S. 170.)

22 Vgl. oben S. 97, sowie die dort in Anmerkung 235 aufgeführte Literatur.

23 U. a. H. P. Bahrdt: Die moderne Großstadt, Hamburg 1961, S. 29 ff.; König: Soziologie der Familie, in: Handbuch der empirischen Sozialforschung, Bd. II, a. a. O., S. 199; ebenso Neidhardt: Die Familie in Deutschland, in: Bolte/Neidhardt/Holzer, a. a. O., S. 65.

24 Auf die verschiedenen verwendeten Begriffe von produktiver Arbeit kann hier nicht eingegangen werden. Die völlige Pervertierung der Begriffsbildung wird deutlich, wenn König die Zubereitung der täglichen Mahlzeiten als produktive Leistung bezeichnet (Soziologie der Familie, in: Handbuch der empirischen Sozialforschung, Bd. II, a. a. O., S. 199).

neue zugewachsen[25]. Diese Argumentation verweist auf die zahlreichen im Familienhaushalt durchgeführten Dienstleistungen. Diese sowie die Herstellung der letzten Konsumreife von Waren haben immer im Haushalt stattgefunden. Entscheidend für die moderne Familie ist jedoch, daß diese Leistungen im Verhältnis zu der der Beschaffung des Arbeitseinkommens von nachgeordneter Bedeutung sind. Die ökonomische Basis des modernen Familienhaushalts bildet das Einkommen eines oder mehrerer Familienmitglieder, das in der Produktion und d. h. heute in der Regel außerhalb der Familie erzielt wird. Auch die zunehmende Ausführung handwerklicher Tätigkeiten im Haushalt durch die Familienmitglieder ändert daran nichts Wesentliches. Die Betonung der produktiven Funktion der Familie verschleiert hingegen ebenso wie die Hervorhebung der „relativen Unabhängigkeit und Autonomie" der Familie deren grundlegende Abhängigkeit vom Einkommen, d. h. aber von Stand und Entwicklung der kapitalistischen Produktion, auf die sie — als Familie — keinen Einfluß hat.

Die beschriebene Auflösung des vormals engen Zusammenhangs der Familie mit den Prozessen der gesellschaftlichen Produktion und Reproduktion, der Vorgang der Desintegration der Familie, ist die allgemein angeführte Ursache für die „Ausgliederung der Familie aus den gesamtgesellschaftlichen Zusammenhängen"[26], für das „relativ unabhängige Funktionieren und die Autonomie der Familie"[27], für ihre in bezug auf die „Arbeits- und Organisationswelt" gegensätzliche Strukturiertheit[28]. Die Familie wird zum Inbegriff der Privatheit, deren Gegenspieler die Öffentlichkeit der anderen gesellschaftlichen Bereiche ist.

Nun wird kein Soziologe behaupten, daß die Familie ein von der Gesellschaft oder den anderen gesellschaftlichen Bereichen völlig unabhängiger Bereich sei. Die referierten Beschreibungen des Verhältnisses von Familie und Gesellschaft konstatieren jedoch eine starke Besonderung der Familie, die teilweise sogar als eine „natürliche" gedeutet wird[29]. Ein Teil dieser soziologischen Analysen stützt sich auf empirische

---

[25] Diese Behauptung Bahrdts (a. a. O., S. 31) ist angesichts der verbreiteten Ausstattung der Haushalte mit langlebigen Gebrauchsgütern für die Haushaltsführung, die verhältnismäßig unabhängig vom Einkommen ist (vgl. Wirtschaft und Statistik, H. 5, 1970, Tabelle 1, S. 265), sowie der Erleichterungen bei der Hausarbeit durch vorgefertigte Nahrungsmittel etc. zumindest gewagt und eines exakten Nachweises bedürftig. Die Abnahme sowohl der produktiven Tätigkeiten wie auch der häuslichen Dienstleistungen im modernen städtischen Haushalt registriert dagegen Egner (Epochen im Wandel des Familienhaushalts, a. a.O., S. 87 f.).

[26] König: „Materialien ...", a. a. O., S. 76 f.

[27] Vgl. ders.: Familie und Familiensoziologie, a. a. O., S. 255.

[28] Vgl. Schelsky: Wandlungen der deutschen Familie in der Gegenwart, a. a. O., S. 150 ff., 347 ff.; Habermas: Strukturwandel der Öffentlichkeit, a. a. O., S. 169; Wurzbacher und Kipp, a. a. O., S. 6.

[29] Vgl. König: „Materialien ...", a. a. O., S. 73.

Erhebungen, denen zufolge den meisten Menschen in unserer Gesellschaft die Familie als ein Bereich erscheint, in dem sie sich von gesellschaftlichen Zwängen frei fühlen, den sie überschauen können und in dem allein sie intensive emotionale Beziehungen zu anderen Menschen haben. Die Welt „draußen", außerhalb der eigenen vier Wände hingegen ist unüberschaubar, anonym, rein sachlich[30]. Diese Ergebnisse scheinen die konstatierte Polarität zwischen privater und öffentlicher Sphäre zu stützen. In ihnen spiegelt sich jedoch zunächst nur das Bewußtsein der Menschen von ihrer Situation wider. Sie sagen selbst noch nichts über den tatsächlichen Grad der Verflochtenheit von Familie und Gesellschaft aus.

Dieser bzw. das Ausmaß der möglichen Autonomie sowohl von Individuen als auch von gesellschaftlichen Institutionen wie Familie, Betrieb etc. kann nicht abstrakt bestimmt werden, sondern nur innerhalb des jeweiligen gesellschaftlichen Zusammenhangs. Anknüpfend an die vorstehenden Überlegungen zu den Veränderungen von Stellung und Funktion der „Familie" in der Gesellschaft kann — wenn auch etwas schematisch — untersucht werden, von welchen Faktoren die mögliche Autonomie in der Gesellschaft abhängig ist.

Die Sozialform des „ganzen Hauses" in der vorkapitalistischen Agrargesellschaft, und hier wieder besonders der bäuerliche Haushalt, war in bezug auf „die Gesellschaft" weitgehend autonom. Die Produktionsmittel befanden sich im Haushalt und wurden entsprechend der Weisungen des Hausherrn zur Produktion der für das „ganze Haus" notwendigen Gebrauchsgüter verwendet. Infolgedessen bestand eine weitgehende Autonomie im Konsum. Die Autonomie des „ganzen Hauses" war allerdings beschränkt durch den geringen Grad der Naturbeherrschung — insofern war sie natürlich relativ[31].

In dem beschriebenen Prozeß der ökonomischen Entwicklung vollzieht sich im Kapitalismus die Trennung zwischen Haushalt und Betrieb. Diese wird hervorgerufen durch den Druck, den das kapitalistische Erwerbsstreben nach der Durchdringung des Handels nun auch auf die Produktion ausübt und der die Anwendung rationeller, arbeitsteiliger Formen der Produktion erzwingt. Diese führen die Auflösung der Hauswirtschaft und der handwerklichen Produktion herbei, denn die Trennung zwischen Betrieb und Haushalt ermöglicht erst den Einsatz rationeller Produktionsorganisation und neuartiger Produktionsmittel, deren Verwendung sowohl die ökono-

30 Diese These kommt am prägnantesten in der Arbeit Schelskys, die sich auf empirische Untersuchungen stützt, zum Ausdruck (vgl. ebenda). Wie stark dieses Bewußtsein von der Familie als privater Raum, der abgekapselt wird, vorhanden ist, läßt sich sehr gut der Studie von R. Wald (Industriearbeiter privat, Stuttgart 1966) entnehmen. Auch Wurzbacher/Kipp stellen ein gewachsenes Bedürfnis nach einem gegenüber „außen" geschützten familiären Privatraum fest (ebenda, S. 11); vgl. auch R. Mayntz: Die moderne Familie, Stuttgart 1955, S. 105.

31 Vgl. dazu: Bücher, a. a. O., S. 330.

mischen als auch die räumlichen Voraussetzungen der durchschnittlichen „Haus“-Wirtschaft sprengt. Die Anwendung rationeller Formen der Arbeitsorganisation erzwingt — selbst bei dem Gebrauch der traditionellen Werkzeuge — die Zusammenfassung vieler Arbeitskräfte in einer Produktionsstätte. Mit der Ausbreitung der neuen Produktionstechnik und/oder Produktionsorganisation wird die traditionelle Produktionsweise unrentabel. Immer mehr „Haus“-Wirtschaften müssen die selbständige Produktion aufgeben. Ihre Mitglieder, Männer und Frauen, Erwachsene und Kinder, sind gezwungen, als Lohnarbeiter in den zentralen Produktionsstätten Arbeit zu suchen und durch das dort erworbene Einkommen die materielle Basis der Familie zu sichern[32]. Damit haben die meisten Familien als Familienverband nicht nur eine wichtige gesellschaftliche Funktion, sondern zugleich die Basis der gesellschaftlich möglichen Autonomie — die Verfügung über die Produktionsmittel[33] — verloren[34]. Die Mehrzahl der Familien wird in diesem Prozeß in zweifacher Hinsicht abhängig: einmal von der Höhe und der Sicherheit des in der Produktion erwerbbaren Einkommens, zum anderen von dem Angebot der Waren auf dem Markt. Abhängig wird die Familie insofern, als beide, Einkommen und Warenangebot, wesentlich auf den Funktionsgesetzlichkeiten der Kapitalverwertung beruhen, deren Beeinflussung außerhalb der Möglichkeiten der Familie liegt.

Die einzigen, die trotz der zunehmenden Differenzierung und Vergesellschaftung noch einen gewissen Spielraum bei individuellen Entscheidungen haben, sind die über die Produktionsmittel Verfügenden. Im Früh- und Hochkapitalismus bestand für den einzelnen Kapitalisten noch eine beträchtliche Möglichkeit, durch Anwendung von Erfindungen, Aufspüren günstiger Investitionsmöglichkeiten seinen Profit zu erhöhen. Dieser Typus des „schöpferischen Unternehmers“ (Schumpeter) ist im Spätkapitalismus nicht mehr existent. Die technische Entwicklung der Produktion hat einen Stand erreicht, der nur noch von Wissenschaftlern in Forschungslaboratorien und nicht mehr durch individuelle Erfindungsgabe des Kapitalisten vorangetrieben

---

[32] Vgl. zu den Stufen in der Entwicklung der Produktivkräfte Kulischer, Bd. II: Die Neuzeit, a. a. O., S. 146 ff.; zur Herkunft der Fabrikarbeiter vgl. L. Schneider: Der Arbeiterhaushalt im 18. und 19. Jahrhundert, Berlin 1967, S. 93 ff.

[33] Die entscheidende Rolle der Verfügung über die Produktionsmittel betont auch M. Weber: „Wie die relative Selbständigkeit des Handwerkers oder des Kommandators, des Ritters und Vasallen darauf beruhte, daß er selbst Eigentümer der Werkzeuge, der Vorräte, der Geldmittel, der Waffen war, mit deren Hilfe er seiner ökonomischen, politischen und militärischen Funktion nachging und von denen er während deren Ableistung lebte, so beruht hierauf die hierarchische Abhängigkeit des Arbeiters, Kommis, technischen Angestellten, akademischen Institutsangestellten und des staatlichen Beamten und Soldaten ganz gleichmäßig darauf: daß jene für die ökonomische Existenz unentbehrlichen Werkzeuge, Vorräte und Geldmittel in der Verfügungsgewalt, in einem Fall: des Unternehmers, im anderen: des politischen Herren konzentriert sind.“ (Gesammelte politische Schriften, München 1921, S. 141.)

[34] Die einzige Ausnahme hiervon bilden die Familien von Produktionsmitteleigentümern, deren Zahl jedoch im Laufe der kapitalistischen Entwicklung immer kleiner wird.

werden kann[35]. Immerhin sind die Unternehmer in der spätkapitalistischen Gesellschaft die einzigen, die auf der Basis ihres Produktionsmitteleigentums — unter Berücksichtigung der durch den Grad der Vergesellschaftung gezogenen Grenzen — noch Entscheidungen treffen können: über die Art der Produktion und damit des Warenangebots, über die Organisation der Produktion und damit über die Arbeitsbedingungen der Beschäftigten, über den Umfang bzw. die Beendigung der Produktion und damit über die gesamten Lebensverhältnisse der Arbeiter und deren Familien.

Allerdings verfügen auch die kapitalistischen Unternehmer nur noch als Individuen über diese Autonomie — nicht mehr im Rahmen der Familie oder als Familienmitglieder. Die Möglichkeit der Autonomie der Familie oder des „Hauses" ist mit der Trennung zwischen Haushalt und Betrieb endgültig vorbei.

b) Die Abhängigkeit der Familie von der Organisation des kapitalistischen Produktionsprozesses

Der entscheidende Einfluß, den die gesellschaftliche Organisation der Produktion auf die Inhalte der Familientätigkeiten ausübt, ist bei der Darstellung der Auswirkungen der mit der Kapitalisierung der Wirtschaft einsetzenden Trennung zwischen Haushalt und Betrieb schon deutlich geworden. Diese räumliche Trennung ist heute in den kapitalistischen Ländern für die Mehrzahl der Familien Wirklichkeit geworden. Die Trennung zwischen Arbeitsbereich und Haushalt, die fremdbestimmte Tätigkeit eines oder mehrerer Familienmitglieder impliziert jedoch die Abhängigkeit der Familie sowohl in der äußeren Lebensgestaltung als auch hinsichtlich des Sozialverhaltens ihrer Mitglieder von der Organisation der Produktion.

Die feste Regelung der *Arbeitszeiten* mit der Folge, daß mindestens ein Familienmitglied, in der Regel der Mann, tagsüber abwesend ist, zwingt der Familie einen bestimmten Rhythmus, den Rhythmus des kapitalistischen Betriebes, in ihrem Tagesverlauf auf. Die Arbeitszeit beeinflußt auch bei den nichtberufstätigen Familienmitgliedern die zeitliche Einteilung des Tages, die Zeit der Mahlzeiten, die Zeiten des Einkaufens, die Möglichkeiten geselliger Kontakte, politischer und sonstiger Betätigung. Das Ansetzen von Überstunden durch die Unternehmensleitung in Zeiten konjunkturellen Aufschwungs wirft den ganzen „normalen" Ablauf des Tages durcheinander. Am einschneidendsten betroffen von der durch die Produktionsorganisation bedingten Arbeitszeitregelung sind diejenigen Familien, in denen eines oder mehrere Familienmitglieder Schichtarbeit leisten: „Schichtarbeit bedeutet neben den physischen und nervlichen Umstellungsschwierigkeiten, die jeder Schichtwechsel mit sich bringt, eine schwere Belastung des Familienlebens und für alle Freizeitbetätigungen. Ein vernünftiger Tagesrhythmus, gemeinsame Mahlzeiten der ganzen Familie, ein regelmäßiger gemeinsamer Feierabend — all dies gibt es nicht. Aber auch die

---

[35] Zur Veränderung der Funktionen des Unternehmers vgl. J. A. Schumpeter: Kapitalismus, Sozialismus und Demokratie, 2. erw. Aufl., Bern 1950, S. 213 ff.

Geselligkeit, die Vereinsaktivität und die Teilnahme an kulturellen Veranstaltungen sind so erschwert, daß sie nach einigen Versuchen unterblieben[36]."

Vom *Standort des Betriebes* hängt die Länge des Arbeitsweges und damit die effektive tägliche Abwesenheit der Berufstätigen ab. Standortwechsel des Betriebes, die aus rein unternehmerischen Interessen vorgenommen werden, bedeuten, da die Arbeiter auf den Betrieb angewiesen sind, wo sie ihre Qualifikation verwerten können, entweder die Wanderung der ganzen Familie mit dem Betrieb oder — was wahrscheinlicher ist — längere Arbeitswege für die Berufstätigen[37] oder aber, im Falle zu großer räumlicher Distanz, vorübergehende oder längerdauernde Arbeitslosigkeit.

Von den im Unternehmen üblichen, ökonomisch rationellsten *Entlohnungsformen* und -differenzierungen hängt nicht nur der Grad der Stetigkeit des Einkommens ab, sondern auch der soziale Status der Beschäftigten. Während z. B. bei den Angestellten generell das Einkommen im Laufe ihres Berufslebens von einem im Verhältnis zum Arbeiter geringen Stand mehr oder weniger, aber kontinuierlich ansteigt und gegen Ende des Berufslebens seinen Höhepunkt erreicht, verläuft die Entwicklung der Arbeitereinkommen anders[38]. Arbeiter, zumal wenn sie im Akkord arbeiten, erreichen bereits in jungen Jahren ein hohes Monatseinkommen, das jedoch mit zunehmendem Alter absinkt. Unstetig ist insbesondere das Einkommen von Akkordarbeitern, bei denen die Akkordleistung nicht nur von ihrer eigenen physischen Verfassung abhängt[39], sondern zugleich von der Normierung der Akkordleistung durch den Betrieb sowie der Geschäftslage des Unternehmens[40].

Die *Lohndifferenzierung* bestimmt nicht nur die ökonomische Situation der einzelnen Beschäftigten und ihrer Familien, sondern dient vor allem auch als Gradmesser der relativen sozialen Stellung des Arbeitenden und seiner Familie[41]. „Der Lohnunter-

---

[36] H. P. Bahrdt: Die Industriearbeiter, in: M. Feuersenger (Hrsg.): Gibt es noch ein Proletariat?, Frankfurt/M. 1962, S. 29; vgl. auch: D.-L. und Th. Scharmann: Das Verhältnis von Familie, Beruf und Arbeit in ihren Sozialisationswirkungen, in: Wurzbacher (Hrsg.): Die Familie als Sozialisationsfaktor, a. a. O., S. 256 f.; J. Miehe: Schichtarbeit, in: K. Thomas: Analyse der Arbeit, Stuttgart 1969, S. 233 ff. Vgl. insbesondere die Schilderung der Komplikationen für das gemeinsame Familienleben durch die Schichtarbeit bei verheirateten Arbeitern (ebenda, S. 259 ff.).

[37] Bei „Pendlern" treten gehäuft Krankheitsbilder auf, die vermutlich die außergewöhnliche Situation einerseits der geringeren Integration im Betrieb, andererseits die Belastung durch die Fahrten und die damit verbundenen Unregelmäßigkeiten im Tagesablauf widerspiegeln. Vgl. M. Pflanz: Sozialer Wandel und Krankheit, Stuttgart 1962, S. 258 ff.

[38] Vgl. dazu Bahrdt: Industriebürokratie, Stuttgart 1958, S. 116 ff.

[39] „Der Rhythmus der Leistungsfähigkeit wird zum Rhythmus des Lohnes und damit zum Rhythmus des proletarischen Lebensstandards." (G. Briefs: Das gewerbliche Proletariat, in: Grundriß der Sozialökonomik, IX. Abteilung, Tübingen 1926, S. 209.)

[40] Vgl. dazu Bahrdt: Die Angestellten, in: Feuersenger (Hrsg.), a. a. O., S. 21, ders.: Industriebürokratie, a. a. O., S. 112.

[41] Vgl. F. Fürstenberg: Grundfragen der Betriebssoziologie, Köln, Opladen 1964, S. 78.

schied wirkt als Status-Symbol"[42], und zwar deshalb, weil die Höhe des Einkommens über den gesamten Lebensstil und -standard des Berufstätigen und seiner Familie entscheidet. Die sich in den Lohnunterschieden ausdrückende soziale Differenzierung im Betrieb bestimmt zugleich den Umkreis der Personen, mit denen man außerhalb des Betriebes gesellig verkehren kann. Wald hat darauf hingewiesen, daß die Trennungslinien schon zwischen den Arbeitern eines Betriebes außerordentlich scharf gezogen sind[43].

Während die Auswirkungen der bestehenden Arbeitsbedingungen auf die Familien des oder der Berufstätigen unmittelbar zu erkennen sind, sind die Einflüsse, die sich aus der *Stellung des einzelnen im Produktionsprozeß* ergeben, also daraus, ob jemand Arbeiter oder Angestellter ist, sowie die Auswirkungen der unmittelbaren Bedingungen am Arbeitsplatz wesentlich vermittelter. Sie wirken zunächst nur auf den Beschäftigten selbst und prägen sein Sozialverhalten. Erst über diese Vermittlungsstufe werden die Familienangehörigen und die Art ihres Zusammenlebens betroffen. Um die Art und den Umfang der hier angesprochenen Einwirkungen der Bedingungen der Arbeitswelt auf die Familie zu untersuchen, bedarf es eingehender Studien. Daß solche Verbindungen zwischen Betrieb und Familie bestehen, zeigt sich beispielsweise an dem Phänomen der „umgeleiteten Konflikte", bei denen sich betriebliche Spannungen beim einzelnen Beschäftigten durch Erkrankungen, Unfälle etc. niederschlagen[44] und damit natürlich auch seine Familie betreffen. Die Prägung der Persönlichkeitsstruktur durch die Arbeit ist kaum zu unterschätzen. Es fehlen allerdings eingehende Untersuchungen über die Beeinflussung des Familienlebens durch die berufsspezifischen Probleme, Konflikte und Verhaltensweisen der berufstätigen Familienmitglieder[45].

Aus den vorstehenden Überlegungen ergibt sich, daß Beruf bzw. konkrete Arbeitstätigkeit sowie Stellung des Arbeitenden im Produktionsprozeß einen nahezu umfassenden Einfluß auf die Familie, ihre Struktur und Lebensgewohnheiten haben. „... die Berufsbildung, der Arbeitsstil, ob Kopf- oder Handarbeit, der berufsbezogene Tagesablauf eines Elternteils oder beider Eltern, der durch das Einkommen bestimmte Lebensstandard, der Einfluß von Vorgesetzten und Kollegen führen daher auch in unserer ... Gesellschaft zu sehr unterschiedlichen Daseinsabläufen

---

42 Ebenda, S. 79.

43 Vgl. Wald, a. a. O., S. 129.

44 Vgl. dazu R. Dahrendorf: Industrie- und Betriebssoziologie, Berlin 1962, S. 95. Vgl. zu diesem Problemkomplex auch Ch. v. Ferber: Gesellschaftswissenschaften und Sozialpolitik, in: Die moderne Demokratie und ihr Recht. Festschrift für Gerhard Leibholz zum 65. Geburtstag, hrsg. v. K.-D. Bracher, Ch. Dawson, W. Geiger, R. Smend, Bd. I, Tübingen 1966, S. 323 ff.

45 Die Vernachlässigung dieser Fragestellung durch die Soziologie hängt damit zusammen, daß die Betriebssoziologie sich im Interesse der Betriebseffizienz mehr für das Problem interessiert hat, wie sich häusliche Konflikte auf die Arbeitsleistung, z. B. in Unfällen, auswirken.

und soziokulturellen Klimata in der Familie eines Arbeiters, eines Bauern, eines Selbständigen oder eines Beamten[46]."

Im folgenden sollen einige Verbindungen zwischen der Situation des einzelnen im Betrieb und den Auswirkungen auf seine Familie angesprochen werden. Da es an entsprechenden Untersuchungen weitgehend mangelt, haben die Ausführungen überwiegend hypothetischen Charakter und können nur die Richtung angeben, in der eine stärker unter Berücksichtigung der realen ökonomischen und sozialen Situation der Familien arbeitende Familiensoziologie zu forschen hätte.

So ist z. B. der soziale Status von Arbeitern und Angestellten — auch wenn man von den Einkommensunterschieden absieht — sehr verschieden. Für die Entwicklung der spezifischen Mentalität einer Schicht ist die „unmittelbare Prägung des Menschen durch seine soziale Lebenswelt und die von ihr ausstrahlenden, an ihr gemachten Lebenserfahrungen"[47] entscheidend. Die Mentalität wiederum prägt in starkem Maße die gesamten Lebens- und Verhaltensgewohnheiten von den Konsumgewohnheiten über die Freizeitverwendung bis zu der Form des Familienlebens[48]. Für die Formung der Mentalität ist es entscheidend, ob man, wie die Angestellten, die Vorstellung hegen kann, im Laufe des Berufslebens in der Hierarchie voranzukommen[49], oder ob man, wie die Mehrzahl der Arbeiter, weder Aufstiegschancen sieht noch hat und sich stets am unteren Ende der Hierarchie befindet. Diese objektiv unterschiedliche Situation spiegelt sich im Gesellschaftsbild beider Gruppen[50]: für die Angestellten ist die Gesellschaft ein hierarchisches System, in dem man bei genügender Anstrengung durch eigene Leistung vorankommen kann. Infolgedessen ist bei ihnen eine Identifizierung mit dem Betrieb und der Gesellschaftsform vorhanden[51]. Arbeiter hingegen sehen die Gesellschaft geteilt in „die da oben" und „wir hier unten".

Durch ihre „höhere" Stellung in der Hierarchie des Betriebes, aufgrund der Tradition der Angestelltenberufe sowie durch die Kennzeichnung der Angestelltentätigkeit als „geistige" Arbeit fühlen sich die Angestellten traditionell den Arbeitern gesellschaftlich überlegen[52]. Die zunehmende Rationalisierung und Technisierung der Büros einerseits und die Zunahme qualifizierter Arbeiterberufe andererseits führen gegen-

---

[46] G. Wurzbacher und U. Schlottmann: Beruf und Schule als Faktoren sozio-kultureller und personaler Strukturierung und Veränderung, in: Th. Scharmann (Hrsg.): Schule und Beruf als Sozialisationsfaktoren, a. a. O., S. 91.

[47] Th. Geiger: Die soziale Schichtung des deutschen Volkes, Darmstadt 1967, S. 76.

[48] Vgl. ebenda, S. 80.

[49] Vgl. Bahrdt: Industriebürokratie, a. a. O., S. 112 ff.

[50] Vgl. zu dem gesamten Komplex: Popitz, Bahrdt, Jüres, Kesting: Das Gesellschaftsbild des Arbeiters, Tübingen 1957.

[51] Vgl. Bahrdt: Industriebürokratie, a. a. O., S. 118 ff.

[52] Vgl. ebenda, S. 127 ff.; ähnlich Fürstenberg: Grundfragen der Betriebssoziologie, Köln, Opladen 1964, S. 32.

wärtig jedoch zu einer zunehmenden Verwischung der Unterscheidung zwischen Angestellten- und Arbeitertätigkeit[53]. Der höhere Status der Angestellten ist dadurch bedroht, und sie reagieren darauf mit einem verstärkten Abgrenzungsbemühen gegenüber der Arbeiterschaft, insbesondere auch außerhalb des Berufslebens[54]. In dieses Streben nach gesellschaftlichem Rang und Ansehen werden auch die anderen Familienmitglieder mit einbezogen[55]. Untersuchungen der geselligen, außerberuflichen Kontakte zwischen Angehörigen der Mittelschichten (Selbständige, Beamte und Angestellte) und der Arbeiterschaft (Facharbeiter, angelernte und Hilfsarbeiter) haben ergeben, daß die Kontakte nur halb so groß sind, wie bei Nichtbeachtung der gesellschaftlichen Unterschiede zu erwarten wäre[56]. Dieses gesellschaftliche Abschließen der Angestellten, Beamten und Selbständigen gegen die Arbeiterschaft ist auch in anderen Untersuchungen festgestellt worden[57].

Unterschiede im Familienleben von Arbeitern und Angestellten bestehen außerdem hinsichtlich des Grades der verwandtschaftlichen Verflochtenheit. Arbeiterfamilien pflegen überwiegend mit Verwandten geselligen Kontakt, während sich der „Geselligkeitskreis" der Angestellten — ebenso wie der anderen Gruppen der Mittelschicht — zu einem wesentlich größeren Teil aus dem Kreis der Berufskollegen

---

53 Vgl. dazu C. W. Mills: Menschen im Büro, Köln 1955, S. 334, 339; zur Rationalisierung des Bürobetriebes vgl. Bahrdt: Industriebürokratie, a. a. O.

54 Vgl. Mills: Menschen im Büro, a. a. O., S. 347. Die „prekäre" Situation der Angestellten hat Mills treffend wie folgt beschrieben: „Die Bürokratisierung entzieht den Angestellten die beruflichen Grundlagen ihres Ansehens. Wenn nämlich der Einzelne aus winzigen Rangunterschieden persönliches Ansehen ableitet, dann verhindert dieses Betonung der Unterschiede jede prestigemäßige Solidarität, bewirkt eine prestigebedingte Entfremdung von den Arbeitskollegen und führt zu einem gesteigerten Wettbewerb um Ansehen. Auch ist eine weitere Entfremdung von der Arbeit die Folge, denn indem man nach der nächsthöheren Rangstufe strebt, nimmt man die Identifizierung mit dieser schon vorweg und fühlt sich infolgedessen nicht mehr zur gegenwärtigen Stufe gehörig. Dementsprechend kann die gegenwärtige Arbeit auch keine rechte Befriedigung mehr geben. Zudem bewirkt die autoritäre Form einer Hierarchie oft allein schon ein geradezu krankhaftes Streben nach Rang und Ansehen. Wer in allem und jedem, sogar in seinem Selbstbewußtsein, von seiner Stellung innerhalb einer autoritären Hierarchie abhängig ist, wird sich, wie Karl Mannheim bemerkt hat, um so heftiger an seine Prestigeansprüche klammern." (Ebenda, S. 346.)

55 Vgl. dazu ebenda, S. 349 ff. Auf einen interessanten Zusammenhang macht Pflanz aufmerksam. Die Diskrepanz zwischen der spezifischen Aufstiegsmentalität der Angestellten und den begrenzten Aufstiegsmöglichkeiten teilt sich möglicherweise unterschwellig sehr stark den anderen Familienmitgliedern mit. Frauen von Angestellten leiden signifikant häufiger unter Krankheiten, die für „soziale Kletterer" typisch sind (vgl. ebenda, S. 289).

56 Vgl. dazu Mackensen, Papalekas, Pfeil, Schütte, Burckhardt: Daseinsformen der Großstadt, Tübingen 1959, S. 217.

57 Vgl. R. Mayntz: Soziale Schichtung und sozialer Wandel in einer Industriegemeinde, Stuttgart 1958, S. 226; vgl. auch Tab. 50, S. 224. Neuerdings registrieren auch Jaeggi und Wiedemann die Tendenz bei Angestellten, nur mit solchen Menschen Kontakt aufzunehmen, die beruflich und sozial den gleichen Kreisen angehören. (Der Angestellte in der Industriegesellschaft, Stuttgart, Berlin, Köln, Mainz 1966, S. 93.)

rekrutiert[58]. Daß diese Unterschiede sich beispielsweise auf die Erziehung der Kinder auswirken, ist naheliegend. Die verschiedenen Beurteilungen der gesellschaftlichen Situation schlagen sich nicht nur im politischen Verhalten von Arbeitern und Angestellten nieder, sondern prägen auch das Familienleben. So hat sich eine politische, proletarische Tradition auch deshalb ausbilden und wenigstens teilweise erhalten können, weil in den Familien von Arbeitern von Generation zu Generation das politische Bewußtsein geprägt und weitergegeben wurde.

Die Aufspaltung des ganzheitlichen Arbeitsvorgangs im Betrieb durch immer fortschreitendere Arbeitszerlegung und die Beschränkung der Arbeitstätigkeit auf die monotone Wiederholung einiger weniger Handgriffe, die Abhängigkeit vom Rhythmus der Maschine etc. sind in ihrer Auswirkung auf Bewußtsein und Verhalten der Arbeiter häufig beschrieben worden. Die Monotonie der Tätigkeit läßt keine Identifizierung mit ihr zu. Der Zusammenhang der Produktion kann vom einzelnen nicht übersehen werden. Infolgedessen kann der Arbeitende seine eigene Tätigkeit nicht als einen sinnvollen Beitrag im arbeitsteiligen Produktionsprozeß auffassen[59]. Zudem schaltet die starre Festlegung durch Maschinen oder durch Vorgesetzte die bewußte und vernünftige Gestaltung der Arbeit durch den einzelnen weitgehend aus[60]. Auch andere Arbeitsbedingungen, z. B. weit voneinander getrennte Arbeitsplätze, die die Kommunikation am Arbeitsplatz unmöglich machen, die psychische Belastung durch zu starke Beanspruchung des einzelnen haben Auswirkungen auf sein Sozialverhalten, und d. h. schließlich auch auf die Familie[61, 62]. Insbesondere in diesem Bereich fehlen eingehende Studien darüber, wie sich die Belastung, der der Berufstätige an seinem Arbeitsplatz ausgesetzt ist, dem Leben seiner Familie mitteilt. Daß sie sich mitteilt, ist nach dem gegenwärtigen Stand der Forschung unzweifelhaft. Eine Untersuchung zweier Gruppen von Stahlwerkern, die bei unterschiedlich großem Lärm arbeiteten, hat nicht nur ergeben, daß zwar subjektiv, jedoch nicht in den durch Lärm hervorgerufenen körperlichen Reaktionen, eine Gewöhnung an die Arbeitsbedingungen eintrat, sondern „daß Störungen des menschlichen Zusammenlebens — und zwar sowohl innerhalb der Familie als auch innerhalb des Be-

---

58 Vgl. Mackensen u. a., a. a. O., S. 216; ebenso Pfeil: Die Familie im Gefüge der Großstadt, Hamburg 1965, S. 51.

59 Vgl. die sehr eindrucksvolle Beschreibung von Briefs, a. a. O., S. 210; ebenso Mills: Menschen im Büro, a. a. O., S. 310.

60 Vgl. Mills: Menschen im Büro, ebenda, S. 310.

61 Vgl. dazu: H. Schmidtke: Arbeitswissenschaftliche Theorie des Sozialisationsprozesses, in: Wurzbacher (Hrsg.): Der Mensch als soziales und personales Wesen, Stuttgart 1963, S. 66 ff.

62 Die u. a. auch von Schelsky behauptete Möglichkeit der Anpassung an diese Arbeitsbedingungen durch Änderungen in den „Tiefenschichten der menschlichen Antriebsstrukturen und -bedürfnisse“ (Industrie- und Betriebssoziologie, in Gehlen/Schelsky (Hrsg.): Soziologie, a. a. O., S. 164) ist außerordentlich fraglich und wird durch arbeitsphysiologische Untersuchungen nicht gestützt (s. die folgende Anmerkung). Vgl. dazu G. Friedmann: Zukunft der Arbeit, Köln 1953; R. Dahrendorf: Industrie- und Betriebssoziologie, a. a. O., S. 117 f.

triebes — bei den Lärmarbeitern wesentlich häufiger waren als bei der Gruppe, die nur geringen Lärmstörungen ausgesetzt war"[63]. Nachgewiesen ist auch der Zusammenhang zwischen der u. a. durch den „Umgang mit Sachen" geprägten Arbeitssituation des Industriearbeiters und der dadurch bedingten Ausbildung des für die Unter-„Schicht" typischen Sprachverhaltens[64], das, den Kindern im Sozialisationsprozeß vermittelt, wiederum deren Lebensweg entscheidend bestimmt[65].

Da die Arbeit keinen Ansatz zu einer Selbstverwirklichung mehr bietet, wird der Sinn des Daseins zunehmend außerhalb der Arbeit gesucht[66]. Diese Möglichkeit ist zeitlich sehr begrenzt. Die Arbeitszeit ist zwar in den letzten Jahrzehnten verkürzt worden, doch die Tätigkeit im Betrieb nimmt immer noch einen großen Teil des Tages in Anspruch. Der zeitliche Spielraum wird noch verringert durch den Weg zum Arbeitsplatz, der infolge der angestrebten Trennung zwischen Wohn- und Industriegebieten in den Städten immer größer wird, sowie durch Überstunden. Wahrscheinlich viel gravierender als die wenige Zeit, die dem einzelnen zur Verfügung steht, wirkt sich die durch Art und Organisation der Arbeit bedingte geringe Möglichkeit zur Persönlichkeitsentfaltung aus[67]. Eine vorzeitige Verflachung der persönlichen Entwicklung hat D.-L. Scharmann bei jugendlichen Arbeitern festgestellt. Als wesentliche Ursachen dafür nennt sie die hohen physischen und psychischen, insbesondere nervlichen Arbeitsanforderungen sowie die einförmige Art der Tätigkeit und den Mangel an Überblick über die eigenen und fremden Arbeitsleistungen[68].

Diese spezifische „Sozialisationsleistung" des Betriebes prägt zwangsläufig auch das *Freizeitverhalten* im Kreise der Familie. Menschen, die acht bis neun Stunden am Tag nur nach Anweisung arbeiten dürfen, können unmöglich nach Feierabend in ihrem privaten Verhalten schöpferische, aktive, phantasievolle Persönlichkeiten sein[69].

---

[63] G. Lehmann: Lärmeinwirkungen auf den heutigen Menschen — Ergebnisse medizinischer Forschung, in: A. Mitscherlich (Hrsg.): Der Kranke in der modernen Gesellschaft, a. a. O., S. 200.

[64] Vgl. dazu: U. Oevermann: Schichtspezifische Formen des Sprachverhaltens und ihr Einfluß auf die kognitiven Prozesse, in: H. Roth (Hrsg.): Begabung und Lernen, Stuttgart 1969, S. 304.

[65] Vgl. dazu unten den Abschnitt über die Abhängigkeit der Sozialisationsleistung der Familie von der Gesellschaft.

[66] „Erst hinter der Arbeit beginnt der Arbeiter zu leben, Lebensprozeß und Arbeitsprozeß treten für das Bewußtsein des Arbeiters in harte Trennung." (Briefs, a. a. O., S. 210.)

[67] Vgl. ebenda; ebenso Mills: Menschen im Büro, a. a. O., S. 312.

[68] Vgl. D.-L. Scharmann: Probleme der personalen Selbstentfaltung in der industriellen Arbeitswelt, in: Th. Scharmann (Hrsg.): Schule und Beruf als Sozialisationsfaktoren, Stuttgart 1966, S. 217; demgegenüber sind die von Scharmann dargestellten positiven Auswirkungen der „Erziehungskraft des Betriebes", nämlich die Erziehung zu *Pünktlichkeit, Ordnung* und *Disziplíniertheit* lediglich unter produktionstechnischen Gesichtspunkten positiv einzuschätzen (vgl. ebenda).

[69] Blücher registriert einen hohen Grad des unbewußten „in den Tag hinein Lebens" in der Freizeit (V. Graf Blücher: Das Freizeitproblem und seine praktische Bewältigung, in: H. Giesecke [Hrsg.]: Freizeit- und Konsumerziehung, Göttingen 1968, S. 86).

Vielmehr sind sowohl der einzelne Berufstätige wie auch seine Familie als ganze zunehmend auf vorgefertigte Verhaltensmuster auch im Freizeitbereich angewiesen. Dem kommen Tendenzen innerhalb der sich auf die Befriedigung des Freizeitkonsums spezialisierten Wirtschaftszweige entgegen, die in zunehmendem Maße zur Steuerung der Freizeit-„Bedürfnisse" mittels Werbung und Organisierung des Freizeitverhaltens übergehen[70].

Wenn in der letzten Zeit die Familie als „Freizeitgemeinschaft" (communauté de loisir) charakterisiert[71] und die Behauptung aufgestellt wird, die Freizeit sei für die gegenwärtige Familie der wichtigste Lebensbereich geworden[72], so ist damit die oben beschriebene Suche nach Daseinserfüllung in der Freizeit zutreffend erkannt worden. Aus der Tatsache, daß die freie Zeit überwiegend zu Hause verbracht wird, können jedoch keine Rückschlüsse auf eine Festigung der Familienbeziehungen gezogen werden[73]. Die Verlagerung der Interessen in die Freizeit darf nicht zu der Annahme verführen, daß dieser neue Lebensbereich der Familie „neue Möglichkeiten zur *selbständigen* Wahl (von Freizeitverhalten) in *gewisser Unverbindlichkeit* bietet"[74]. Die Familie ist in ihren Freizeitgewohnheiten und -aktivitäten nicht autonom. Habermas hat auf die enge Beziehung zwischen Arbeit und Freizeit hingewiesen, darauf, daß sowohl Umfang als auch Inhalt des Freizeitverhaltens „vom Entwicklungsstand und der konkreten Gestalt der industriellen Arbeit in weitem Maße bestimmt"[75] sind.

---

[70] Schelsky betont, daß der Mensch heute in seiner Freizeit unter eine der industriellen Arbeitsdisziplin verwandte „industriegesellschaftliche Zwangsgesetzlichkeit (tritt): die des gesteigerten Konsums an materieller und geistiger Massenproduktion und sonstigen offerierten Dienstleistungen". (Das Recht auf die Freizeit der anderen, in: Giesecke, a. a. O., S. 125 f.). Abgesehen davon, daß es sich nicht um industriegesellschaftliche Zwangsgesetzlichkeiten handelt, ist dem zuzustimmen.

[71] Vgl. J. S.van Hessen: Familie, Freizeit und Sozialisation der jungen Generation, in: Wurzbacher (Hrsg.): Die Familie als Sozialisationsfaktor, a. a. O., S. 76, 94.

[72] Ebenda, S. 71.

[73] Der Feststellung von Wurzbacher und Kipp (a. a. O., S. 29), daß mit den gewachsenen Freizeitmitteln und -möglichkeiten die Männer stärker in die familiale Gruppe integriert werden, kann in dieser Form nicht zugestimmt werden, insbesondere wenn man die undifferenzierte Fragestellung berücksichtigt. Daß die freie Zeit überwiegend zu Hause verbracht wird, sagt absolut noch nichts über die Auswirkungen auf Inhalt und Intensität der binnenfamiliären Beziehungen aus. Auch die Erfragung der Freizeitaktivität läßt diesen Schluß nicht zu. Vgl. Blücher, a. a.O., S. 82 (Tabelle).

[74] Van Hessen, a. a. O., S. 71 (Hervorhebungen von mir — H. R.).

[75] J. Habermas: Soziologische Notizen zum Verhältnis von Arbeit und Freizeit, in: G. Funke (Hrsg.): Konkrete Vernunft. Festschrift für E. Rothacker, Bonn 1958, S. 219. Die ideologisch kompensierende Funktion des „Freizeit"-Bereichs betonen ebenfalls F. Deppe und H. Lange (Zur Soziologie des Arbeiter- und Klassenbewußtseins I, in: Das Argument 61, 12. Jg. (1970), H. 9/10, S. 714). Gegen diese Deutung wendet sich energisch Scheuch mit dem Hinweis, daß die von Marx behauptete totale Absorption des Menschen im Produktionsprozeß ein Charakteristikum des Frühstadiums der Industrialisierung gewesen sei und der von Habermas behauptete immer stärker werdende Einfluß der Arbeit auf das Freizeitverhalten die

So läßt sich der starke Anklang, den die „Do-it-yourself"-Parole gefunden hat, dadurch erklären, daß sie dem Bastler im Gegensatz zur Berufstätigkeit nicht nur einen Anschein von Selbstbestimmung, sondern auch die Befriedigung über die Beherrschung des gesamten Arbeitsvorgangs bei der Herstellung eines Gegenstandes verschafft[76]. Ebenso erklärt sich die Konzentration auf die eigene Familie in der Freizeit als Reaktion auf die Frustrationen und Belastungen im beruflichen Bereich[77].

Zusätzlich zu diesen entscheidenden Prägungen des Freizeitverhaltens durch die berufliche Sphäre ist das familiäre Freizeitverhalten weiteren Einschränkungen unterworfen: Der gesellschaftliche Status der Familie, der von der beruflichen Position des Vaters abhängt, bestimmt überwiegend den Personenkreis, mit dem die Familie außerhalb des Verwandtenkreises gesellig verkehren kann. Die Einkommenshöhe entscheidet darüber, ob, wie lange und wohin eine gemeinsame Urlaubsreise gemacht werden kann, ob die Anschaffung eines Autos und damit Wochenendausflüge möglich sind. Gerade die Realisierung dieses „gehobenen" Freizeitkonsums wird durch das verfügbare Einkommen eng begrenzt[78].

In ganz besonders intensiver und je nach der beruflichen Stellung des „Verdieners" unterschiedlicher Weise ist das Schicksal der Familie von der — ausschließlich von außerfamiliären Faktoren bestimmten — *Einkommenssituation* abhängig. Die Familien von Beziehern niedriger und mittlerer Einkommen sind infolge der geringen Rücklagenbildung in besonders starkem Maße den Wechsellagen der wirtschaftlichen Entwicklung unterworfen. Der Mangel an nennenswertem Vermögen macht es ihnen unmöglich, Einkommensminderungen infolge konjunktureller Schwankungen

---

Situation einfacher Arbeitnehmer verkenne. (Soziologie der Freizeit, in: König [Hrsg.]: Handbuch der empirischen Sozialforschung, Bd. II, S. 743.) An dieser vermeintlichen Widerlegung zeigen sich sehr deutlich die Auswirkungen einer Soziologie, die an der Beschreibung von Oberflächen-Erscheinungen hängen bleibt.

76 Habermas hat die Funktion dieser handwerklichen Tätigkeiten zutreffend wie folgt charakterisiert: „Sie täuschen die Geschlossenheit der kleinen und übersichtlichen Lebenskreise vor, in denen sie einst sinnvoll funktionierten, und täuschen über den wirklichen, längst abstrakt und unübersichtlich gewordenen Zusammenhang hinweg ... Sie befestigen, was sie doch auflösen sollen: die starren Systeme der Vergesellschaftung ..." (ebenda, S. 226).

77 „Einzig das Zuhause, die Frau oder der Mann, die Kinder, das Schicksal des Allernächsten, die Teilnahme an ihrem Wachstum, an ihrem Aufstieg, ihren Krisen und auch ihren Katastrophen versprechen Abgeltung der beruflichen Belastung, versprechen gar Erfüllung" (ebenda, S. 227).

78 Einen Eindruck von der Abhängigkeit speziell des gehobenen Freizeitkonsums von der Höhe des Haushaltseinkommens vermittelt die Tabelle 2 in dem Artikel: Die Budgets ausgewählter privater Haushalte 1969, in: Wirtschaft und Statistik, H. 7, 1970, S. 363. Der Aufsatz van Hessens ist bei ständiger Betonung der schicht-spezifischen Besonderheiten offenbar extrem am Verhalten der oberen Mittelschicht orientiert. Anders lassen sich einige seiner Ausführungen nicht erklären, beispielsweise jene, daß die zeitliche Ausdehnung der Freizeit eine Erweiterung der räumlichen Beweglichkeit erlaube sowie die sich anschließende Illustrierung dieser Behauptung: „Das ‚Zweithaus', das Auto, das Boot, Ausflüge und Reisen markieren diese neue Raumbezogenheit ..." (ebenda, S. 79).

auszugleichen. Durch Kurzarbeit oder Arbeitslosigkeit bedingte Einkommensausfälle[79] treffen in besonderem Maße Arbeiter-Familien[80] und beeinträchtigen nicht nur den gesamten Lebenszuschnitt, sondern u. U. die Familienstruktur durch den Zwang zur zusätzlichen Erwerbstätigkeit weiterer Familienmitglieder — abgesehen von den psychischen Folgen einer über längere Zeit hinweg dauernden Beschäftigungslosigkeit und eines rapide eingeschränkten Lebensstandards[81, 82].

Die Einkommenshöhe wirkt sich nicht nur auf die relative und absolute Höhe der Rücklagenbildung aus und damit auf die Chance, vorübergehende Einkommensveränderungen abzufangen, sondern beeinflußt auch in starkem Maße die Struktur des privaten Verbrauchs und damit die gesamten Lebensverhältnisse der Familie. Auffällig beim Vergleich der Ausgabenstruktur von Haushalten mit mittlerem und höherem Einkommen ist nicht nur die relative Abnahme der Ausgaben für Nahrungs- und Genußmittel mit höherem Einkommen[83], sondern gerade die relative Steigerung der Ausgaben für Bildung und Unterhaltung, Verkehr und Nachrichtenübermitt-

---

[79] Kurzarbeitergeld, das den erlittenen Einkommensausfall ersetzt, wird in der BRD nur unter besonderen Bedingungen gezahlt, da die Zahlung vornehmlich der Erhaltung der Arbeitsplätze und nicht als Ausgleich für persönliche Einkommensminderung dient. (Vgl. Übersicht über die Soziale Sicherung, hrsg. vom Bundesminister für Arbeit und Sozialordnung, Bonn 1970, S. 177 f.) Die Höhe des Arbeitslosengeldes richtet sich nach Familienstand und Kinderzahl. Der Hauptbetrag ist so bemessen, daß ein lediger Arbeitsloser ungefähr 62,5 % des letzten Netto-Einkommens erhält (vgl. ebenda, S. 185). Zu den Veränderungen in den Konsumreaktionen vgl. K. B. Hillen: Arbeitnehmer nach einem Arbeitsplatzverlust, Opladen 1971, S. 95, Tab. 64, S. 127.

[80] Im April 1967 betrug der Anteil der Angestellten an der Gesamtzahl der abhängig Beschäftigten ca. 34,8 % (gegenüber ca. 58,7 % Arbeitern). Der Anteil der Angestellten an der Gesamtzahl der Arbeitslosen hingegen lag zur gleichen Zeit bei ca. 12,7 %. (Berechnet nach „Hauptergebnisse der Arbeits- und Sozialstatistik 1967", hrsg. v. Bundesministerium für Arbeit und Sozialordnung, Statistik, o. O., o. J., S. 14, 61, 63.) Wenn man ferner berücksichtigt, daß Angestellte und Arbeiter die einzigen, in nennenswertem Ausmaß von Entlassungen bedrohten Berufsgruppen sind, liegt der Anteil der Arbeiter an den Arbeitslosen praktisch bei 87,3 %. Die Feststellung, daß in konjunkturellen Krisenzeiten die Arbeiter stärker als die Angestellten von Arbeitslosigkeit betroffen sind, bestätigt Bahrdt (Industriebürokratie, a. a. O., S. 118, Anm. 23) am Beispiel der Weltwirtschaftskrise zu Beginn der 30er Jahre.

[81] Hillen hat in einer Studie über die Auswirkungen des Arbeitsplatzverlustes festgestellt, daß nur zwei Fünftel der Beschäftigten im alten Beruf weiterarbeiten konnten, Durchschnittlich 63 % der von einem Arbeitsplatzwechsel Betroffenen hatte einen viel weiteren Weg zur Arbeit als zuvor. (Vgl. ebenda, a. a. O., S. 57, 55.)

[82] Auf die Beeinträchtigung der Familienfunktionen durch Einkommenseinbußen oder Arbeitslosigkeit weist N. J. Smelser (Soziologie der Wirtschaft, München 1968, S. 151) hin. Auch Schmidtke (a. a. O., S. 69) betont die Auswirkungen auf das gesamte Sozialverhalten und registriert eine Verschiebung von Motivstrukturen, Wertbindungen, Gesinnungen und Grundhaltungen.

[83] Einen guten Überblick über die Veränderung in der Zusammensetzung des privaten Verbrauchs und seiner qualitativen Verbesserung bei wachsendem Einkommen vermittelt der Aufsatz von M. Euler: Die Nachfrage privater Haushalte unterschiedlicher Größe und Einkommensverhältnisse nach Nahrungs- und Genußmitteln, in: Wirtschaft und Statistik, Jg. 1965, S. 654 ff.

lung, Körper- und Gesundheitspflege sowie die verstärkte Anschaffung langlebiger, hochwertiger Gebrauchsgüter. Bei den langlebigen Gebrauchsgütern spiegelt sich die Einkommensdifferenz insbesondere in dem prozentualen Anteil von Autos wider. Während 81,4 % der Haushalte mit höherem Einkommen ein Auto besaßen, waren es bei den Haushalten mit mittlerem Einkommen nur 45 %[84]. In wie starkem Maße die gesamte Lebensführung einer Familie von der Einkommenshöhe beeinflußt wird, zeigt sich außerdem in der Anzahl, Dauer und den Aufwendungen für private Urlaubs- und Erholungsreisen[85].

Die Erkenntnis der dominierenden Rolle der Einkommenshöhe für den Lebensstil und den gesellschaftlichen Status einer Familie, für die Einstellungen, Entwicklungsmöglichkeiten und Werthaltungen der einzelnen Familienmitglieder schlägt sich in der soziologischen Forschung in der sogenannten „Schichten-Soziologie" nieder, die sich mit den Ursachen und Folgen der sozialen Ungleichheit in einer Gesellschaft beschäftigt. Die Schichtzugehörigkeit läßt sich durch einen Index erfassen, der die drei Merkmale: Beruf, Schulbildung und Nettoeinkommen umfaßt[86]. Diese in der Regel eng miteinander korrelierenden Faktoren werden als ausschlaggebend angesehen für „die ungleichen Chancen des einzelnen . . ., im gesellschaftlichen Bereich Dinge, Symbole und Erfahrungen zu besitzen, die als wertvoll angesehen werden"[87].

Gelegentlich wird die These vertreten, im Bereich des *Konsums* bestehe für die Familie weiterhin die Möglichkeit zu privater Autonomie[88]. Dahinter verbirgt sich jene alte, auch in der nationalökonomischen Theorie lange vertretene Annahme eines autonomen Konsumenten, der mit eindeutig feststehenden Bedürfnissen und Nachfragewünschen auf dem Markt erscheint und durch seine klar geäußerte Nachfrage die Produktion lenkt[89]. Diese Vorstellung von der Unabhängigkeit der Konsumentenentscheidungen ist selbst unter den Bedingungen des Früh- und Hochkapitalismus weitgehend eine Fiktion gewesen. Die Familien der Lohnarbeiter verfügten über ein derart geringes Einkommen, daß sie davon gerade die Grundnahrungsmittel kaufen konnten. In bezug auf die Wohnverhältnisse war überhaupt kein Spielraum vorhanden, weil die Geringfügigkeit ihrer Geldmittel sie zwang, die elendsten Unterkünfte zu nehmen. Soweit Kleidung überhaupt neu gekauft werden konnte,

---

84 Vgl. Die Budgets ausgewählter privater Haushalte 1969, in: Wirtschaft und Statistik, H. 7, 1970, S. 363, Tabelle 2. Die Vier-Personen-Haushalte mit *mittlerem* Einkommen (Arbeiter bzw. Angestellte) verfügten im Monat durchschnittlich über ein ausgabefähiges Einkommen von 1142,— DM, die Haushalte mit *höherem* Einkommen (vier Personen, Angestellte bzw. Beamte) über 2137,— DM (vgl. ebenda, S. 364, 365).

85 Vgl. ebenda, S. 366, Tabellen 5 und 6.

86 Vgl. beispielsweise E. K. Scheuch und H. Daheim: Sozialprestige und Soziale Schichtung, in: D. V. Glass und R. König (Hrsg.): Soziale Schichtung und Mobilität, Sonderheft 5 der KZfSS, Köln, Opladen 1961, S. 65 ff.

87 Neidhardt: Schichtspezifische Elterneinflüsse im Sozialisationsprozeß, in: Wurzbacher (Hrsg.): Die Familie als Sozialisationsfaktor, Stuttgart 1968, S. 174.

88 So beispielsweise von Habermas in: Strukturwandel der Öffentlichkeit, a. a. O., S. 173.

89 Vgl. dazu: E. Egner, Studien über Haushalt und Verbrauch, Berlin 1963, S. 193.

waren diese Familien abhängig von dem Angebot der schon als eine der ersten auf der Basis der Massenproduktion arbeitenden Textilindustrie[90]. Lediglich für die wohlhabenden Bürger bestand in dieser Zeit die Möglichkeit, nach ihren Wünschen Möbel, Kleidung etc. anfertigen zu lassen. Hinsichtlich des gehobeneren Konsums kann man bei dieser Schicht der Bevölkerung noch von einem Einfluß auf die Produktion sprechen, aber auch nur auf die handwerkliche und nicht auf die Massenproduktion.

Durch die allgemeine Verbesserung der Lebensbedingungen breiter Bevölkerungsschichten ist der Eindruck entstanden, als hätten die Konsumenten einen Entscheidungsspielraum bei der Auswahl der Konsumgüter gewonnen, zumal das Warenangebot wesentlich differenzierter geworden ist. Auf dieser Überlegung beruht offensichtlich die Behauptung, die Autonomie der Familie habe sich in ihren konsumtiven Funktionen erhalten. Diese Argumentation übersieht, daß der mögliche Spielraum für autonome Konsumentscheidungen bei der Mehrzahl der Familien nach wie vor eng begrenzt ist. Zunächst einmal durch die Höhe des Familieneinkommens, von der die Ausgaben für den privaten Verbrauch bestimmt sind. Innerhalb des privaten Verbrauchs gibt es wiederum bestimmte Ausgaben, die keinen Spielraum für eine freie Entscheidung des Konsumenten lassen. Dies sind insbesondere die Ausgaben für Wohnung, Grundnahrungsmittel, Brennmaterial, Gas und Elektrizität. Da es sich hierbei um die Sicherung existentieller Grundbedürfnisse handelt, bei der kein Ausweichen auf andere Waren möglich ist, befinden sich die Familien von vornherein in vollständiger Abhängigkeit von der Quantität und Qualität der angebotenen Waren.

Bei dem weniger existentiellen Teil des Bedarfs ist die Mehrzahl der Familien auf das Marktangebot angewiesen, dessen Beeinflussung außerhalb ihrer Möglichkeiten liegt. Lediglich die wenigen Familien mit einem überdurchschnittlich hohen Einkommen haben die Möglichkeit, sich durch Sonderanfertigungen vom Angebot der Massenproduktion zumindest partiell unabhängig zu machen.

Aber selbst zwischen den auf dem Markt angebotenen Waren sind die potentiellen Wahlmöglichkeiten der Konsumenten durch die Präformierung der Bedürfnisse mittels der Werbung auf ein Minimum eingeschränkt. Zwar hat es Werbung im Sinne des Kaufanreizes schon immer gegeben, seitdem Waren produziert werden. Aber erst für ein Wirtschaftssystem, das durch starke Konzentration gekennzeichnet ist, d. h. durch eine kleine Zahl von Anbietern, von denen jeder über einen großen Marktanteil verfügt, wird die Werbung oder Absatzplanung zu einer Notwendigkeit seines Bestehens[91]. Eine Absatzsteigerung über Preissenkungen kann durch die

---

[90] Vgl. zu den Lebensverhältnissen der Heim- und Fabrikarbeiter: L. Schneider (a. a. O.) sowie die Arbeit von M. Freudenthal (Gestaltwandel der städtischen, bürgerlichen und proletarischen Hauswirtschaft, I. Teil: von 1760—1910, Frankfurt/M, Diss., Würzburg 1934).

[91] Vgl. dazu P. A. Baran und P. M. Sweezy: Monopolkapital, Frankfurt/M. 1967, S. 114 ff., insbes. S. 141.

kleine Zahl der Anbieter ausgeschlossen werden[92]. Infolgedessen kommt der Werbung die Aufgabe zu, die Einzigartigkeit eines bestimmten Produkts — im Vergleich zu ähnlichen — herauszustellen. Gelingt dies, kann der Anbieter seinen Marktanteil vergrößern[93]. Die Werbung ist primär auf die Veränderung der Nachfrage über die Veränderung der Bedürfnisse der Konsumenten selbst gerichtet. Dies geschieht auf dreifache Weise: durch Beeinflussung des sozialen Rollenverhaltens mittels der Weckung bestimmter Rollenerwartungen, durch Veränderung der Motivationsstruktur des Verbrauchers sowie durch die Besetzung bestimmter Produkte mit Prestige und Statuserhöhung[94]. Der Einfluß, den die Industrie auf das Verbraucherverhalten ausübt, ist dadurch außerordentlich groß[95]. Die Behauptung von der Erhaltung der Autonomie der Familie in ihrem Konsumverhalten erweist sich angesichts der gesellschaftlichen Bestimmung dieses Bereichs über das Einkommen und über die Präformierung der Bedürfnisse als Illusion.

Die starke Abhängigkeit der Familie von der gesellschaftlichen Organisation der Produktion sowie die Abhängigkeit vom Einkommen zeigt sich nicht nur im Konsumverhalten, sondern auch bei der Erfüllung anderer Familienfunktionen.

In bezug auf die *Sozialisations*funktion der Familie ist schon allein die Tatsache, daß die Produktion außerhalb des Hauses stattfindet, von Bedeutung. Dies impliziert zumindest die Abwesenheit des Vaters tagsüber. Einerseits hat der Vater mehr als die Mutter durch seinen regelmäßigen Kontakt mit dem Berufsleben die Möglichkeit, die dort üblichen und verlangten Einstellungen, Verhaltensnormen etc. im Sozialisationsprozeß zu vermitteln, andererseits hindert ihn gerade die lange Abwesenheit am Tage daran, diese Funktion auszuüben[96]. Durch die Regelung der Arbeitszeit ist es ihm generell verwehrt, intensiv an der Kindererziehung teilzunehmen[97]. Besonders beeinträchtigt ist die Erziehungsfunktion des Vaters, wenn er in Schichtarbeit beschäftigt ist[98].

Innerhalb dieser allgemeinen Problematik, die die Organisation der Arbeit mit sich bringt, sind Form und Inhalte der Sozialisation u. a. abhängig von der Schichtzuge-

---

[92] Vgl. dazu W. Hofmann: Die säkulare Inflation, Berlin 1962, S. 16 ff.

[93] Vgl. dazu Baran/Sweezy, a. a. O., S. 118.

[94] Vgl. dazu: F. Fürstenberg: Wirtschaftssoziologie, Berlin 1961, S. 68 f.; J. K. Galbraith: Gesellschaft im Überfluß, München, Zürich 1959; Baran/Sweezy, a. a. O.

[95] Vgl. Baran/Sweezy, a. a. O., S. 112.

[96] Zu den dadurch bedingten Normenkonflikten der Jugendlichen beim Eintritt ins Berufsleben vgl. Fürstenberg: Normenkonflikte beim Eintritt in das Berufsleben, in: Th. Scharmann (Hrsg.): Schule und Beruf als Sozialisationsfaktoren, a. a. O., S. 199 f.

[97] Vgl. dazu H. Ebel: Arbeitszeit und Familienstruktur, in: Arbeitswissenschaft, 3. Jg. (1964), S. 137 ff. Ähnlich äußert sich dazu unter Berufung auf Parsons auch Claessens (Die Familie in der modernen Gesellschaft, a. a. O., S. 262 ff.).

[98] „Da der Schichtarbeiter den Alltag und das Wochenende nicht in geregelter Weise mit seinen Kindern verbringen kann, ist es ihm nicht möglich, ihnen sonst allgemein übliche Maßstäbe und Verhaltensmuster für geordnete Wechselbeziehungen von Arbeitsleben und Familienleben bzw. Freizeit zu vermitteln.“ (D.-L. und Th. Scharmann, a. a. O., S. 256.)

hörigkeit der Familie, die wiederum bestimmt wird durch Einkommen, Beruf, Schulbildung. Dieser Probleme hat sich die schichtenspezifische Sozialisationsforschung angenommen. Hier sollen nur einige wesentliche Punkte Erwähnung finden[99].

Das schichtenspezifische Sprachverhalten beeinflußt die Intelligenzausbildung der Kinder und damit die Möglichkeiten, die sie in der „Mittelklasseninstitution Schule" (Ch. Lütkens) haben[100]. Der vom Einkommen abhängige Konsum- und Lebensstil, ganz wesentlich auch die Wohngegend, beeinflussen die Zugehörigkeit zu den Spielgruppen und damit die ersten außerfamiliären Kontakte. Die Höhe des Einkommens bestimmt entscheidend die Möglichkeit oder Unmöglichkeit, den Kindern eine gute Schul- und/oder Berufsausbildung zukommen zu lassen. Insbesondere die oben erwähnte Unstetigkeit und Unsicherheit des Arbeitereinkommens wird — unabhängig von anderen Faktoren — ein wesentlicher Grund für die sogenannte „Bildungsabstinenz" der Arbeiter sein. Jemand, dessen Berufsschicksal bestimmt ist von der Unsicherheit des Einkommens durch Kurzarbeit, Arbeitslosigkeit, Akkordveränderungen, Arbeitsunfälle etc. wird es sich sehr überlegen, ob er es verantworten kann, seine Kinder eine Schulausbildung beginnen zu lassen, die neun Jahre (vom 5. Schuljahr ab gerechnet) dauert, ein Zeitraum, in dem sich seine ökonomische Position ganz grundlegend verändern kann.

Andererseits sind die Erziehungsinstitutionen — und unter ihnen besonders die Schulen — selbst wieder „ein das Familienleben alltäglich über die wichtige Funktion der Kindererziehung beeinflussender Bereich der Öffentlichkeit"[101]. Der Einfluß der Schule auf das Familienleben unterscheidet sich von dem anderer gesellschaftlicher Institutionen dadurch, daß im Familienzyklus die Phase, in der Kinder im schulpflichtigen Alter vorhanden sind, „eine Phase der *aktiven* Hinwendung (der Eltern) zum Öffentlichkeitsbereich"[102] ist — jedenfalls stärker als in anderen Phasen. Allerdings dürften hier schichtenspezifisch erhebliche Unterschiede vorhanden sein, die bei Wurzbacher und Kipp leider nur angedeutet werden. Zudem ist die Hinwendung zur Schule überwiegend familienzentristisch motiviert[103]. Dennoch darf nicht übersehen werden, daß über die schulischen Lehrinhalte — vermittelt durch die

---

[99] Vgl. dazu den Aufsatz von Neidhardt: Schichtspezifische Elterneinflüsse im Sozialisationsprozeß (a. a. O.), in dem aber leider sehr undifferenzierte Kategorien verwendet werden. Daher sind die Ergebnisse vorsichtig zu beurteilen. Die politische Bedeutung dieser schichtspezifischen Sozialisation wird recht gut dargestellt von Neidhardt: Stabilisierungseffekte der Familie, in: Hamburger Jahrbuch für Wirtschafts- und Gesellschaftspolitik, Bd. 14, Tübingen 1969, S. 53 ff.

[100] Vgl. dazu die grundlegenden Forschungen B. Bernsteins: Soziale Struktur, Sozialisation und Sprachverhalten, Aufsätze 1958—1970, Amsterdam 1970.

[101] Wurzbacher und Kipp, a. a. O., S. 14.

[102] Ebenda S. 38 (Hervorhebung von mir — H. R.).

[103] Vgl. ebenda, S. 17 f.

Kinder — gesellschaftliche Anschauungen, Wertvorstellungen etc. in die Familie hineinwirken.

Auch die Sozialisation der Kinder, die so häufig als „eigene" Funktion der Familie im Gegensatz zu „familienfremden" bezeichnet wird, ist abhängig von der je spezifischen gesellschaftlich bestimmten Situation, in der sich die einzelnen Familien befinden. Insbesondere die Inhalte der Sozialisation, auf die es entscheidend ankommt, sind nicht von der einzelnen Familie bestimmbar. Von „der" Gesellschaft hängt es ab, wie und auf welches Ziel hin sozialisiert wird, und die individuelle Leistung individueller Eltern besteht in Modifikationen der gesellschaftlich bestimmten Grundzüge[104].

Die vorstehende Untersuchung der gesellschaftlichen Abhängigkeiten der Familie in ihren einzelnen Funktionen hat ergeben, daß die Familie in einem außerordentlich starken Maße von außerfamiliären Bedingungen und Einflüssen abhängig ist. Der wichtige Bereich der Einwirkung gesellschaftlicher Vorstellungen, Werte und Normen über die Medien der Massenkommunikation ist dabei noch ausgeklammert worden, weil im Rahmen dieses Abschnitts unmöglich sämtliche Bestimmungsgründe familiären Verhaltens untersucht werden können. Es ist aber auch so deutlich geworden, daß es keinen Gegenstandsbereich der Familie gibt, den man rein binnenfamiliär betrachten, d. h. die damit zusammenhängenden familiären Verhaltensweisen allein oder auch nur überwiegend aus so etwas wie innerfamiliärer Dynamik, Eigenstruktur etc. erklären kann.

Wenn beispielsweise Schelsky behauptet, daß sich heute, im Vergleich zu früheren Zeiten, Familie und Gesellschaft in ihren Strukturen gegenläufig entwickeln, die Familie immer privater und die Arbeits- und Organisationswelt (= Gesellschaft) immer öffentlicher werde[105], so ist mit dieser Aussage bei Schelsky die Deutung verbunden, daß „die Spannungen aus der Interessengegensätzlichkeit der intimen und primären Gruppierungen einerseits und der abstrakten bürokratischen Großorganisationen andererseits" für die Zukunft der westdeutschen Gesellschaft entscheidender sein werden als „die aus der sozialen Schichtung sich ergebenden Spannungen und Entwicklungsgesetzlichkeiten"[106]. Diese Verlagerung der Ursachen gesellschaftlicher Konflikte aus der Sphäre der Produktion auf die Ebene der „zwischenmenschlichen Beziehungen" ermöglicht ihm, von *der* Familie schlechthin zu sprechen, und hindert ihn an der konkreten Analyse der klassen- und schichtspezifischen Unterschiede im Familienleben, die auf den vorstehend nachgewiesenen vielfältigen Abhängigkeiten der Familie von den gesellschaftlichen Verhältnissen beruhen. Die bei vielen Soziologen explizit oder implizit vorhandene Behauptung, daß die Familie — im Gegensatz zu früher — heute unabhängiger von der Gesellschaft ist, erscheint angesichts

[104] Vgl. dazu unten, S. 153 ff.

[105] Vgl. H. Schelsky: Soziologische Bemerkungen zur Rolle der Schule in unserer Gesellschaftsverfassung, in: ders.: Auf der Suche nach der Wirklichkeit, a. a. O., S. 147.

[106] Ders.: Die Bedeutung des Schichtungsbegriffs für die Analyse der gegenwärtigen deutschen Gesellschaft, in: Auf der Suche nach der Wirklichkeit, a. a. O., S. 336.

der vorstehenden Überlegungen unzutreffend. Ohnehin ist es schwierig, bei den völlig andersartig strukturierten Verbindungen zwischen beiden Bereichen von einem Mehr oder Weniger an Abhängigkeit zu sprechen, weil es sich heute um eine qualitativ völlig andere Integration der Familie in die Gesellschaft und um eine andersartige Abhängigkeit von ihr handelt.

c) Die Unabhängigkeit der Familie von der Gesellschaft als Ideologie

Es ist schon darauf hingewiesen worden, daß die These von der Familie als einem relativ autonomen Bereich der Gesellschaft sich teilweise auf empirische Untersuchungen stützen kann, denen zufolge die Befragten überwiegend die Familie als einen privaten Bereich, der allein von ihrer Gestaltung abhängt, ansehen. Wald hat in einer Untersuchung von Industriearbeitern festgestellt, daß mit der eigenen Wohnung, dem Zuhause, die Erwartung verbunden wird, „mit der Familie ‚ganz für sich' leben und die ‚Tür hinter sich zumachen' zu können, einen eigenen Bereich zu haben"[107]. Dort könne man „wieder zu sich selbst" kommen. In der Intimität der Familie werde „nach der Abkehr von einer als fremd und gefährlich erlebten Umwelt Geborgenheit erwartet"[108]. Das gewachsene Bedürfnis nach einem geschützten familialen Privatraum registrieren auch Wurzbacher und Kipp[109]. Diese Illusion von der möglichen „Isolierung der Häuslichkeit als eines in sich geschlossenen, eigenlebigen Daseinsbereiches gegenüber der Berufswelt"[110] ist sicher vorhanden. Die Unterscheidung zwischen dem privaten Bereich der Familie und der öffentlichen Sphäre, die alles jenes umfaßt, was nicht Familie ist, dieses Auseinanderfallen der verschiedenen Lebenssphären im Bewußtsein der Menschen ist angesichts der Abhängigkeit der Familie in allen Tätigkeiten von der Dynamik der Gesamtgesellschaft ideologisch[111]. Damit soll ausgedrückt werden, daß dieses Bewußtsein nicht schlechthin absurd ist, ohne Bezug zur Realität, sondern Ideologie ist „das *unvollständige* Bewußtsein, das eben dadurch irrt, daß es mit einem Teil der Wirklichkeit, mit der bloßen Erscheinung der Dinge, sich genügen läßt"[112]. Diese Diskrepanz zwischen der tatsächlichen Abhängigkeit der Familie vom gesellschaftlichen Zusammenhang und dem Bewußtsein der Unabhängigkeit in dem „privaten" Daseinsbereich ist bedingt durch die Besonderheiten der kapitalistischen Produktion, die es den Gesellschaftsmitgliedern verwehrt, die objektiven Zusammenhänge zwischen dem Produktionsprozeß und ihrem eigenen Lebensbereich voll zu realisieren.

---

[107] Wald, a. a. O., S. 37.

[108] Ebenda, S. 131.

[109] Wurzbacher/Kipp, a. a. O., S. 11.

[110] Schelsky: Wandlungen der deutschen Familie in der Gegenwart, a. a. O., S. 309.

[111] Die Diskrepanz wird durch die Habermassche Kennzeichnung der Familie als eine „Sphäre der Scheinprivatheit" sehr gut erfaßt. (Vgl. Strukturwandel der Öffentlichkeit, a. a. O., S. 174; ebenso in: Arbeit und Freizeit, a. a. O., S. 227.)

[112] W. Hofmann: Ideengeschichte der sozialen Bewegung des 19. und 20. Jahrhunderts, 2. Aufl., Berlin 1968, S. 112.

Für die kapitalistische Produktion ist charakteristisch das Vorherrschen der Warenproduktion, die auf der Tatsache einer Vielzahl unabhängig voneinander produzierender Produzenten beruht. Warenproduktion bedeutet, daß die Produkte nicht für den eigenen Verbrauch bestimmt sind, sondern für den Verkauf auf dem Markt produziert werden[113]. Die Identität zwischen Produzent und Konsument, die die geschlossene Hauswirtschaft ausgezeichnet hatte, ist in der Warenproduktion aufgehoben.

Warenproduktion an sich ist kein Spezifikum kapitalistischer Wirtschaft, auch die mittelalterliche Stadtwirtschaft ist Warenproduktion. Auch bei der gering entfalteten Warenproduktion des Mittelalters sind also Konsument und Produzent nicht mehr identisch, aber jeder Handwerker hatte noch einen ihm bekannten und überschaubaren Kundenkreis, mit dem er unmittelbar beim Verkauf in Kontakt trat. Zudem war infolge der Reglementierung der gewerblichen Tätigkeit durch die Zünfte (Zunftzwang, Solidaritätsgebot, Preisfestsetzungen usw.)[114] allen — Stadt- und Landbewohnern — deutlich, daß die Produktion, der Absatz und damit der Verdienst des einzelnen Handwerkers Ergebnisse bewußter menschlicher Gestaltung waren. Der gesellschaftliche Zusammenhang zwischen Produktion und Konsumtion war auf der Stufe der einfachen Warenproduktion für alle Beteiligten unmittelbar durchschaubar.

Die Überschaubarkeit des gesellschaftlichen Produktions- und Reproduktionsprozesses geht im Stadium der entfalteten Warenproduktion verloren. Ursächlich dafür ist einmal die zunehmende gesellschaftliche Arbeitsteilung und Differenzierung, die das Entstehen von Händlern und Kaufleuten begünstigt, die nun als Vermittlungsglieder zwischen Produzent und Konsument treten. Der Personencharakter der ökonomischen Beziehungen geht dadurch verloren. Zum anderen entsteht in der kapitalistischen Wirtschaft eine zunehmende Arbeitsteilung und Spezialisierung innerhalb der Produktion selbst. Die Herstellung eines Produktes von der ersten bis zur letzten Produktionsstufe innerhalb eines Unternehmens wird zusehends seltener. Vielmehr spezialisieren sich die Unternehmen auf die Fertigung nur einer Produktionsstufe oder auf die Herstellung von Halbfabrikaten, die dann in einem anderen Unternehmen weiterverarbeitet werden. Diese Spezialisierung bedeutet, daß auch im Produktionsbereich zwischen die einzelnen Unternehmen Märkte treten, auf denen die Unternehmer Rohstoffe oder Halbfabrikate anbieten bzw. beziehen müssen.

Für die verschiedenen Märkte für Konsum- und Produktionsgüter produziert eine Vielzahl voneinander unabhängiger Einzelproduzenten. Die Absetzbarkeit seiner Produkte kann vom einzelnen Unternehmer weder für den Produktionsgüter- noch für den Konsumgütermarkt vorausgesehen oder geplant werden. Erst nachträglich stellt sich heraus, ob seine Kalkulation richtig, die Produkte absetzbar waren. Zwar kann und muß der einzelne Kapitalist innerhalb seines Unternehmens die Produktion rationell organisieren und kalkulieren. Die Möglichkeit des Absatzes, die

113 „Um Ware zu werden, muß das Produkt dem anderen, dem es als Gebrauchswert dient, durch den Austausch übertragen werden.“ (K. Marx: Das Kapital, Bd. I, a. a. O., S. 55.)

114 Vgl. dazu Kulischer, Bd. I, a. a. O., S. 192 ff.

Höhe des erzielbaren Preises, und damit auch des Profits, erweisen sich jedoch erst auf dem Markt. Jeder tritt nur auf einem Teilmarkt als ein Anbieter oder Nachfrager unter vielen auf. Sein Absatz, Profit oder günstiger Einkauf hängt nicht nur ab von seinen Konkurrenten auf diesem Teilmarkt, sondern dessen Entwicklung wiederum ist abhängig von der der anderen Teilmärkte und das heißt: vom Gesamtzusammenhang des Produktions- und Konsumtionsprozesses.

Dieser objektive Zusammenhang erscheint den Gesellschaftsmitgliedern nicht als ein Ergebnis der unabhängig voneinander betriebenen, produktiven menschlichen Tätigkeiten, sondern, da auf den Märkten Waren, d. h. schon vergegenständlichte menschliche Arbeiten, getauscht werden, als abhängig von der Bewegung der Waren, die spezifischen Gesetzmäßigkeiten unterliegt.

Zwar ist objektiv die Höhe des Absatzes und des Preises abhängig von dem Zusammenspiel der Handlungen und Planungen vieler einzelner Produzenten und Konsumenten. Das Ergebnis dieses Zusammenspiels beruht jedoch nicht auf bewußter menschlicher Gestaltung. Dadurch ist es für den einzelnen unvorhersehbar und hat für ihn den *Anschein* des Objektiven, Zwangsläufigen, auf den „Sachzwängen" des Marktes Beruhenden. Zwar können die Gesetze der Bewegung der Waren auf dem Markt allmählich von den Menschen erkannt werden, sie stehen „aber auch in diesem Fall ihnen als unbezwingbare, sich von selbst auswirkende Mächte gegenüber... Ihre Erkenntnis kann also zwar vom einzelnen Individuum zu seinem Vorteil ausgenutzt werden, ohne daß es ihm auch dann gegeben wäre, durch seine Tätigkeit eine verändernde Einwirkung auf den realen Ablauf selbst auszuüben"[115]. Die Marktgesetze erscheinen als Naturgesetzlichkeiten, die menschlicher Gestaltung und Veränderbarkeit nicht zugänglich sind.

Für den kapitalistischen Wirtschaftsprozeß charakteristisch ist also einerseits die Existenz von rational geplanten und bewußt gestalteten Teilbereichen und andererseits die Unfähigkeit und Unmöglichkeit einer planvollen Gestaltung des Zusammenwirkens dieser Teilbereiche im gesamtgesellschaftlichen Zusammenhang[116]. Auf dieser Diskrepanz zwischen der Rationalität im einzelnen und der Irrationalität des Ganzen basiert die Unfähigkeit der Gesellschaftsmitglieder, Produktion, Distribution und Konsumtion als einen einheitlichen Lebensprozeß der Gesellschaft zu erkennen. Diese erscheinen vielmehr als verschiedene Sphären, die zufällig und unabhängig voneinander funktionieren[117]. Dies gilt speziell für die räumlich voneinander getrennten Bereiche der Produktion und Konsumtion, da der Konsum überwiegend in dem für den einzelnen vertrauten und überschaubaren Bereich seiner Familie stattfindet. Im Bewußtsein der Beteiligten wird nur die Eigenstruktur jedes Bereiches begriffen, nicht aber der innige Zusammenhang beider. Das Fehlen einer Vorstellung von der Einheit des gesellschaftlichen Lebensprozesses, das Zerfallen der

[115] G. Lukács: Die Verdinglichung und das Bewußtsein des Proletariats, in: ders.: Geschichte und Klassenbewußtsein, Berlin 1923, S. 98.

[116] Vgl. ebenda, S. 103.

[117] Vgl. ebenda, S. 113.

Gesellschaft in einzelne Segmente im Bewußtsein ihrer Mitglieder ist in der kapitalistischen Gesellschaft vorherrschend geworden[118].

Der kapitalistische Unternehmer hat jedoch immerhin noch die Möglichkeit der Gestaltung und rationellen Planung der einzelnen Arbeitsabläufe innerhalb seines Unternehmens. Im Gegensatz dazu ist der unselbständig Beschäftigte im kapitalistischen Betrieb aufgrund seiner anderen Situation noch nicht einmal in der Lage, die prinzipielle Gestaltbarkeit und Veränderbarkeit des Produktionsbereiches eines Betriebes zu erkennen. Im rationell organisierten, kapitalistischen Industriebetrieb beschränkt sich die „Tätigkeit" des Arbeiters auf die stete Wiederholung von Teilfunktionen[119]. Der Zusammenhang der einzelnen Teilfunktionen innerhalb des Betriebes wird hergestellt durch den unternehmerischen Gesamtplan, der dem einzelnen Beschäftigten nicht zugänglich und deshalb von ihm auch nicht durchschaubar ist. Vielmehr tritt ihm dieser konkret nur in den Anweisungen für seine Arbeitsfunktion und damit als ein fremdes, von außen kommendes Gebot gegenüber. Die völlige Fremdbestimmung im Betrieb und die Ausschaltung aller individuell-schöpferischen Fähigkeiten des einzelnen Arbeiters durch die Arbeitszerlegung führen dazu, daß — im Gegensatz zum Unternehmer — für die Unselbständigen auch die Produktion letztlich als ein fremder, nicht gestaltbarer Bereich erscheint, dessen Zusammenhang unklar bleibt und in dem der eigene Beitrag zufällig und sinnlos ist.

Demgegenüber bildet die Familie für die Mehrzahl der Bevölkerung den *einzigen* Bereich, der überschaubar und vertraut ist. Im günstigsten Fall kann hier der einzelne den *Anschein* von Freiheit, Gestaltbarkeit und Sinnhaftigkeit erleben, denn im Familienleben und den damit verbundenen Konsum- und Freizeitfunktionen sind Ansätze zur Selbstbestimmung durch die Möglichkeit und Verfolgung eigener Zielvorstellungen potentiell vorhanden. Indes sind dies lediglich Möglichkeiten, deren Verwirklichung wiederum entscheidend abhängt von den gesellschaftlichen Bedingungen, die die konkrete Familie prägen.

Die tatsächliche tiefe Abhängigkeit der Familie in allen Funktionen vom Gesamtzusammenhang des gesellschaftlichen Produktions- und Reproduktionsprozesses sind oben eingehend dargelegt worden. Einzig vor dem Hintergrund der kapitalistischen Produktionsorganisation kann sich diese Illusion, der Anschein von Freiheit, die Vorstellung von der Möglichkeit einer a-gesellschaftlichen Existenz erhalten. Damit erweist sich die Abhängigkeit der Familie vom gesamtgesellschaftlichen Zusammenhang als fundamental.

118 „Erst der Kapitalismus hat mit der einheitlichen Wirtschaftsstruktur für die ganze Gesellschaft eine — formell — einheitliche Bewußtseinsstruktur für ihre Gesamtheit hervorgebracht." (Ebenda, S. 111.)

119 Diese Folgen der Arbeitszerlegung und die Abhängigkeit von der Maschine hatten in der historischen Entwicklung zunächst ausschließlich nur den Arbeiter in der industriellen Produktion betroffen. Infolge der Rationalisierung und Mechanisierung der Verwaltungsfunktionen gilt diese Beschreibung der Arbeitsbedingungen tendenziell auch für die Angestellten. Vgl. dazu H. P. Bahrdt: Industriebürokratie (a. a. O.).

Die Tatsache, daß die Familie im Bewußtsein vieler Menschen diese hohe Wertschätzung bekommt, als echte Privatsphäre erscheint, in der der einzelne frei bestimmen kann, weil er sein Leben in diesem Bereich gestaltet, hat — wie gezeigt — seine Ursachen in den Besonderheiten des kapitalistischen Produktionsprozesses. Daß die Familie dem einzelnen tatsächlich einzelne Ansätze zur Selbstbestimmung und freien Entscheidung gewähren kann, beruht darauf, daß das Leben in ihr noch nicht vollständig der kapitalistischen Rationalität unterworfen ist. Im Gegensatz beispielsweise zum Unternehmen fehlt der Familie ein einheitlicher Zweck, auf den sämtliche Beziehungen und Verhaltensweisen hin organisiert werden. Die einzelnen Familienmitglieder verbinden — wenn überhaupt bewußt — mit ihrem Leben in der Familie sehr verschiedene Vorstellungen. Die Diffusität der Zwecke erlaubt aber gerade für den einzelnen in der Familie einen — wenn auch begrenzten — individuellen Spielraum[120].

Dieses *Bewußtsein* der Menschen von ihrer Situation, von der tagtäglich erlebten Diskrepanz zwischen der Entfremdung und Fremdbestimmtheit bei der Arbeit und dem Zuhause, das die Illusion vermittelt, tun und lassen zu können, was man will, ein freier Mensch zu sein, hat die Familiensoziologie zutreffend erfaßt. Ein großer Teil der Familiensoziologen deutet dieses Bewußtsein jedoch als Beweis für eine tatsächliche Eigenständigkeit und Eigenstruktur der Familie, für ihre tatsächliche „Ausgegliedertheit aus den gesellschaftlichen Zusammenhängen", für die Isolierung der modernen Familie von der Gesamtgesellschaft, für die Existenz einer abgekapselten Privatsphäre. Die reale Struktur von Gesellschaft und Öffentlichkeit wird mit den Attributen: unsicher, ungewiß, unübersichtlich, undurchschaubar, anonym, unpersönlich, uniform, bürokratisch, rational ... beschrieben, Familie dagegen gekennzeichnet durch: Konkretheit, Vertrautheit, Übersichtlichkeit, Gemeinsamkeit, Harmonie. Verbindungen zwischen beiden Bereichen sind nur äußerlich und berühren nicht die gegensätzlichen Strukturen. Die tatsächliche Abhängigkeit aller Familienaktivitäten von dem gesamtgesellschaftlichen Zusammenhang wird von vielen Familiensoziologen[121] ebensowenig erkannt wie von den Familienmitgliedern selbst.

Damit nimmt die Familiensoziologie das Bewußtsein der Menschen von ihrer Situation schon für die ganze Realität. Sicher ist auch ideologisches oder falsches Bewußtsein eine Realität, insofern nämlich, als es ein wichtiger Faktor für das tatsächliche Verhalten sein kann. Die Soziologie darf sich jedoch nicht mit der Registrie-

---

120 „Im Gegensatz zum öffentlichen Leben hat jedoch der Mensch in der Familie, wo die Beziehungen nicht durch den Markt vermittelt sind und sich die einzelnen nicht als Konkurrenten gegenüberstehen, stets auch die *Möglichkeit* besessen, nicht bloß als Funktion, sondern als Mensch zu wirken." (Horkheimer: Allgemeiner Teil, a. a. O., S. 63, Hervorhebung von mir — H. R.)

121 Neuerdings findet sich eine stärkere Betonung der Beziehungen zwischen Familie und außerfamiliären Bereichen, insbesondere bei Wurzbacher, Scharmann und den ihnen nahestehenden Soziologen. Diese Beziehungen werden jedoch überwiegend als Außenbeziehungen der Familie erfaßt, deren Einfluß auf die binnenfamiliären Verhältnisse selten oder gar nicht berücksichtigt werden.

rung dessen begnügen, was unmittelbar vorfindlich ist. Will sie wirkliche Erkenntnis erreichen, muß sie dieses Bewußtsein, das unmittelbar Vorfindliche, hinterfragen, d. h. das Bild, das sich die Menschen von ihrer Situation machen, mit den Verhältnissen konfrontieren, in denen sie tatsächlich leben und in die sie einbezogen sind.

Diese Möglichkeit ist der bürgerlichen Familiensoziologie deshalb versperrt, weil auch für sie der gesellschaftliche Lebensprozeß zerfallen erscheint in die „unabhängigen, rationalisierbaren und formellen Teilgesetzlichkeiten, die miteinander nur formell zusammenhängen ..."[122] und nach je anderen Prinzipien und „Sachgesetzlichkeiten" funktionieren. Der gesellschaftliche Lebensprozeß wird nicht mehr als *Einheit* erfaßt. Die Gesellschaft zerfällt beispielsweise für König in viele Teilbereiche, „in eine Mannigfaltigkeit einzelner Kultursektoren (Technik, Wirtschaft, Recht, Staat, Religion, Wissenschaft, Kunst und schließlich auch Familie), die relativ unabhängig voneinander funktionieren und ‚autonom' sind"[123]. Daraus wird deutlich, daß jene immer wieder von den Soziologen, insbesondere auch von König[124], geforderte Analyse der Familie in gesamtgesellschaftlicher Perspektive etwas anderes ist als eine Betrachtung der Familie in ihrer ständigen, tiefgreifenden Bestimmung durch den gesellschaftlichen Produktions- und Reproduktionsprozeß. So sagt Schelsky: „... natürlich ist die Familie kein von der Gesamtgesellschaft und ihren Gliederungstendenzen zu isolierendes Gebilde, sondern wird in ihrer Verfassung wesentlich mit durch ihre Einordnung in die größere soziale Umwelt und die daraus folgende Wechselwirkung bestimmt[125]." Soweit ist diesen Ausführungen Schelskys zuzustimmen. Seine Erläuterungen, wie diese innige Verbindung zwischen Familie und Gesellschaft in einer soziologischen Analyse sichtbar gemacht werden können, lassen deutlich werden, daß er beide Bereiche, Familie und Gesellschaft, zunächst als gesondert sieht, zwischen denen dann formelle Beziehungen vorhanden sind: er betrachtet daher die Familie „einmal als Binnenstruktur des Lebens der kleinen Gruppe in sich selbst, zum anderen als die nach außen gewandte und von außen geprägte Strukturgesetzlichkeit ihres Daseins in der Gesellschaft"[126]. Die Totalität des Zusammenhangs zerfällt in einzelne Aspekte[127]. Auch die Soziologie ist damit jener oben beschriebenen Verdinglichung des Bewußtseins verhaftet, durch die die Erkenntnis verdeckt wird, daß gesellschaftliches Zusammenleben immer von den Menschen selbst gemacht und gestaltet wird — sei es bewußt oder unbewußt.

Die politische Funktion solcherart betriebener Wissenschaft ist eindeutig: Indem sie sich im Bestehenden einrichtet, trägt sie zu dessen Verfestigung bei. Bei der Fami-

---

122 Lukács: Die Verdinglichung ..., a. a. O., S. 113.

123 König: Familie und Familiensoziologie, a. a. O., S. 255.

124 Vgl. dazu oben, S. 54 ff.

125 Schelsky: Wandlungen der deutschen Familie in der Gegenwart, a. a. O., S. 322.

126 Ebenda.

127 Für König beschränkt sich die gesamtgesellschaftliche Betrachtung der Familie ebenfalls auf ihre Untersuchung „in bezug auf" einen anderen Bereich. Vgl. dazu oben, S. 62 ff.

liensoziologie ist diese Funktion deutlich nachweisbar. Die behauptete strikte Trennung zwischen Familie und Gesellschaft beruht gerade auf der Vorstellung, daß die einzelnen Segmente, aus denen die Gesellschaft sich zusammensetzt, jedes eine Eigenstruktur entwickelt, „Sachzwängen" ausgesetzt und deshalb prinzipiell nicht veränderbar ist. Dies wird offensichtlich an der überwiegend positiven Bewertung der „Desintegration" der Familie aus der Gesellschaft „als ein Mechanismus zur Stabilisierung der binnenfamiliären Beziehungen gegenüber den unstabilen, gesellschaftlichen Verhältnissen"[128].

Nur so kann die Familie dann für den modernen Menschen den „Hegeraum" (Oeter), den „Schutzraum" (König) bilden, „der für die Persönlichkeit des modernen Menschen gewichtige Ausgleichsfunktionen hat"[129]. Diese Ausgleichsfunktion der Familie wird dann unerläßlich, wenn man davon ausgeht, daß die Struktur dieser Gesellschaft nicht zu verändern ist. Insbesondere auch die Entfremdung und Fremdbestimmung der einzelnen in der Produktion wird als unabänderlich hingenommen. Diese Auffassung tritt offen zutage in der Aussage D.-L. und Th. Scharmanns, daß es *„im Interesse der Erhaltung und Potenzierung der industriellen Arbeits- und Berufsbedingungen"* liege, die Familie als einen „Erholungs- und Schonraum für den modernen Menschen zu schützen und zu fördern"[130].

2. Der Begriff der Familie

Die Möglichkeit, die heutige Familie als Gegenstruktur zur Gesellschaft bestimmen zu können, entsteht für die Familiensoziologie weiterhin dadurch, daß sie *einen* bestimmten Typus von Familie, nämlich den bourgeoisen, als allgemein vorherrschenden postulieren und dadurch die durch die gesellschaftliche Entwicklung hervorgerufenen Differenzierungen innerhalb der Familien weitgehend ausklammern. Da die bürgerliche Familie ökonomisch weitgehend gesichert ist und somit jenen oben beschriebenen Abhängigkeiten nicht in dem Maße unterliegt wie die Familien von Arbeitern, Angestellten und Beamten mit kleinerem und mittlerem Einkommen, kann um so eher der Eindruck von einer tatsächlichen Unabhängigkeit der Familie entstehen.

Die verschiedenen, in der westdeutschen Familiensoziologie vorgenommenen Begriffsbestimmungen weisen zwei Gemeinsamkeiten auf. Einmal wird die Familie

---

128 So beispielsweise bei Lüschen/König, a. a. O., S. 11; allerdings mehren sich in der letzten Zeit die Stimmen, die vor einer positiven Beurteilung der Abkapselungstendenzen der Familie warnen. Neidhardt (Familie in Deutschland, in: Bolte, Neidhardt, Holzer, a. a. O., S. 77 f.) weist — wenn auch nur sehr kurz — darauf hin, daß die These vom familialen Spannungsausgleich die Gefahr in sich berge, die Familie zur Sozialidylle zu verklären und die in ihr vorhandenen Konflikte und Spannungen zu verharmlosen sowie von den außerhalb der Familie liegenden Spannungsquellen abzulenken.

129 Lüschen/König, a. a. O., S. 18; vgl. auch die vorstehende Anmerkung.

130 D.-L. und Th. Scharmann, a. a. O., S. 254 (Hervorhebungen von mir — H. R.).

als eine Gruppe bestimmt, deren „wesentliches und unaufgebbares" Merkmal die Intimität sei[131]. Zum anderen herrscht Übereinstimmung darin, daß die Sozialisation des Nachwuchses die zentrale, eigentliche, ureigenste etc. Aufgabe der Familie sei[132]. Diese Verbindung zwischen Familie und Intimität oder Sentimentalität ist jedoch keine anthropologische Konstante, sondern ein Ergebnis bestimmter historischer Entwicklungen[133]. Brunner hat darauf hingewiesen, daß jene spezifische Gefühlsbetontheit, die wir heute mit dem Wort Familie verbinden, diesem Begriff erst seit seinem Eindringen in die deutsche Umgangssprache im 18. Jahrhundert anhaftet[134]. Als Voraussetzungen dafür nennt er die Herauslösung der engeren städtischen Kleinfamilie aus dem „ganzen Haus". Während in ihm Ratio und Gefühl zwar in ständiger Spannung gestanden hätten, aber zwischen beiden immer auch ein Ausgleich erfolgen konnte und mußte, trete mit der Aufspaltung des „ganzen Hauses in Betrieb und Haushalt der ‚Rationalität' des Betriebes die ‚Sentimentalität' der Familie gegenüber"[135].

Mit dieser historischen und ökonomischen Verortung der „modernen" Familienform hat Brunner die Voraussetzungen, auf denen der wesentlich durch die innigen Gefühle aller Beteiligten zueinander gekennzeichnete Typus von Familie — wie er auch dem oben skizzierten soziologischen Familienbegriff zugrunde liegt — angedeutet.

Die diesen Familientypus fundierenden Voraussetzungen sind folgende: einmal die tatsächliche Trennung von Haushalt und Betrieb, d. h. die Befreiung des Familienverbandes von seinen ehemals produktiven Funktionen. Zudem muß die materielle Basis des familiären Lebens so gewährleistet sein, daß die Sorge um sie bzw. ihre Sicherung nicht mehr — wie im „ganzen Haus" — im Zentrum des Familienlebens

---

131 Vgl. König: Soziologie der Familie, in: Handbuch der empirischen Sozialforschung, Bd. II, a. a. O., S. 237; ders.: „Materialien ...", a. a. O., (Begriffsbestimmung); Schelsky: Wandlungen der deutschen Familie in der Gegenwart, a. a. O., S. 354 f.; Neidhardt: Die Familie in Deutschland, in: Bolte, Neidhardt, Holzer a. a. O.; Claessens: Familie und Wertsystem, a. a. O., S. 153.

132 König sieht in der Bildung der sozial-kulturellen Persönlichkeit geradezu das „Wesen" der Familie („Materialien ...", a. a. O., S. 79; ders.: Soziologie der Familie, in: Gehlen, Schelsky (Hrsg.): Soziologie, a. a. O., S. 124 f.). Die Behauptung, daß die Sozialisation die eigentliche Aufgabe der Familie sei, findet sich auch bei Neidhardt: Die Familie in Deutschland, in: Bolte, Neidhardt, Holzer, a. a. O., S. 66; implizit ist diese Auffassung auch bei Claessens (Familie und Wertsystem, a. a. O.) vorhanden.

133 Vgl. Horkheimer: Allgemeiner Teil, a. a. O., S. 14; R. Briffault: Family Sentiments, in: Zeitschrift für Sozialforschung, Bd. II (1933), S. 355 ff.

134 Vgl. Brunner, a. a. O., S. 33 f.; auch Weber-Kellermann weist darauf hin, daß in der Sozialform des „ganzen Hauses" die Gefühle nicht den ersten Platz einnahmen und „die Verbindung von Familie und häuslicher Gemütlichkeit ... erst das *bürgerliche* 19. Jahrhundert" vollzog. (Kontinuität und Familienstruktur, in: H. Bausinger und W. Brückner [Hrsg.]: Kontinuität? Geschichtlichkeit und Dauer als volkskundliches Problem, Berlin 1969, S. 148; Hervorhebung von mir — H. R.)

135 Brunner, a. a. O., S. 33 f.

steht und damit Raum frei wird für die vornehmlich gefühlsmäßige Verbundenheit aller Mitglieder. Dies impliziert zugleich, daß zumindest die Frau und die Kinder von den produktiven Funktionen freigestellt sind, das häusliche Leben zum spezifischen Daseinsbereich der Frau wird und sie zudem sich der Erziehung ihrer Kinder *bewußt* und *andauernd* widmen kann.

Die Trennung zwischen Haushalt und Betrieb war oben als ein Spezifikum der kapitalistischen Wirtschaft beschrieben worden. Brunner gibt zwar das 18. Jahrhundert für das Eindringen des Wortes Familie in die deutsche Umgangssprache an, man kann jedoch, da in Deutschland sich die Entwicklung der kapitalistischen Wirtschaftsweise später als in den westeuropäischen Staaten vollzog, davon ausgehen, daß sich die Bezeichnung „Familie" erst Ende des 18. Jahrhunderts[136] in größeren Bevölkerungskreisen ausbreitet.

Um festzustellen, in welchen Bevölkerungsgruppen und in welchem Ausmaß dieser Familientypus tatsächlich vorhanden war, müssen die Arbeits- und Lebensbedingungen der einzelnen Bevölkerungsgruppen um 1800 untersucht werden. Ende des 18. und zu Beginn des 19. Jahrhunderts war Deutschland noch ein weitgehend agrarisches Land. Nach dem geringeren Zahlenmaterial, das für diese Zeit vorhanden ist, liegt der Anteil der in den Städten lebenden Bevölkerung zwischen 20 und 25 Prozent[137], wobei zu bedenken ist, daß die Städte damals meistens sehr klein waren und ein ländliches Gepräge hatten[138].

Die Bevölkerung läßt sich grob in fünf Kategorien gliedern: die selbständigen Bauern, die Nebenerwerbslandwirte und die Hausgewerbetreibenden, die Handwerker und kleinen Krämer, die Eigentumslosen (Landarbeiter und Gewerbearbeiter) und das kapitalistische Bürgertum und Großbürgertum.

Bei den *Bauern* sind Produktions- und Lebensprozeß noch immer miteinander verschmolzen. Alle Haushaltsmitglieder wirken bei der Arbeit mit. Die gemeinsame Arbeit steht im Mittelpunkt des täglichen Lebens, und die gesamte Lebensweise richtet sich nach den Erfordernissen der Produktion. Gegenüber der geschlossenen Hauswirtschaft hat sich lediglich eine Verschiebung zugunsten der Warenproduktion vollzogen.

Seit Beginn des 18. Jahrhunderts breitet sich wegen des städtischen Zunftzwangs vornehmlich auf dem Land die *Heimindustrie* aus. Diese tritt sowohl als ausschließliche Beschäftigung als auch in Verbindung mit einer kleineren Landwirtschaft auf.

---

[136] So auch Oeter (Die Familie als soziale Funktionseinheit, in: ders. [Hrsg.]: Familie und Gesellschaft, a. a. O., S. 1).

[137] Vgl. die Angaben für Württemberg, das Großherzogtum Hessen und Schlesien bei Häpke (Die Bevölkerung des Mittelalters und der neueren Zeit bis Ende des 18. Jahrhunderts in Europa, in: Handwörterbuch der Staatswissenschaften, Bd. II, 4. Aufl., Jena 1924, S. 676), für Preußen bei Kulischer (Bd. II, a. a. O., S. 8).

[138] Vgl. dazu die Zahlenangaben G. Schmollers: Zur Geschichte der deutschen Kleingewerbe im 19. Jahrhundert, Halle 1870, S. 193 ff.

Für beide Haushaltstypen kennzeichnend ist die Beteiligung aller Haushaltsmitglieder — selbst der kleinen Kinder — an der Erwerbstätigkeit. Auch hier steht im Zentrum des Familienlebens die gemeinsame Sorge um die Beschaffung des Lebensunterhalts, die je nach Konjunktur mehr oder weniger drückend ist. Die starke Marktabhängigkeit bzw. Abhängigkeit vom kapitalistischen Verleger unterscheidet diesen Haushaltstyp vom bäuerlichen[139]. Aber wie beim bäuerlichen Haushalt richtet sich der Ablauf des täglichen Lebens nach den Erfordernissen der Erwerbstätigkeit. Produktion und Familienleben stehen in enger Verbindung miteinander. Gleiches gilt für die Hausindustrie in den Städten. Ebensowenig wie in der bäuerlichen Familie wird bei den Heimarbeitern besondere Aufmerksamkeit auf die Erziehung oder Ausbildung der Kinder verwendet. Diese werden vielmehr seit frühester Kindheit zur Mitarbeit angehalten[140], und insbesondere in Zeiten wirtschaftlicher Not ist ihre Arbeitszeit und -leistung erheblich[141].

Die Haushalte der *Handwerker* differieren je nach Ort und Größe erheblich. Selbst wenn nicht — wie in den anderen geschilderten Haushaltstypen — alle Familienmitglieder an der Produktion beteiligt sind, so findet die handwerkliche Produktion noch häufig im Haus des Meisters statt[142]. Betrieb und Haushalt bilden vielfach noch eine Einheit. Da der Anteil der Eigenproduktion bis in die Mitte des 19. Jahrhunderts mit Ausnahme der Proletarier- und einiger Heimarbeiterhaushalte noch recht groß ist[143], die Handwerker in kleinen und mittleren Orten noch Landwirtschaft nebenbei betreiben[144], sind die Frauen — und wahrscheinlich auch die Kinder — von der wirtschaftlichen Tätigkeit nicht freigestellt. Die Not des Handwerksstandes wird in der Literatur anschaulich dargestellt, so daß man sich leicht vorstellen kann, welchen Stellenwert die Produktion und damit die Sicherung des Lebensbedarfs im Dasein dieser Familien hatte[145]. Entsprechendes dürfte für die kleinen Krämer gelten.

Bei den Eigentumslosen, den *Lohnarbeitern* in Landwirtschaft und Gewerbe, ist die Trennung zwischen Haushalt und Arbeitsstätte durchgängig vorhanden. Die Existenz dieser Familien ist vollständig von dem Arbeitseinkommen abhängig. Wenn der Verdienst des Mannes nicht ausreichte, mußten Frau und Kinder mitverdienen. Bei den elenden Lebensbedingungen der Arbeiterfamilien ist dieser Fall keineswegs die Aus-

139 Vgl. L. Schneider: Der Arbeiterhaushalt im 18. und 19. Jahrhundert, a. a. O., S. 27, Anm. 48.

140 Vgl. L. Schneider, a. a. O., S. 27; vgl. auch Mackenroth, a. a. O., S. 363, 368.

141 Vgl. dazu L. Schneider, a. a. O., S. 80.

142 Vgl. W. Sombart: Die deutsche Volkswirtschaft im neunzehnten Jahrhundert und im Anfang des 20. Jahrhunderts, 7. Aufl., Berlin 1927, S. 56.

143 Vgl. ebenda, S. 32.

144 Vgl. ebenda, S. 33; ebenso bei W. Sombart: Der moderne Kapitalismus, Bd. I, Leipzig 1902, S. 445 ff.

145 Vgl. dazu Schmoller, a. a. O.; für das 18. Jahrhundert: ebenda, S. 13 ff., insbes. S. 19; für die Mitte des 19. Jahrhunderts: ebenda, S. 96 ff.

nahme[146]. Spezifisch für die Arbeiterfamilie ist, daß die einzelnen Familienmitglieder unterschiedliche Arbeitsplätze haben. Durch die hohe außerhäusliche Erwerbsquote der Frauen wird der Anteil der Eigenproduktion an Nahrung, Kleidung etc. auf ein Minimum reduziert. Dadurch sind gerade diese Familien nicht nur völlig von der Beschäftigungslage, sondern auch von den Preisschwankungen abhängig[147]. Unter diesen Lebensbedingungen war es selbstverständlich, daß der Erziehung und Ausbildung der Kinder keine Aufmerksamkeit zugewendet werden konnte. Kinder mußten im Gegenteil so früh wie möglich mitverdienen[148]. Insbesondere die Schulpflicht kollidierte bei vielen Familien mit der Notwendigkeit der Kinderarbeit[149]. Es ist offensichtlich, daß im Zentrum des Familienlebens die Sorge um die Sicherung des notwendigen Lebensunterhalts steht.

Der Typus der *großbürgerlichen Familie* ist ebenfalls durch die Trennung von Betrieb und Wohnung gekennzeichnet[150]. Hier ist jedoch durch die Verfügung über ein beträchtliches Produktivvermögen die ökonomische Sicherheit der Familie gewährleistet. Obwohl in einem großen Teil dieser Familien eine ausgedehnte Vorratswirtschaft betrieben wird, fallen der Hausfrau vornehmlich beaufsichtigende Funktionen zu. Ungefähr seit dem Ende des 18. Jahrhunderts erhalten auch die Mädchen und Frauen des Großbürgertums eine Ausbildung, die über die zur Haushaltsführung unbedingt notwendigen Kenntnisse hinausreicht[151]. Erst in dieser Atmosphäre der ökonomischen Sicherheit, die Frauen und Kinder der Notwendigkeit zur Mitarbeit enthebt, kann die gefühlsmäßige innige Verbundenheit aller Familienmitglieder in das Zentrum des Zusammenlebens rücken, können die Mütter — und zum großen Teil auch die Väter — sich bewußt und andauernd der Erziehung und Ausbildung ihrer Kinder zuwenden[152] und diese Funktion auch als eine für ihr Familienleben zentrale empfinden.

Diese Übersicht über die Haupttypen der Familie zu Ende des 18. und Beginn des 19. Jahrhunderts hat einmal gezeigt, daß die Trennung zwischen Haushalt und Arbeitsplatz bzw. Betrieb bis in die Mitte des 19. Jahrhunderts hinein nur bei einem kleinen Teil der Bevölkerung, den Lohnarbeitern und der Bourgeoisie, vorhanden ist. Zum anderen ist deutlich geworden, daß ein Begriff von Familie, der als konsti-

---

146 Vgl. dazu die Schilderungen L. Schneiders, a. a. O., S. 98 ff. und 117 ff.; besonders eindrucksvoll sind auch die Untersuchungen Freudenthals, a. a. O.

147 Vgl. L. Schneider, a. a. O., S. 122 ff.

148 Daß frühe Gewöhnung der Kinder an regelmäßige Arbeit deren Werdegang nur förderlich sein könne, weil sie dadurch nicht dem Müßiggang anheim fallen, ist die im 18. Jahrhundert herrschende Auffassung bürgerlicher Autoren. Vgl. dazu Kulischer, Bd. II, a. a. O., S. 186 ff.

149 Vgl. L. Schneider, a. a. O., S. 109 f.

150 Vgl. dazu Egner: Epochen im Wandel des Familienhaushalts, a. a. O., S. 75.

151 Vgl. die Darstellung bei E. Blochmann: Das „Frauenzimmer" und die „Gelehrsamkeit", Heidelberg 1966, S. 19 f.

152 Vgl. die Beispiele ebenda, S. 20 ff.

tutive Merkmale die Intimität der Beziehungen und die zentrale Bedeutung der Sozialisation der Kinder betont, nur auf die in ökonomischer Sicherheit lebende Familie des wohlhabenden Bürgertums zutrifft. Dessen Anteil an der Bevölkerung ist jedoch außerordentlich gering. Selbst noch um 1900, in der Blütezeit des Hochkapitalismus, beziffert Sombart den Anteil der Bourgeoisklasse an der Bevölkerung in Deutschland auf drei bis fünf Prozent[153].

Eine Ursache für die Ausklammerung des bestimmenden Einflusses der Produktionsverhältnisse auf Struktur und Funktion der Familie, die erst die Voraussetzung für die Verallgemeinerung eines spezifischen Familientypus durch die Soziologen schafft, besteht darin, daß sich der ehemals enge Zusammenhang zwischen der Fähigkeit zur Familiengründung und der für die Existenz der Familie notwendigen ökonomischen Basis *formal* immer stärker gelöst hat — so weit, daß heute in den entwickelten kapitalistischen Gesellschaften die individuelle Entscheidung zweier Menschen sowohl von diesen selbst als auch von den anderen Gesellschaftsmitgliedern als ausreichendes Fundament für die Eheschließung und Familiengründung angesehen wird. Dadurch entsteht der Eindruck, Ehe und Familie seien etwas vollständig Privates und aus dem gesamtgesellschaftlichen Zusammenhang herausgelöst.

In der Zeit des Übergangs von der agrarisch-ständischen über die früh- und hochkapitalistische bis zur spätkapitalistischen Gesellschaft unserer Tage hat sich in den Beziehungen zwischen Familie bzw. Familiengründung und Produktion folgende Entwicklung vollzogen:

In der vorkapitalistischen Epoche Mitteleuropas ist die Möglichkeit der Familiengründung geknüpft an den Besitz einer ökonomischen Vollstelle. In der Landwirtschaft umfaßt eine solche Stelle einen bäuerlichen Betrieb, dessen Größe auf die Arbeits- und Konsumfähigkeit einer Familie abgestimmt ist. Die Inhaber anderer Arbeitsplätze, die keine ausreichende Ernährungsbasis für eine Familie abgeben — und das sind auf dem Lande alle anderen außer der Bauernstelle — sind von der Eheschließung und Familiengründung ausgeschlossen und — da außereheliche Fortpflanzung moralisch und religiös verpönt ist — praktisch sozial sterilisiert[154]. Die Begrenztheit des Bodens, die nur zeitweilig durch die Ostkolonisation des Früh- und Hochmittelalters aufgehoben wird, bedeutet, daß die Zahl der Vollstellen praktisch für lange Jahre unverändert bleibt, d. h. aber, nur ein geringer Teil der ländlichen Bevölkerung zur Familiengründung fähig ist. Im Gewerbe wird diese Regelung übernommen. Was auf dem Lande durch die Hufenverfassung gewährleistet ist —

153 Sombart: Die deutsche Volkswirtschaft, a. a. O., S. 449. Hingegen gehören 67,5 %, also mehr als zwei Drittel der Bevölkerung zum „niedrigen Volk", der arbeitenden Bevölkerung (ebenda, S. 457 f.). Den Rest bildet das hauptsächlich aus Handwerkern bestehende Kleinbürgertum (ebenda, S. 460). Zugleich registriert Sombart eine „Verschiebung des gesellschaftlichen Schwergewichts aus der Handwerkerklasse in die das kapitalistische Wirtschaftssystem vertretenden Klassen, was Wohlhabenheit, Bildung und soziale Geltung überhaupt betrifft." (Ebenda, S. 462 f.)

154 Vgl. Mackenroth, a. a. O., S. 421 ff.

nämlich die rechtliche und soziale Bindung zwischen der Möglichkeit zur Familiengründung und dem Besitz einer ökonomischen Vollstelle —, leistet im gewerblichen Sektor die Zunftverfassung. „Der Zunftmeister ist Inhaber der Vollstelle, er ist verheiratet und Familienvater, der ‚Junggeselle' ist Inhaber einer Nicht-Vollstelle, eines Arbeitsplatzes, der nicht tragfähig ist für eine Familie, er wird daher bis zum Aufrücken in eine Vollstelle durch Ehelosigkeit sterilisiert"[155]. Im Handwerk beginnen schon im Mittelalter die Tendenzen zur Einschränkung der Zahl der Meisterstellen[156]. Im 18. Jahrhundert wird dann die Schließung der Zünfte zu einer allgemeinen Erscheinung[157]. Für die Handwerksgesellen besteht die einzige Möglichkeit, eine Meisterstelle zu erlangen, ein sozial gebilligtes Familien- und Sexualleben zu führen, legitime Kinder und Erben zu zeugen, in der Heirat der Meistertochter oder — im ungünstigen Fall — der -witwe[158].

Durch diese Zweiteilung der gesamten Arbeitsplätze in solche, die eine Familiengründung erlauben, und solche, deren Inhaber zur Ehelosigkeit gezwungen werden, ist allen Gesellschaftsmitgliedern die Bedeutung einer ausreichenden ökonomischen Basis für die Existenz einer Familie völlig klar. Sowohl die Familiengründung als auch der tatsächliche Ablauf des täglichen Familienlebens wird von den Erfordernissen der Produktion bestimmt.

Diese enge Beziehung zwischen der ökonomischen Basis und der Fähigkeit zur Familiengründung wird gelöst durch das Aufkommen der Heimindustrie. Es entsteht der Typus der Nebenerwerbslandwirte, bei denen die Größe der Äcker und Wiesen nicht mehr ausreichend für die Familienexistenz sein müssen, da durch die Heimindustrie zusätzliches Geldeinkommen erworben werden kann. Bei vielen reicht das durch die Heimarbeit zu erzielende Einkommen bei Mitarbeit der Frau zur Familiengründung „auf bodengelöster Grundlage" aus. „Das Fundament der Ehe war allein die Hoffnung auf Fortdauer des Verdienstes aus Heimarbeit"[159]. Dadurch ändert sich auch die Einstellung zur Ehe, die nun in erster Linie als persönliche Angelegenheit der Eheschließenden und nicht mehr unter dem Gesichtspunkt der Kontinuität und Bindung an eine bestehende wirtschaftliche Institution angesehen wird[160]. Die mit der Bindung an eine ökonomische Vollstelle einhergehenden rechtlichen Beschränkungen der Familiengründung sind somit zwar unterminiert, der faktische Ablauf des familiären Lebensprozesses wird jedoch — durch die Einheit von Betrieb und Haushalt — nach wie vor ganz entscheidend durch die enge Verbindung mit der Produktion bestimmt.

---

155 Ebenda, S. 431.

156 Vgl. Kulischer, Bd. I, a. a. O., S. 203.

157 Vgl. Kulischer, Bd. II, a. a. O., S. 142.

158 Vgl. die Schilderungen bei H. Möller: Die kleinbürgerliche Familie im 18. Jahrhundert, Berlin 1969, S. 26 ff., S. 96 ff.

159 L. Schneider, a. a. O., S. 25.

160 Vgl. ebenda.

Bei der im 19. Jahrhundert rapide anwachsenden Zahl der eigentumslosen Lohnarbeiter wird ebenfalls die Arbeitsfähigkeit der beiden Partner als ausreichende Basis für eine Eheschließung und Familiengründung angesehen. Die Verbindung sowohl zwischen Familiengründung als auch des Ablaufs eines großen Teils des familiären Lebensprozesses und der Produktion besteht bei den Lohnarbeitern jedoch ausschließlich über das in fremdbestimmter Arbeit erworbene Einkommen. Der an sich sehr enge Zusammenhang zwischen Familie und Produktion erscheint damit abstrakter als in der vorkapitalistischen Epoche, in der eine Familiengründung rechtlich an eine die Existenz der Familie ökonomisch sichernde Vollstelle gebunden war. Jetzt bildet kein bestimmter Arbeitsplatz in einer bestimmten Produktionsstätte die Basis des Familienlebens, sondern die Vermittlung zwischen Familie und Produktion vollzieht sich über den (Arbeits-) Markt, auf dem der Arbeiter seine Arbeitskraft anbietet. Die Herstellung der Verbindung über den Markt und die Reduktion der Arbeitskraft zur Ware bewirken im übrigen jene oben schon beschriebene Verdinglichung des Bewußtseins vom Zusammenhang der verschiedenen gesellschaftlichen Sphären und erwecken dadurch den Anschein der Unabhängigkeit der Familie von den Bedingungen der Produktion und den anderen gesellschaftlichen Bereichen.

Durch diese immer größere Teile der Bevölkerung betreffende Trennung zwischen Arbeitsplatz und Wohnung gerät die moderne städtische Familie, auch des Lohnarbeiters, in die Nähe des Typus der bürgerlichen Familie, für die jene Trennung ebenfalls konstitutiv war. Durch diese äußerliche Annäherung der Familienformen ist es der Soziologie erst möglich geworden, jenen am Typus der bürgerlichen Familien orientierten Familienbegriff zu verallgemeinern und damit diesen Familientypus als vorherrschenden auszugeben, der die Trennung zwischen Wohnung und Arbeitsplatz, die umfassende und langfristige materielle Sicherheit sowie die Befreiung der Frauen und Kinder von produktiven Funktionen zur Voraussetzung hat.

Die erste Voraussetzung ist heute bei allen Familien überwiegend vorhanden. Auch die Kinder sind bis zur Beendigung der Schul- und Berufsausbildung von der Eingliederung in den Produktionsprozeß ausgenommen. Für eine große Zahl verheirateter Frauen trifft dies jedoch nicht zu[161]. Bei der Mehrzahl der Familien, die der Arbeiter, der kleinen und mittleren Angestellten, hat jedoch — wie oben eingehend beschrieben — die Sicherung des Lebensunterhalts nach wie vor objektiv die zentrale Bedeutung in ihrem täglichen Leben.

Selbst wenn man davon ausgeht, daß in den meisten Familien sich die Beziehungen der einzelnen Mitglieder zueinander im Medium der Intimität und Vertrautheit ab-

---

161 1965 waren 50 % der erwerbstätigen Frauen verheiratet. Die Zunahme der Frauenerwerbstätigkeit seit 1950 beruht weitgehend auf der verstärkten Berufstätigkeit von Ehefrauen und Müttern. 1962 war jede vierte erwerbstätige Frau eine Mutter mit schulpflichtigen oder kleinen Kindern. (Vgl. Bericht der Bundesregierung über die Situation der Frauen in Beruf, Familie und Gesellschaft, Bonn 1966, S. 62 und S. 64.)

spielen, so bedeutet die Betonung der Intimität als *wesentliches* und unaufgebbares Merkmal der Familie angesichts der tatsächlichen umfassenden Abhängigkeit der Mehrzahl der Familien in allen ihren Funktionen von der Stellung ihrer Ernährer im Produktionsprozeß[162] und von dessen Entwicklung eine völlige Formalisierung des Begriffs der Familie.

Von einer Atmosphäre der materiellen Sicherheit und Wohlhabenheit kann lediglich bei der kleinen Gruppe der hochverdienenden Angestellten und Beamten sowie der Selbständigen mit mittleren und großen Betrieben die Rede sein. In den Familien dieser „gehobenen oder oberen Mittelschicht" nimmt die Erziehung und Ausbildung der Kinder im Familienleben eine zentrale Stellung ein[163]. Einzig auf diese Familien, die die Tradition der großbürgerlichen Familie fortsetzen, trifft der anfangs skizzierte Familienbegriff zu.

Die starke Fixierung eines Teils der bürgerlichen Soziologen auf den klassischen Typ der großbourgeoisen Familie soll an folgendem deutlich gemacht werden. Schelsky sieht den „wesensgemäßen Platz" der Frau in der Familie, da sie stärker als der Mann aus habituellen Wesensschichten heraus lebe[164]. Dadurch, daß die Frau zunehmend in die außerfamiliären Bereiche einbezogen wird, bestehe die Gefahr, daß die Familie die ihr bislang noch gebliebenen Funktionen, „nämlich der Erziehung der Kinder in einer Sphäre persönlicher Vertrautheit und Fürsorge, der Isolierung der Häuslichkeit als eines in sich geschlossenen, eigenlebigen Daseinsbereichs gegenüber der Berufswelt ... zunehmend"[165] einbüße. An der Schilderung dieser Sozialidylle wird vollends deutlich, daß es sich hierbei keineswegs um die Familien handeln kann, die in der deutschen Gesellschaft des 19. und 20. Jahrhunderts zahlenmäßig bei weitem überwiegen, nämlich die Familien der Bezieher kleinerer und mittlerer Einkommen. Die Tendenz zur Verklärung des „Wesens" der bürgerlichen Frau und des bürgerlichen Familienlebens und deren Verallgemeinerung hat Blochmann schon für das 19. Jahrhundert nachgewiesen: „in den esoterischen Wesenskräften der Frau (wird) die Garantie einer überzeitlich heilen Welt gesehen, die mehr oder weniger

---

[162] Darauf verweist u. a. auch die hohe Quote der berufstätigen Ehefrauen und Mütter. Außerdem geben 55 % der befragten städtischen Mütter als Hauptgesprächsthema (an 1. Stelle genannt) finanzielle und wirtschaftliche Fragen des Haushaltes an. (Vgl. Wurzbacher und Kipp, a. a. O., S. 27.) Leider sind die Befragten lediglich dahingehend unterschieden, ob sie selbst berufstätig sind oder nicht. Sonstige Differenzierungen (z. B. nach Haushaltseinkommen) fehlen.

[163] Vgl. z. B. die leider mit sehr undifferenzierten Kategorien arbeitende Studie von Neidhardt: Schichtspezifische Elterneinflüsse im Sozialisationsprozeß (a. a. O.). Nicht nur die allgemeine Intelligenzausbildung ist schichtspezifisch geprägt, sondern auch die Lernunterstützungen, die von der eigenen Ausbildung der Eltern und den finanziellen Möglichkeiten abhängen. (Vgl. ebenda, S. 192.) Auch Wurzbacher und Kipp (a. a. O., S. 15 f.) registrieren eine überdurchschnittlich große Anzahl von Eltern, die sich nicht um die Schularbeiten der Kinder kümmern, bei den beruflich und bildungsmäßig Benachteiligten.

[164] Vgl. Schelsky: Wandlungen der deutschen Familie in der Gegenwart, a. a. O., S. 198.

[165] Ebenda, S. 309.

bewußt als Gegenkraft gegen die Realität beschworen wird. Die bürgerliche Familie, deren „Seele" die Frau ist, hat begonnen, als Oase des Friedens in einer unheimlicher werdenden Welt empfunden zu werden[166]."

Dieser Fixierung an den bürgerlichen Familienbegriff sind allerdings auch die Vertreter der „Frankfurter Schule" — obwohl ansonsten vehemente Kritiker der bürgerlichen Familiensoziologie — verfallen. Insbesondere in den Studien über „Autorität und Familie" sowie in den „Soziologischen Exkursen" wird die großbürgerliche Familie — bei aller Kritik an ihren repressiven Funktionen — zum Idealbild von Familie schlechthin stilisiert. Heute könne sich das Kind durch die tatsächliche Schwäche des Vaters in der Gesellschaft (als Folge seiner Eigentumslosigkeit) nicht länger mit ihm identifizieren, „nicht länger jene Verinnerlichung zustande bringen, die bei all ihren repressiven Momenten entscheidend beteiligt war an der Bildung des autonomen Individuums"[167]. D. h. aber nichts anderes, als daß lediglich die autoritär strukturierte, großbourgeoise Familie im günstigen Falle das autonome, Ichstarke Individuum heranbilden konnte. Alle anderen, insbesondere die neueren Entwicklungen von Familie können dagegen nur noch als „Verfall" begriffen werden[168].

Auch Habermas gibt in „Strukturwandel der Öffentlichkeit" die strukturellen Wandlungen der bürgerlichen Familie unversehens als allgemeine aus[169]. Diese Verallgemeinerung des Begriffs der bürgerlichen Familie hat vielfältige Ursachen. Eine liegt zweifellos darin, daß die Wissenschaft — auch die Soziologie — überwiegend von Angehörigen der oberen Mittelschicht betrieben wird.

3. Die Familie als anthropologische Konstante

Eine weitere Ursache dafür, daß die Familie aus den realen Abhängigkeiten und Bestimmungsgründen des Familienlebens in den verschiedenen Bevölkerungsschichten herausgelöst wird, besteht in dem anthropologischen Ansatz der meisten Familiensoziologen und — damit zusammenhängend — der weitgehenden Ausklammerung der historischen Dimension aus ihrer Wissenschaft. Familie erscheint als ein immerwährender, gleichsam „ewiger" Grundsachverhalt des menschlichen Zusammenlebens.

Diejenigen Soziologen, die wie Schelsky die Familie als Institution untersuchen, legen eine Institutionentheorie zugrunde, die die Existenz von Institutionen entweder

---

166 Blochmann, a. a. O., S. 67 f.

167 Institut für Sozialforschung, a. a. O., S. 126 f.

168 Vgl. Wagner: Protokoll der Sitzung über familiensoziologische Probleme, a. a. O., S. 335. Hier wird das Idealbild der bürgerlichen Familie am krassesten und auch erschreckendsten gemalt (S. 344 f.) und dem „Verfall" der heutigen Familie und ihrer Leistungen gegenübergestellt. Vgl. beispielsweise auch die Klagen über den Mangel „an substantieller, wirklicher erfahrener Bildung" bei den heutigen Studenten. (Institut für Sozialforschung, a. a. O., S. 125.)

169 Vgl. ebenda, S. 169 ff.

aus der menschlichen Natur herleitet oder sie metaphysisch begründet[170]. Schelsky selbst erklärt das Vorhandensein von Institutionen aus der spezifischen menschlichen Plastizität der Antriebe, die durch die Institutionen in „Führung und Zucht“[171] genommen werden. Das führt zu der Feststellung, daß Institutionen in allen menschlichen Gesellungsformen notwendig vorhanden sind. Institutionen sind somit Invarianten des menschlichen sozialen Daseins.

Die behandelten Gruppentheorien haben ebenfalls zum Ziel die Suche nach den Invarianten[172]. Eine dieser real vorfindlichen Invarianten ist die kleine Gruppe, die als solche schon spezifisch strukturiert erscheint. Die Gruppe ist eine Grundeinheit der menschlichen Gesellung, in Vierkandts Terminologie, eine von den „letzten Tatsachen, bei denen die Betrachtung Halt machen muß“[173].

Beide, Institutionentheorie und Gruppentheorie, beschäftigen sich also mit den Invarianten, die in allen Gesellschaften aufweisbar sind. Als Ursachen für die Existenz derartiger Invarianten kommen eigentlich nur anthropologische oder biologische Bedingungen in Frage. Bei der Behandlung der Familie als Institution oder Gruppe bietet sich der Rückgriff auf die biologischen Sachverhalte ganz besonders an. Schelsky sieht die Entstehung und den Bestand der Institutionen Ehe und Familie primär bedingt durch „das spezifische Fürsorgeverhältnis, das beim Menschen zwischen Mutter und Kind gesetzt ist ...“[174], d. h. durch die ungewöhnlich lange Zeit der Kindheit und Unfertigkeit beim Menschen. Die „Verwurzelung im biologischen Untergrund“[175] ist nach Schelskys Ansicht kennzeichnend für die Familie.

König grenzt sich bei seiner Begriffsbestimmung der Familie von direkten Analogien zwischen Tier- und Menschenfamilie ab und warnt vor „einer allzu einseitigen biologischen Auffassung der Familie“[176]. Paarung und die daraus erwachsene Zeugungsgruppe bei Tieren sei nur eine „Keimform“ der Familie. Paarung, Zeugung und Kinderaufzucht seien prinzipiell auch außerhalb der Familie möglich. Das

---

170 Vgl. oben, S. 33 ff.

171 Schelsky: Über die Stabilität von Institutionen, insbesondere Verfassungen, a. a. O., S. 272.

172 Vgl. Vierkandt: Gesellschaftslehre, a. a. O., S. 4; Homans: Theorie der sozialen Gruppe, a. a. O., S. 14; Parsons: The Social System, a. a. O., S. 20.

173 Vierkandt: Gesellschaftslehre, a. a. O., S. 19. Für König ist die Gruppe „die oberste Konstante ... in allem sozialen Dasein ...“ („Materialien ...“, a. a. O., S. 53).

174 Schelsky: Soziologie der Sexualität, a. a. O., S. 27. Schelsky betont dort (S. 28) zwar auch die Tatsache, daß die Familie eine *„ökonomische Einrichtung und Gemeinschaft darstellt“*, diese verdanke ihre Stabilität jedoch primär den Sicherheits- und Fürsorgeleistungen der Eltern gegenüber den Kindern und der Ehegatten untereinander (S. 29). Damit ist die ökonomische Funktion wiederum nur eine Folge der biologischen Fundierung.

175 Ders.: Wandlungen der deutschen Familie in der Gegenwart, a. a. O., S. 11.

176 König: „Materialien ...“, a. a. O., S. 68.

„Wesen“ der menschlichen Familie liege hingegen in der sozial-moralischen Erziehung der Nachkommenschaft, in dem Aufbau der sozial-kulturellen Persönlichkeit[177].

Mit dieser „Wesens“-Bestimmung der Familie hat König jedoch nur scheinbar eine biologische Begründung der Familie vermieden. Beim Menschen kann kein Trennungsstrich zwischen biologischer Aufzucht und sozialer Erziehung gezogen werden, wie König es versucht. Beim Tier ist es möglich, von rein biologischer Aufzucht zu sprechen, da sein „soziales“ Verhalten überwiegend durch Instinktmechanismen gesichert ist[178]. Ein neugeborenes Kind bleibt bei nahezu ausschließlich biologischer Aufzucht nicht lebensfähig. Es braucht die emotionale Zuwendung zu seiner Menschwerdung[179]. Deshalb „kann gar nicht isoliert von einer biologischen Erhaltung des Säuglings gesprochen werden. Für ihn als *Menschenwesen* gilt nur die Ganzheit ‚menschlicher Erhaltung‘, Erhaltung im Hinblick auf die Schaffung der Vorbedingungen für die Entfaltung der menschlichen Persönlichkeit ...“[180] Biologische Erhaltung und soziale Erziehung sind beim Menschen untrennbar miteinander verbunden. Wenn König nun die Ausbildung der sozial-kulturellen Persönlichkeit als das „Wesen“ der Familie bestimmt, dann dienen ihm — wie auch Schelsky — diese „natürlichen“ Verhältnisse als Erklärung für die weltweite Existenz von Familie sowie dafür, daß die Familie immer erhalten bleiben wird[181]. Die starke Annäherung an einen biologischen Familienbegriff wird bei König vielfach sichtbar. So betont er die „Fundierung (der Familie) in der Geschlechts- und Fortpflanzungsordnung“[182] und spricht von der „biologisch-sozialen Doppelnatur“ der Familie. Diese resultiere daraus, daß die Familie nur bis zur Zeugungsgrenze ein Produkt der Gesellschaft sei. Jenseits dieser Grenze unterliege sie anderen als sozialen Determinationen[183]. Durch

---

177 Ebenda, S. 125.

178 Vgl. dazu die Arbeiten von K. Lorenz. Insbesondere den Aufsatz: Der Kumpan in der Umwelt des Vogels (1935), in: ders.: Gesammelte Abhandlungen, Bd. I, München 1965, S. 115 ff. In diesem Aufsatz ist auch das Phänomen der Prägung behandelt, das insofern eine Ausnahme vom angeborenen instinkthaften Verhalten darstellt, als sich dabei die zwar prinzipiell auf Artgenossen ausgerichtete, zunächst jedoch objektlos angeborene Verhaltensweise erst an einem bestimmten Zeitpunkt in der Entwicklung des Jungtiers auf ein bestimmtes Objekt fixiert. (Vgl. ebenda, S. 270.) Einzig die Primaten benötigen offenbar — wie der Mensch — die emotionale Zuwendung. Vgl. dazu Claessens: Familie und Wertsystem, a. a. O., S. 68.

179 Vgl. dazu die Ergebnisse der Hospitalismus-Forschung, deren erste bahnbrechende Ergebnisse von R. A. Spitz stammen. (Hospitalismus, in: A. Mitscherlich u. a. (Hrsg.): Der Kranke in der modernen Gesellschaft, Köln, Berlin 1967, S. 172 ff.); vgl. auch die Hinweise bei Claessens: Familie und Wertsystem, a. a. O., S. 69 f. und P. Fürstenau: Soziologie der Kindheit, Heidelberg 1967, S. 23 f., 34 f., 105 ff.

180 Claessens: Familie und Wertsystem, a. a. O., S. 68.

181 So König: Soziologie der Familie, in: Gehlen/Schelsky (Hrsg.): Soziologie, a. a. O., S. 122.

182 König: „Materialien ...“, a. a. O., S. 59, ähnlich S. 45, 51, 53.

183 Vgl. ebenda, S. 66 ff.

ihre Zugehörigkeit zu den zwei Bereichen des Biologischen und des Sozialen unterscheide sich die Familie von allen anderen gesellschaftlichen Erscheinungen[184]. Diese Hervorhebung der biologischen Komponente ist bis in Königs jüngste familiensoziologische Veröffentlichungen vorhanden[185].

Die große Bedeutung, die Schelsky und auch König der biologischen Grundlage der Familie zumessen, wird sichtbar, wenn sie die Schwierigkeiten und Probleme der modernen Familie aus ihrer Verwurzelung im Biologischen erklären[186, 187].

Diese Auffassung von der „biologisch-sozialen Doppelnatur" der Familie liegt mehr oder weniger deutlich den meisten Begriffsbestimmungen von Familie zugrunde. Claessens vertritt die Ansicht, daß „die biologische Erhaltung des Kleinkindes als Funktion der Kernfamilie ... grundsätzlich nicht in Frage zu stellen" ist, allerdings sei dies eine *„für sich allein unwirksame* Voraussetzung der Erhaltung menschlicher Kultur"[188]. Hinzukommen müsse die zweite sozio-kulturelle Geburt des Menschen[189]. Das biologisch-natürliche Fundament wird gleichfalls in einer neueren Abhandlung von Claessens und Menne sehr stark betont: „‚Familie' kann — formal und idealiter — definiert werden als jene Gruppe, in der wenigstens zwei gegengeschlechtliche psycho-sozial erwachsene Menschen eine weitere Generation produzieren und mindestens so erziehen, daß diese nächste Generation dazu motiviert wird, ihrerseits die folgende Generation zu produzieren und ebenso zu motivieren. In diesem Prozeß reproduziert sich Gesellschaft: Wird eine solche Gruppenstruktur bejaht, so wird auch der Wert des Weiterbestehens von Gesellschaft bejaht ...[190]"

Auch Neidhardt betont die biologische Grundlage der beiden primären Grundpositionen der Familie, Geschlecht und Generation, weist aber zugleich darauf hin, daß die Familie als biologische Einrichtung nicht hinreichend erklärt werden kann. Er schließt sich der Königschen Auffassung von der „biologisch-sozialen Doppelnatur"

---

184 Vgl. ebenda, S. 66.

185 Vgl. König: Soziologie der Familie, in: Handbuch der empirischen Sozialforschung, Bd. II, S. 196.

186 Vgl. ebenda, S. 195 f.; ders.: „Materialien ...", a. a. O., S. 53; Schelsky: Wandlungen der deutschen Familie in der Gegenwart, a. a. O., S. 11.

187 König behauptet sogar, daß aus der biologischen Fundierung der Familie deren „natürliche Absonderungstendenz" von der Gesellschaft resultiere. Vgl. „Materialien ...", a. a. O., S. 68.

188 Claessens: Familie und Wertsystem, a. a. O., S. 10.

189 Vgl. ders.: Die Familie in der modernen Gesellschaft, a. a. O., S. 242.

190 D. Claessens und F. W. Menne: Zur Dynamik der bürgerlichen Familie und ihrer möglichen Alternativen, in: G. Lüschen und E. Lupri (Hrsg.): Soziologie der Familie, a. a. O., S. 170; dieser biologisch-anthropologische Familienbegriff findet sich auch bei amerikanischen Autoren. Vgl. z. B. Parsons: Das Inzesttabu in seiner Beziehung zur Sozialstruktur und zur Sozialisierung des Kindes, a. a. O., S. 110 f.; W. J. Goode: Die Struktur der Familie, a. a. O., S. 38 f.

der Familie an[191]. Alle hier zitierten Familiensoziologen stimmen darin überein, daß auf der — biologisch bedingten — langjährigen engen Verbundenheit zwischen Mutter (bzw. weiblicher Dauerpflegeperson) und Kind sich die Familie aufbaut, d. h. aber nichts anderes, als daß die Existenz und Dauerhaftigkeit der Familie auf dieser „natürlichen" Grundlage beruht[192]. Der Hinweis von Max Weber, daß die „urwüchsige" Beziehung zwischen Mutter und Kind nicht ausreiche, die Entstehung der Familie als eines spezifischen sozialen Gebildes zu erklären, vielmehr Gemeinschaftsbeziehungen aller Art die sexuellen und physiologischen Beziehungen kreuzen, der historisch vieldeutige Begriff von Familie deshalb immer im Einzelfall konkretisiert werden müsse, ist unbeachtet geblieben[193].

Die direkte Anknüpfung an das biologisch-naturale Fundament der Familie hat die Mehrzahl der Familiensoziologen dazu geführt, die sozialen Bestimmungsgründe der konkreten Familienorganisation zu vernachlässigen und in den „zunächst nur anthropologischen Tatsachen das soziale Phänomen aufgehen (zu) lassen"[194]. Darin liegt auch die Ursache für die von den Familiensoziologen so sehr betonte, aus der Familie selbst heraus sich entwickelnde „Eigendynamik" des familialen Lebens. Infolge ihrer biologischen Fundierung wird der Familie gegenüber anderen gesellschaftlichen Sphären eine „Eigenexistenz" zuerkannt, so daß Familie und Gesellschaft zwar nicht völlig unabhängig voneinander sind, jedoch unterschiedlichen Strukturgesetzlichkeiten unterliegen[195]. Die Familie wird nicht wie z. B. bei Max Weber als ein bestimmter historischer Typus der Vergesellschaftung bestimmt, sondern als anthropologischer Grundsachverhalt, als „Urgut der gesellschaftlich lebenden Menschheit"[196], als „Grundeinrichtung der menschlichen Gesellschaft", die genau so alt ist

---

191 Vgl. Neidhardt: Die Familie in Deutschland, in: Bolte, Neidhardt, Holzer, a. a. O., S. 16.

192 Als typisch für die Verbindung ist folgende Äußerung Schelskys anzusehen: „... die beim Menschen gegenüber allen Tieren ungewöhnlich lange Zeit der Kindheit und der Unfertigkeit der Verhaltensformen (erzwingt) eine viele Jahre dauernde Fürsorge der Mutter für das Kind ... und (schafft) damit ein Dauerverhältnis zwischen Mutter und Nachkommen ..., in das aus Gründen der Lebenssicherheit und des Lebensunterhaltes der Vater miteinbezogen wird." (Soziologie der Sexualität, a. a. O., S. 27.)

193 Vgl. M. Weber: Wirtschaft und Gesellschaft, Bd. I, a. a. O., S. 275 f.

194 So — zu einem anderen Problem — K. Mannheim: Zum Problem der Generationen, in: ders.: Wissenssoziologie, Berlin, Neuwied 1964, S. 527.

195 Am deutlichsten wird diese Trennung m. E. von König vorgenommen: „Die Familie ist eine soziale Elementargruppe; durch ihre enge Beziehung zur biologischen Zone wird zudem ihr Lebensspielraum in besonders engen Grenzen gehalten im Gegensatz zur ungeheuren Variationsbreite anderer sozialer Erscheinungen. Dies muß die Anpassungsschwierigkeiten der Familie nicht nur darum gewaltig erhöhen, weil die Familie über einen bestimmten Rahmen niemals hinaus kann, sondern auch noch aus dem anderen Grunde, weil ihre biologische Fundierung alle Lebensrhythmen der Familie im Verhältnis zur Beweglichkeit des sozialen Lebens (insbesondere in der modernen großstädtischen Kultur) in derart langen Wellen schwingen (!) läßt, daß einer Synchronisierung die größten Schwierigkeiten im Wege stehen." („Materialien ...", a. a. O., S. 44 f.) Eine ähnliche Position vertritt König auch in: Soziologie der Familie, in: Handbuch der empirischen Sozialforschung, Bd. II, S. 195 f.

196 König: Soziologie der Familie, in: Gehlen/Schelsky (Hrsg.): Soziologie, a. a. O., S. 122.

wie „die menschlich-gesellschaftliche Gesittung“[197], als „soziale Elementargruppe“[198], als „soziales Grundgebilde“[199], ja sogar als „Urgebilde“[200]. Durch diese Auffassung von Familie als gleichsam „ewiger“, im Kern unveränderbarer Grundtatsache menschlicher Gesellung, wird der Familie insbesondere gegenüber unserer sich schnell wandelnden Gesellschaft eine Sonderstellung eingeräumt[201]. Daraus erklärt sich die Tatsache, daß die genannten Familiensoziologen von einer Ausgliederung der Familie aus bzw. einer Isolierung von den gesamtgesellschaftlichen Zusammenhängen sprechen können.

Infolge der starken Betonung des biologisch-anthropologischen Fundaments der Familie fehlen den Begriffsbestimmungen von Familie zumeist jegliche historischen und sozialen Konkretionen. Ja, es wird sogar die Forderung erhoben, den Begriff „Familie möglichst offenzuhalten, um in keine Verengung des Begriffs zu verfallen, die seine Anwendung räumlich oder zeitlich begrenzt“[202, 203].

Die allgemein übliche Verwendung des Begriffs der Kernfamilie, die als „Gruppe von Mann und Frau mit ihren unverheirateten und unmündigen Kindern“[204] bestimmt wird, genügt — wenn man von einigen Grenzfällen absieht — dieser Anforderung. Dieser Begriff der Kernfamilie enthält keinerlei Aussagen über den konkreten sozialen Zusammenhang, innerhalb dessen diese Gruppe existiert, noch eine Bestimmung des Verhältnisses der zugehörigen Personen zueinander, das gleichfalls nicht unabhängig von Stellung und Funktion der Kernfamilie im gesellschaftlichen Zusammenhang ist. Wenn man beispielsweise — wie König — die Familienorgani-

---

[197] Ebenda, S. 121; ebenso Neidhardt: Die Familie in Deutschland, in: Bolte, Neidhardt, Holzer, a. a. O., S. 20 — mit einigen Einschränkungen.

[198] König: „Materialien ...“, a. a. O., S. 44.

[199] Schelsky: Die skeptische Generation, a. a. O., S. 20.

[200] Ebenda, S. 32.

[201] Vgl. die entsprechenden Äußerungen bei Schelsky (oben, S. 37 ff.) und König (oben, S. 94 ff).

[202] Claessens/Menne, a. a. O., S. 182.

[203] Die Verwendung eines anthropologischen, für soziologische Zwecke viel zu vagen und unbestimmten Begriffs der Familie ist nun allerdings kein Spezifikum der deutschen Familiensoziologie. Für die angelsächsische Soziologie läßt sich dieses Bemühen um einen Familienbegriff, unter den alle möglichen historischen Formen der Familie subsumiert werden können, an der Auseinandersetzung um die Murdocksche These von der Universalität der Kernfamilie verfolgen. Nachdem Familienformen gefunden wurden, die die Murdockschen Kriterien für die Kernfamilie nicht erfüllten, wurde nicht etwa die Universalität der Kernfamilie angezweifelt, sondern versucht, die Definition so auszuweiten, daß auch Familienorganisationen wie im Kibbuz oder bei den indischen Nayar darunter subsumiert werden konnten. Vgl. dazu Murdock: Social Structure, 3. Aufl., New York, London 1967; dazu die Aufsätze von M. E. Spiro (Is the Family Universal? — The Israeli Case) und E. K. Gough (Is the Family Universal? — The Nayar Case), beide in: N. W. Bell und E. F. Vogel (Hrsg.): A Modern Introduction to the Family, Glencoe, Ill. 1960, S. 64 ff., 76 ff.

[204] König: Soziologie der Familie, in: Handbuch der empirischen Sozialforschung, Bd. II, S. 206. Diese Definition ist allgemein üblich. Vgl. dazu Neidhardt: Die Familie in Deutschland, in: Bolte, Neidhardt, Holzer, a. a. O., S. 15.

sation des israelischen Kibbuz als Kernfamilie bezeichnet[205], werden die entscheidenden strukturellen Unterschiede zur Kernfamilie der mitteleuropäischen und angelsächsischen Mittelschichten verwischt. Ein soziologischer Begriff von Familie müßte die spezifische historische Form der Familie erfassen[206], und die Familiensoziologie hätte die Aufgabe, diese Familienformen und ihre Funktionen in Beziehung zu setzen zur Gesellschaftsstruktur. Diese Konfrontation erst würde es erlauben, sich kritisch mit „Familie" zu beschäftigen. Das hieße, daß die Soziologie für jede Gesellschaftsformation den konkreten Inhalt dessen entwickeln müßte, was als Familie bezeichnet wird. Eine derartige soziologische Begriffsbildung würde es unmöglich machen, das „Familien"-leben in den sogenannten primitiven Gesellschaften, die vorkapitalistische Groß-„Familie", die spätkapitalistische Klein-„Familie" und selbst die „Familien"-Organisation des israelischen Kibbuz' unter einen Begriff zu subsumieren[207].

Die kritische Untersuchung der Leistungen der konkreten Familienform für die gesellschaftliche Entwicklung wird jedoch durch diesen anthropologischen Familienbegriff von vornherein ausgeschlossen. Verstärkend kommt hinzu, daß die Mehrzahl der Familiensoziologen — gerade infolge ihres biologisch-anthropologischen Ansatzes — der Ansicht sind, die Sozialisation des menschlichen Nachwuchses könne zweckmäßig und optimal einzig und allein in der Familie erfolgen. Die Sozialisationsfunktion wird als *die* eigentliche und zentrale Funktion der Familie bestimmt[208].

Diese Aussage impliziert, daß alle anderen Funktionen, die die Familie in den verschiedenen historischen Epochen ausgeübt hat, familienfremde gewesen seien. Die Bestimmung dessen, was Familienfunktion ist, kann jedoch nicht abstrakt geschehen, sondern muß die tatsächlichen Leistungen der Familie für die Gesellschaft und das Selbstverständnis der Gesellschaftsmitglieder berücksichtigen. Es ist nach den obigen Ausführungen zu vermuten, daß für die Angehörigen aller oben beschriebenen Familientypen — mit Ausnahme der großbourgeoisen Familie —, die ganz wesentliche Produktionsleistungen erbrachten, die Kindererziehung sowohl im Bewußt-

---

205 Vgl. König: Soziologie der Familie, in: Handbuch der empirischen Sozialforschung, Bd. II, S. 210.

206 Vgl. dazu z. B. Max Weber: „Der historisch durchaus vieldeutige Begriff (der Familie) ist nur brauchbar, wenn im Einzelfall sein Sinn klargestellt ist." (Wirtschaft und Gesellschaft, Bd. I, S. 276.) Vgl. hierzu auch die Kontroverse deutscher Familiensoziologen auf der Sitzung über familiensoziologische Probleme am 7. 1. 1955. Das Protokoll dieser Sitzung von E. Wagner ist abgedruckt in: KZfSS (1955), S. 334 ff.

207 Diese Begriffsbestimmung kann in dieser Arbeit auch nicht geleistet werden. Wenn deshalb im folgenden von Familie die Rede ist, wird genau dieser unscharfe Begriff verwendet.

208 Vgl. König: „Materialien ...", a. a. O., S. 79; ders.: Soziologie der Familie, in: Gehlen/Schelsky (Hrsg.): Soziologie, a. a. O., S. 124 f.; Claessens: Familie und Wertsystem, a. a. O.; Neidhardt: Die Familie in Deutschland, a. a. O., S. 66.

sein als auch im tatsächlichen Verhalten eine untergeordnete Rolle spielte[209], obgleich sie natürlich tatsächlich, aber eben „nebenbei" erfolgte und nicht im Mittelpunkt des Familienlebens stand. Als bewußte und zentrale Funktion der Familie wird die Sozialisation heute überwiegend nur in der gehobenen Mittelschicht angesehen und auch tatsächlich praktiziert. Wenn König die Ausbildung der sozial-kulturellen Persönlichkeit, also die Erziehungsleistung, als das „Wesen" der Familie bestimmt[210], so muß ihm aufgrund der vorstehenden Untersuchungen entgegengehalten werden, daß das „Wesen" der Familie sich wandelt, und daß der Aufbau der sozial-kulturellen Persönlichkeit zwar auch in früheren Familienformen erfolgte und auch heute erfolgt, der hohe Stellenwert, den diese Funktion objektiv und subjektiv einnimmt, jedoch ein Spezifikum eines ganz bestimmten Familientypus ist.

Da die Sozialisation der nächsten Generation für den Fortbestand und die Entwicklung der Gesellschaft von ungeheurer Wichtigkeit ist, diese Funktion jedoch — wie behauptet — einzig in der Familie optimal erfolgen kann, gebührt der Familie Schutz und Hilfe. König zufolge ist die Familie sogar ein „Wert eigener Natur", dem „letztlich auch eine besondere Berücksichtigung in der allgemeinen Wertethik"[211] zukommen muß.

Einzig aus dieser Auffassung von der Familie als Fundament der Gesellschaft läßt sich jene oben sowohl für Schelsky als auch für König festgestellte Tendenz erklären, die Familie — und d. h. auch immer die bei uns vorherrschende Familienorganisation — vor kritischen Angriffen in Schutz zu nehmen, wobei sie sich häufig einer harmonisierenden Schilderung des Familienlebens bedienen[212]. Am deutlichsten wird diese Neigung bei der Auseinandersetzung mit der psychoanalytischen Familiensoziologie[213]. Diese Neigung zur Glorifizierung und Verklärung der Familie, die für eine streng soziologische Betrachtung ungewöhnlich ist[214], konnte Marcuse schon für die deutsche Familiensoziologie vor 1933 feststellen. Er erklärt sie aus deren über-

---

[209] U. Planck weist darauf hin, daß in der heutigen bäuerlichen Familie das Eltern-Kind-Verhältnis schon frühzeitig von einem Arbeitsverhältnis überdeckt wird, was damit zusammenhänge, daß sich die Wertschätzung der Familienmitglieder nach der Beteiligung an der gemeinsamen Arbeit richte. (Der bäuerliche Familienbetrieb, Stuttgart 1964, S. 59.)

[210] König wendet sich zwar gegen die Identifizierung des modernen, aus Eltern und Kindern bestehenden Familientyps mit Familie schlechthin („Familie und Familiensoziologie", a. a. O., S. 258), spricht aber ohne Einschränkung von Familie, etwa wenn er feststellt, daß erst vom Zustand der Desintegration der Familie aus „mit Sicherheit gesagt werden (kann), was wirklich zum Wesen der Familie gehört und was nur sekundäres Merkmal ist, das ebenso gut oder sogar besser von anderen Einrichtungen der Gesellschaft verwirklicht werden kann." („Materialien ...", a. a. O., S. 79.)

[211] König: Familie und Familiensoziologie, a. a. O., S. 262.

[212] Vgl. dazu oben, S. 39 f., 98 ff.

[213] Vgl. dazu oben, S. 40 f., 98 f.

[214] So H. Marcuse: Autorität und Familie in der deutschen Soziologie bis 1933, in: Fromm, Horkheimer, Mayer, Marcuse u. a.: Studien über Autorität und Familie, a. a. O., S. 746.

wiegend naturalistischem Ansatz[215]. Unter diesem Aspekt betrachtet, hat die familiensoziologische Forschung in der Bundesrepublik keinen nennenswerten Fortschritt zu verzeichnen.

II. Die Familie als optimale Sozialisationsinstanz

1. Traditionelle Familienerziehung und Alternativen

Von der überwiegenden Mehrzahl der Familiensoziologen wird die Sozialisationsleistung der Familie als deren „eigentliche" Funktion bezeichnet. Wie stark in dieser „Wesens"-Bestimmung der Familie ihr biologischer „Urgrund" durchschimmert, offenbart sich in jener verbreiteten Deutung des Funktionsverlustes der Familie, derzufolge sie im Laufe der historischen Entwicklung eine Funktion nach der anderen abgegeben habe, um dadurch ihre eigentliche und zentrale zu finden, nämlich den „Aufbau der sozial-kulturellen Persönlichkeit"[216]. Die Familie hat demnach heute alle familienfremden Aufgaben abgegeben[217], wobei sich herausgestellt hat, daß die Sozialisationsfunktion einzig durch sie ausgefüllt werden kann. Sozialisation kann dabei natürlich nur heißen: frühkindliche Sozialisation, denn im Laufe der letzten zweihundert Jahre hat die Familie in Mittel- und Westeuropa einen außerordentlich großen Teil ihrer ehemaligen Sozialisationsfunktionen an andere gesellschaftliche Institutionen übertragen. Als wichtigstes Beispiel dafür sei die Abgabe der Ausbildungs- und Erziehungsfunktion an die Schulen genannt. Die zunehmende Verbreitung von Kindergärten, Kinderhorten, die Diskussionen um eine verstärkte Vorschulerziehung weisen zudem darauf hin, daß auch die frühkindliche Sozialisation sich künftig nicht mehr uneingeschränkt im Familienkreis vollziehen wird. Dennoch wird die Auffassung, daß die Sozialisation sinnvoll und optimal einzig in der Familie erfolgen kann, aufrechterhalten. Um den theoretischen Nachweis der Unabdingbarkeit der familialen Sozialisation haben sich insbesondere die Vertreter der strukturell-funktionalen Schule bemüht[218].

Wenn sie in diesem Zusammenhang von Familie sprechen, dann meinen diese Soziologen immer die Kernfamilie (nuclear family), die aus den Eltern und ihren un-

---

215 Vgl. ebenda.

216 Ähnlich hatte sich schon der organizistische Soziologe A. Schäffle geäußert: „Eine sozialpsychologische Funktion bleibt aber immer und ausschließlich der Familie. Es ist ... die Vermehrung, Erhaltung und Fortpflanzung der persönlichen (cellulären) Elemente des sozialen Körpers ..." (Schäffle: Bau und Leben des sozialen Körpers, Bd. I: Allgemeine Sociologie, 2. Aufl., Stuttgart 1896, S. 75; entsprechend auch in Bd. II: Specielle Sociologie, a. a. O., S. 69).

217 Vgl. zu der Entgegensetzung von familienfremden und familieneigenen Funktionen, oben, S. 151 f.

218 Vgl. insbesondere die Arbeiten von Parsons und Bales (Family, Socialization and Interaction Process, a. a. O.), von Claessens (Familie und Wertsystem, a. a. O.), sowie von Goode (Die Struktur der Familie, a. a. O.).

mündigen und unverheirateten Kindern besteht. Die Kernfamilie ist nahezu identisch mit der heute in den westeuropäischen und angelsächsischen Gesellschaften vorherrschenden Form der Kleinfamilie. Die moderne Kleinfamilie erscheint deshalb als optimales Sozialisationsmedium. Die These von der Unersetzbarkeit der Familie für die frühkindliche Sozialisation ist mit großer Wahrscheinlichkeit auch die Ursache für alle Bemühungen um die Erhaltung und Stabilisierung der Familie, von denen ein großer Teil der familiensoziologischen Arbeiten gekennzeichnet ist[219].

Die vorstehend referierte These von der Notwendigkeit und den optimalen Bedingungen der familialen Sozialisation ist insbesondere von sozialistischer Seite immer wieder angegriffen worden. Einmal weil sie die Beschränkung der Frau auf den Haushalt und die Kindererziehung impliziert und damit der Emanzipation der Frau im Wege steht, zum anderen, weil „die Klein-Familie in der Mehrzahl aller Fälle, gemessen an den pädagogischen Möglichkeiten unserer Gesellschaft, elende Bedingungen für die menschliche Erziehung bietet“[220]. Diese Bemerkung zielt auf die Sexualfeindlichkeit der Familienerziehung, die geringe Ausbildung der intellektuellen und seelischen Kräfte des Kindes, den autoritären Erziehungsstil etc. Besonders wendet sich die sozialistische Kritik an der bestehenden Familienerziehung gegen das Erziehungsziel, die Motivierung zu *individueller Leistung*, deren Kehrseite das Vorwalten des Konkurrenzprinzips ist, das sich im Bewußtsein und Verhalten des einzelnen niederschlägt. Hieran wird deutlich, daß die sozialistische Erziehungskritik den Zusammenhang zwischen Sozialisationsziel und -praktiken einerseits und den ökonomischen Verhältnissen der kapitalistischen Gesellschaft andererseits reflektiert.

Daß die Erziehung in der Durchschnittsfamilie nicht ausschließlich positive Wirkungen zeitigt, ist auch in der bürgerlichen Familiensoziologie unbestritten. Den Hauptnachteil der familialen Sozialisation sieht sie allerdings in der mangelhaften Vorbereitung der Kinder auf das Leben in den außerfamiliären Bereichen, in der Öffentlichkeit. Dieser Mangel der Familienerziehung wird unter das Problem eines Normenkonflikts subsumiert, der zwar große Probleme mit sich bringe, aber nicht so gravierend sei, daß deshalb die Erziehung außerfamilialen Instanzen übertragen

---

[219] Dies trifft insbesondere auf Schelskys Analyse zu (vgl. Wandlungen der deutschen Familie in der Gegenwart, a. a. O.), aber auch auf Königs Arbeiten, von denen die „Materialien“ unter einem ausdrücklich familienpolitischen Aspekt geschrieben wurden (vgl. a. a. O., S. 1 ff. und oben, S. 3). König hat seine familienpolitischen Intentionen immer wieder ausgesprochen. Zuletzt in „Familie und Familiensoziologie“ (a. a. O., S. 262). Auch die Wurzbachersche Untersuchung steht überwiegend unter dem Aspekt der Stabilität bzw. Instabilität der untersuchten Familien (vgl. a. a. O.).

[220] Horkheimer: Allgemeiner Teil, a. a. O., S. 52.

[221] Vgl. beispielsweise Fürstenberg: Normenkonflikte beim Eintritt in das Berufsleben (a. a. O., S. 199 f.); Neidhardt: Schichtspezifische Elterneinflüsse im Sozialisationsprozeß (a. a. O.); ders.: Strukturbedingungen und Probleme familialer Sozialisation, in: Lüschen und Lupri (Hrsg.): Soziologie der Familie, a. a. O., S. 153 ff.

werden müsse[221]. Die prinzipielle Berechtigung und Zweckmäßigkeit der Familienerziehung wird von dieser Kritik jedoch nicht bezweifelt[222].

Der Verzicht auf die Reflexion über mögliche Alternativen[223] zu der bei uns üblichen Form der Sozialisation verlangt insofern eine Erklärung, als es nicht an Ansätzen und Versuchen zur Entwicklung solcher Alternativen gefehlt hat und fehlt. Die Abwehrhaltung erwächst wahrscheinlich aus der Tatsache, daß diese überwiegend von sozialistischer Seite entwickelt worden sind und diesen Alternativmodellen ein diametral anderes Erziehungsmodell zugrunde lag und liegt. Der gesellschaftliche bzw. politische Zusammenhang, in dem diese Erziehungsziele stehen, weist deutlich darauf hin, daß diese Erziehung der Entwicklung bzw. Reproduktion ganz anderer, von denen der kapitalistischen Gesellschaft abweichender bzw. ihnen entgegengesetzter, gesellschaftlicher Verhältnisse dienen sollte bzw. soll. Das gilt sowohl für das „Kindergarten-Laboratorium" von Wera Schmidt als auch für die seit kurzem in der Bundesrepublik praktizierten Versuche zu einer kollektiven Kindererziehung in den „Kinderläden" wie auch für die Erziehung in den israelischen Kibbuzim.

Die Erziehung im „Kindergarten-Laboratorium", von Wera Schmidt 1921 in der Sowjetunion gegründet, konnte nur für einige wenige Jahre durchgeführt werden[224]. Ansätze zu kollektiver Erziehung in der Bundesrepublik sind ebenfalls noch in den Anfängen, so daß die dort gesammelten Erfahrungen[225] für eine Auseinandersetzung mit der These von der Familie als einzig möglicher Sozialisationsinstanz nicht ausreichend sind. Hinzu kommt, daß beide Erziehungsexperimente, selbst wenn sie lange genug gedauert hätten, in ihren Ergebnissen deshalb schlecht vergleichbar sind, weil sie unter völlig unterschiedlichen gesellschaftlichen Bedingungen durchgeführt worden sind bzw. werden: das eine in der ersten Phase des Aufbaus einer sozialistischen Gesellschaft, das andere in der spätkapitalistischen Gesellschaft der Bundes-

---

222 Vgl. dazu als beispielhaft die Ausführungen D.-L. und Th. Scharmanns: „... Untersuchungen ... haben zwar gezeigt, wie zahlreich die Motivations- und Normenkonflikte und wie krisenreich der Übergang vieler Jugendlicher aus dem Schonraum der Familie in die harte, unpersönliche und anstrengende Arbeitssituation ist, aber man wird wohl ohne Übertreibung sagen können, daß, wenn dieser Übergang für die Mehrzahl der Jugendlichen relativ glimpflich und erfolgreich vor sich geht, dies im allgemeinen ein Erfolg für die Familie ist." (a. a. O., S. 284 f.)

223 Einen ersten Ansatz dazu bieten aus dem Kreis der etablierten Familiensoziologen Claessens und Menne (a. a. O.). Vollständig vernachlässigt wird bei dieser Diskussion von Alternativen zur bürgerlichen Familie und Familienerziehung deren sozialökonomische Basis. Über Alternativen zur bisherigen Sozialisation kann ohne die Diskussion der Inhalte der Sozialisation und deren Bezug zur gesellschaftlichen Sphäre, insbesondere zur Produktionsweise, nicht sinnvoll diskutiert werden. Wie auch in Claessens' Buch „Familie und Wertsystem" bleiben in der oben genannten Arbeit die Inhalte der Sozialisation ausgeklammert.

224 Vgl. dazu die Schilderung durch W. Reich (Die sexuelle Revolution, Frankfurt/M. 1966, S. 297 ff.) sowie durch W. Schmidt selbst (Psychoanalytische Kindererziehung in Rußland [1924], in: Antiautoritäre Erziehung, Revolutionäre Schriften IV, Underground Press, Berlin 1968, S. 3 ff.).

225 Vgl. dazu: Berliner Kinderläden, 2. Aufl., Köln, Berlin 1970.

republik. Diese unterschiedlichen sozialen und politischen Situationen prägen die Arbeits- und Lebensbedingungen der Eltern und anderen Erzieher und wirken über diese auf Erziehungsintentionen wie auch konkretes Erziehungsverhalten ein. Insofern wäre es illusorisch zu glauben, isoliert von dem gesellschaftlichen Kontext, gleichsam unter „künstlichen", laboratoriumsähnlichen Bedingungen, ein anderes Erziehungsmodell praktizieren zu können.

Die folgende Kritik an der These von der Familie als optimaler Sozialisationsagentur wird weitgehend gestützt durch die schon seit langem praktizierte kollektive Erziehung in den israelischen Kibbuzim, die inzwischen zwei Generationen geprägt hat. Dennoch gelten die vorstehenden Bemerkungen über die Beeinflussung der Erziehung durch die gesamtgesellschaftlichen Arbeits- und Lebensbedingungen auch für die Kibbuzerziehung — wenn auch in abgeschwächter Form. Obwohl innerhalb der Kibbuzim eine Veränderung der Produktions- und Lebensbedingungen stattgefunden hat, mit der die Erziehungsziele korrespondieren, sind auch diese „sozialistischen Inseln" in einem kapitalistischen Land nicht unbeeinflußt von ihrer anders strukturierten Umwelt. Vermutlich ist dies eine Ursache für die zunehmende Ausbreitung „individualistisch-familialer Tendenzen"[226] in den Kibbuzim, die m. E. nicht auf „ewigen Grundstrukturen" der menschlichen Natur beruhen, sondern wohl eher eine Folge der starken Einflüsse der nicht-sozialistischen Umwelt sind, die in bezug auf die Familie die für die „westlichen" kapitalistischen Gesellschaften traditionellen Werte und Verhaltensmuster vertritt.

Der Kibbuzerziehung[227] liegt eine Theorie zugrunde, die marxistische und psychoanalytische Ansätze vereint[228]. Die Vergesellschaftung der Erziehung soll die Befreiung der Frau von ihren Haushalts- und Erziehungspflichten, eine Einheit von Erziehung, Unterricht und produktiver Arbeit ermöglichen und „durch die Erziehung der jungen Generation zum freiwilligen Einsatz für und zur bewußten Identifizierung

---

[226] Vgl. dazu L. Liegle: Kibbutzerziehung. Zu Bruno Bettelheim: The Children of the Dream, in: Zeitschrift für Pädagogik, 1970, S. 309.

[227] Die Literatur über die Kibbuzerziehung ist außerordentlich umfangreich. Zu den „Klassikern" zählen die Arbeiten von M. E. Spiro: Children of the Kibbutz, 3. Aufl., New York 1967; ders.: Kibbutz: Venture in Utopia, Cambridge 1956. In der Bundesrepublik war das Interesse an der Kibbuzerziehung bis vor kurzem spärlich. In den letzten zwei Jahren hat die Zahl der Veröffentlichungen jedoch rapide zugenommen. Die folgenden Ausführungen stützen sich im wesentlichen auf die nachstehende Literatur: B. Bettelheim: Die Kinder der Zukunft, Wien, München, Zürich 1971; G. und R. Biermann: Kinder in Israel, in: Praxis der Kinderpsychologie, 16. Jg. (1967), S. 97 ff.; L. Liegle: Kollektiverziehung. Das Modell Kibbutz, in: betrifft: erziehung 1/71, S. 15 ff. und 2/71, S. 29 ff.; ders.: Familie und Kollektiv im Kibbutz, Weinheim, Berlin, Basel 1971; ders. (Hrsg.): Kollektiverziehung im Kibbutz, München 1971 (im folgenden zitiert als „Kollektiverziehung ..."). Im Text wird durchgängig die Schreibweise Kibbuz oder Kibbuzim angewendet. Bei einem Teil der angegebenen Literatur ist eine andere Schreibweise üblich, die in den entsprechenden Anmerkungen übernommen wurde.

[228] Dem folgenden Gedankengang liegen die Ausführungen Liegles zugrunde (vgl. Kollektiverziehung. Das Modell Kibbutz, in: betrifft: erziehung 1/71, S. 16 f.).

mit der Arbeiterschaft im ganzen und mit einer Gesellschaft ohne Privatbesitz und Klassengegensätze im besonderen"[229] eine Identität von individuellen und gesellschaftlichen Interessen schaffen. Zugleich strebt die Kibbuzerziehung eine Auflösung der autoritären Beziehungen zwischen Eltern und Kindern an durch die Beseitigung der ökonomischen Abhängigkeit der Familienmitglieder vom Vater, die ökonomische und gesellschaftliche Emanzipation der Frau sowie die Trennung der Erziehungsinstanzen in Träger affektiver Funktionen einerseits (Eltern) und Träger disziplinierender Funktionen andererseits (Erzieher). Die Erziehung soll möglichst repressionsfrei gestaltet werden, wobei ein Optimum zwischen möglicher Triebbefriedigung und notwendiger Frustration angestrebt wird. Im einzelnen wird diese Zielsetzung durch folgende Organisationsprinzipien der kollektiven Erziehung zu verwirklichen versucht[230]: In den meisten Kibbuzim wird das Neugeborene sofort nach der Entlassung von Mutter und Kind aus dem Entbindungsheim in das Säuglingshaus des Kibbuz' gebracht, wo es zusammen mit vier bis sechs Säuglingen in einem Zimmer untergebracht wird; die Betreuung obliegt jeweils einer Säuglingsschwester, der Metapelet. Dort verbringt es seine ersten sechs Lebensmonate. Seine Mutter kommt mehrmals täglich zum Stillen. Der Vater darf das Kind besuchen.

Nahezu vom ersten Lebenstag des Kindes an wird die erzieherische Verantwortung der Eltern immer mit einem professionellen Erzieher geteilt[231]. So ist die Mutter also von Anfang an nicht die einzige Person, von der das Kind betreut wird und von der es Reize und Anregungen empfängt, da sie insgesamt nur ein paar Stunden des Tages mit ihm verbringt. Ständig hingegen sind die anderen Säuglinge anwesend, oft seine Metapelet. In einigen Kibbuzim sind selbst beim Stillen mehrere Mütter zusammen in einem Raum, so daß auch dabei die Konzentration auf eine einzige Person erschwert ist. Die Säuglinge werden im Alter von vier bis sechs Monaten abgestillt, ein Vorgang, an dem die Metapelet wesentlich beteiligt ist. In dieser Zeit beginnt die Mutter wieder voll zu arbeiten. Zuvor hatte sie, sechs Wochen nach der Geburt, angefangen, halbtags zu arbeiten[232]. Nach dem ersten halben Lebensjahr verbringt der Säugling täglich eine gewisse Zeit bei seinen Eltern, höchstens zwei Stunden. Im Krankheitsfalle wird er nicht von der Mutter, sondern von der Metapelet gepflegt.

In einigen Kibbuzim erfolgt ein Wechsel der Metapelet schon nach sechs bis neun Monaten. In anderen erst nach ein bis zwei Jahren, wenn das Kind vom Säuglingshaus in das Kleinkinderhaus überwechselt. Unabhängig von diesen Differenzierungen erfährt das Kind schon in sehr frühem Alter die Existenz zweier emotionaler Zentren, die relativ unabhängig voneinander funktionieren: Eltern und Geschwister einerseits,

---

229 Ebenda, S. 16.

230 Vgl. zum folgenden Bettelheim, a. a. O., S. 77 ff., S. 333 ff.; Liegle: Familie und Kollektiv im Kibbutz, a. a. O., S. 48 ff.

231 Vgl. M. Gerson: Die Familie und andere Sozialisationsträger im Kibbutz, in: „Kollektiverziehung ...", a. a. O., S. 79.

232 Vgl. G. und R. Biermann, a. a. O., S. 98.

Metapelet und Altersgruppe andererseits[233]. Dabei obliegt der disziplinierende Teil der frühkindlichen Sozialisation, die Erziehung der Triebe und die Ausbildung von Verhaltensmustern, im wesentlichen der Metapelet[234], während die Eltern — davon entlastet — eine überwiegend positive Rolle spielen, die gewährenden und liebenden Erwachsenen sind, zu denen die Kinder eine enge emotionale Beziehung haben. Insgesamt wird innerhalb der Kibbuz-Erziehung die Triebbefriedigung des Kindes wenig beschränkt[235].

Die Erziehung im Kibbuz ist so organisiert, daß die Kinder einer bestimmten Altersgruppe, z. B. von vier bis sieben Jahren, von sieben bis zwölf, von dreizehn bis achtzehn, in unterschiedlich großen Gruppen zusammengefaßt und von ein oder mehreren Erzieherinnen und Erziehern betreut werden, wobei schon frühzeitig mittels der Selbstverwaltung der Kinder- bzw. Jugendlichengruppen deren Selbständigkeit im Sinne einer kollektiven Selbstbestimmung gefördert wird.

In allen Entwicklungsstufen kann das Kind täglich seine Eltern für ein paar Stunden nach Beendigung ihrer Arbeit besuchen. Die Mahlzeiten nimmt es zusammen mit seinen Altersgenossen im gemeinsamen Speisesaal des jeweiligen Kinder-„Hauses" ein, dort hat es ebenfalls zusammen mit mehreren anderen einen Schlafraum. Von klein auf müssen alle Kinder in ihrem „Haus" gewisse Aufgaben erfüllen, die sie auf ihr späteres Dasein im Kibbuz vorbereiten, den Gemüsegarten bebauen oder Kleintiere, wie z. B. Geflügel, versorgen. Später arbeiten sie stundenweise auf eigenen „Farmen", bis sie als Erwachsene voll in die Arbeit des Kibbuz' integriert werden.

Das Verhältnis der Familiensoziologen zu dieser Form der kollektiven Erziehung ist, soweit sie sie überhaupt zur Kenntnis nehmen, zwiespältig. Ein Teil erkennt zwar an, daß die Kibbuzerziehung eine Alternative zur Familienerziehung bietet, weicht jedoch mit dem Hinweis auf die völlig andersartigen Bedingungen im Kibbuz im Vergleich zu unserer Gesellschaftsform einer Reflexion über mögliche Alternativen zur hiesigen Familienerziehung aus[236]. Andere entziehen sich dem Problem dadurch, daß sie die Organisation der Eltern-Kind-Beziehung im Kibbuz unter den Begriff

---

[233] Vgl. G. Lewin: Kindheit in der Kollektiverziehung, in: „Kollektiverziehung ...", a. a. O., S. 93.

[234] Vgl. S. Golan: Kollektiverziehung im Kibbutz, in: „Kollektiverziehung ...", a. a. O., S. 57 f.

[235] In bezug auf die Behauptung Bettelheims, im Kibbuz würden durch frühzeitiges rigoroses Abstillen orale Versagungen hervorgerufen, die mit ursächlich für das Fehlen einer engen Mutter-Kind-Beziehung sind (S. 147 ff.), ist Liegle zuzustimmen, der darauf hinweist, daß Stillzeiten von vier bis sechs Monaten bei uns sogar eine Seltenheit sind (Kibbutzerziehung. Zu Bruno Bettelheim ..., a. a. O., S. 308).

[236] Vgl. z. B. Neidhardt: Strukturbedingungen und Probleme familiärer Sozialisation, a. a. O., S. 145.

[237] So z. B. König: Soziologie der Familie, in: Handbuch der empirischen Sozialforschung, Bd. II, a. a. O., S. 210.

der Kernfamilie subsumieren[237]. Diese auf Spiro zurückgehende Auffassung ist allerdings wenig überzeugend[238].

Murdock hatte festgestellt, daß die aus den Eltern und ihren unmündigen und unverheirateten Kindern bestehende Kernfamilie in allen Gesellschaften auffindbar, selbst innerhalb eines größeren Familienverbandes als deutlich abgegrenzte Gruppe erkennbar sei[239]. Überall erfülle sie vier für den Fortbestand der Gesellschaft notwendige Funktionen, die zugleich die Erklärung für ihre universale Verbreitung liefern: "In the nuclear family or its constituent relationships we thus see assembled four functions fundamental to human social life — the sexual, the economic, the reproductive and the educational[240]." Murdock weist auch darauf hin, daß selbst in jenen Fällen, in denen Verwandte, Diener, Kindermädchen etc. in die Kinderaufzucht mit einbezogen seien, die primäre Verantwortung immer in der Kernfamilie verbleibe[241], nicht ohne hinzuzufügen, daß „no society . . . has succeeded in finding an adequate substitute for the nuclear family"[242].

Nach Überprüfung der von Murdock aufgestellten Kriterien war Spiro zunächst zu dem Ergebnis gelangt, daß im Kibbuz die Kernfamilie nicht vorhanden sei. Diese Ansicht hat er später revidiert und zwar unter Hinweis darauf, daß die Kinder von ihren Eltern geplant, nur die eigenen Kinder als Sohn oder Tochter[243], nur die leiblichen Eltern als Vater und Mutter bezeichnet werden, Eltern und Kinder eine soziale Gruppe im emotionalen und „interactional" Sinne bilden, diese Gruppe — wenn sie auch keine gemeinsame Wohnung habe — innerhalb des Kibbuz deutlich abgegrenzt sei, die Anzahl der Interaktionen zwischen Eltern und Kindern größer und auch die psychischen Bindungen zwischen ihnen intensiver seien als die der Kinder und „any other set of adult of both sexes"[244].

Diese Position, daß die Familie innerhalb des Kibbuz' weiter existiere, wird in der neueren Literatur überwiegend vertreten. Und gerade in den Unterschieden gegenüber der traditionellen kleinfamiliären Erziehung: der Auflösung der ökonomischen Einheit und der Wohngemeinschaft der Familie, ihrer Reduktion auf ein „extremes Beispiel einer Freizeitfamilie"[245], der Entlastung der elterlichen Erziehung von den

---

238 Vgl. dazu Spiro: Is the Family universal? — The Israeli Case, a. a. O.

239 "The nuclear family is a universal human grouping. Either as the sole prevailing form of the family or as the basic unit from which more complex familial forms are compounded, it exists as a distinct and strongly functional group in every known society" (Murdock, a. a. O., S. 2).

240 Ebenda, S. 10.

241 Vgl. ebenda, S. 11.

242 Ebenda.

243 Das Gegenteil berichtet Bettelheim, a. a. O., S. 81.

244 Vgl. Spiro: Is the Family Universal? — The Israli Case, a. a. O., S. 74.

245 Liegle: Familie und Kollektiv im Kibbutz, a. a. O., S. 50.

disziplinierenden Elementen durch die „Arbeitsteilung" mit der Metapelet sehen viele Wissenschaftler eine Stärkung des familiären Zusammenhalts begründet[246].

Eine davon abweichende Position nimmt Bettelheim ein. Entscheidend ist seiner Ansicht nach die frühe Erfahrung der Kibbuzkinder, daß auf die Erwachsenen kein Verlaß und nur die peer-group beständig und dauerhaft sei. Zudem erführen sie sehr früh, daß nicht die Eltern, sondern der Kibbuz für sie sorge. Er stelle die gesamten materiellen Bedingungen für das Leben des Kindes bereit, vom Säuglingsbett über die gemeinsame Kleidung bis zur Schulausbildung und erziehe die Kinder — vertreten durch die Erzieher[247]; kurz: der Kibbuz als Ganzes stehe „für die sorgenden, erziehenden und leitenden Eltern"[248]. Da das Kibbuz-Kind weder die völlige Abhängigkeit von seinen Eltern erlebt habe, noch sich mit ihnen infolge der Vielzahl von Erziehern, der großen Bedeutung der peer-group und der zeitlichen Beschränkung des Kontaktes völlig identifizieren könne, seien seine emotionalen Bindungen an die Eltern, die positiven wie negativen, viel geringer als bei uns[249]. Bettelheim registriert eine emotionale Verflachung der Beziehungen und führt diese ganz wesentlich darauf zurück, daß die „Kinderstunden" von Eltern und Kindern mit besonderer Intensität gestaltet werden. Da die Eltern sich völlig auf die Kinder einzustellen versuchten, kämen die Konflikte, Sorgen und Probleme der Eltern nicht zur Sprache. Ebenso werde die große Intimität zwischen den Eltern vor den Kindern verborgen. Das Bemühen, die gemeinsamen Stunden am Tage möglichst nett zu gestalten, bewirke, daß auch die Kinder ihre komplexen und ambivalenten Gefühle nicht mitteilen[250]. Die dadurch bedingte Verflachung der emotionalen Beziehungen findet nach Bettelheims Ansicht in den Augen der Kinder eine Parallele in dem sonstigen Verhalten der Eltern, die sie häufig allein lassen[251]. Er resümiert: „Beide Verhaltensweisen lassen dem Kind den Eindruck entstehen, daß ihm die Eltern wohl eine erfreuliche, aber keine sehr wichtige Beziehung bieten"[252] und kommt zu dem Schluß, daß im Leben der Kinder die wichtigste Rolle die Altersgruppe spiele. An zweiter Stelle komme der Kibbuz und dann erst die Eltern[253].

Eine intensive Auseinandersetzung mit diesen beiden Positionen ist hier nicht möglich. Auffällig an der Literatur zur Kibbuz-„Familie" und -Erziehung ist jedoch die überwiegende Verwendung eines unreflektierten, letztlich unsoziologischen Familien-

[246] Vgl. z. B. Gerson, a. a. O., S. 84.

[247] Vgl. dazu die Beispiele Bettelheims für die Konflikte zwischen Eltern und Erziehern, bei denen immer die Eltern zurückstecken müssen (a. a. O., S. 113 f., 181 ff.).

[248] Ebenda, S. 82. Auch Lewin (a. a. O., S. 46) bezeichnet den Kibbuz als Ganzen als Großfamilie.

[249] Vgl. ebenda, S. 116.

[250] Vgl. ebenda, S. 135 f.

[251] Bettelheim weist u. a. darauf hin, daß die Eltern ihren jährlichen, zweiwöchigen Urlaub ohne die Kinder verbringen (a. a. O., S. 138 f.).

[252] Ebenda, S. 136.

[253] Vgl. ebenda, S. 114.

begriffs. Der Inhalt von Familie wird reduziert auf die emotionalen Beziehungen zwischen Eltern und Kind. Dabei handelt es sich um jenen oben schon kritisierten Begriff der Kernfamilie, der nur die Gruppe von Mann und Frau mit ihren unverheirateten und unmündigen Kindern erfaßt und weder eine Aussage enthält über die konkrete sozial-ökonomische Situation, innerhalb derer diese Gruppe lebt, noch über die Beziehungen der einzelnen Personen zueinander, die gleichfalls geprägt werden von der Stellung und Funktion der Kernfamilie in dem gesellschaftlichen Zusammenhang. Gerade in bezug auf diese ausgeklammerten Probleme unterscheiden sich die Eltern-Kind-Beziehung im Kibbuz und die unserer Familienform beträchtlich. Das wird deutlich, wenn man sich klar macht, daß selbst das Vorhandensein emotionaler Beziehungen zwischen Eltern und Kindern im Grunde nur ein sehr formales Kriterium für die Existenz von Familie ist. Um den spezifischen Inhalt der Gefühlsbindungen zwischen Eltern und Kindern im Kibbuz bestimmen zu können, bedarf es einer Untersuchung des Verhältnisses der emotionalen Sphäre zu den realen Grundlagen des „Familien"lebens, denn auch die Gefühle sind abhängig von dem konkreten Zusammenhang, in dem sie entstehen und Bedeutung erlangen. So ist zu vermuten, daß das Fehlen der ökonomischen Abhängigkeit des Kibbuz-Kindes von den Eltern[254], die weitgehende Entlastung der elterlichen Erziehung von den repressiven Momenten[255] die Konfliktmöglichkeiten zwischen Eltern und Kind verringert und dadurch das gegenseitige Verhältnis entscheidend geprägt wird. Diese Vermutung wird bestärkt durch Untersuchungen, denen zufolge der junge Kibbuznik im Durchschnitt „recht gute Beziehungen zu seinen Eltern hat, die jedoch in seiner Phantasie nicht besonders stark in Erscheinung treten und mit denen er relativ wenig in Konflikt steht"[256].

Ein soziologischer Familienbegriff würde u. a. auch eine Bestimmung des spezifischen Inhalts familiärer emotionaler Beziehungen verlangen. Diese inhaltlichen Probleme werden in einem großen Teil der Literatur aber weder gesehen noch behandelt.

Nur wenn man außer acht läßt, daß auch die emotionalen Beziehungen der Mitglieder der Kernfamilie von der Struktur des komplexen sozialen Zusammenhangs, dem sie angehört, tangiert werden, kann man zu dem Ergebnis kommen, „daß die *Grundmuster* der Interaktion innerhalb der Familie von der Kibbutz-Gemeinschaft nicht wesentlich geändert oder modifiziert werden"[257]. Dies betonen bedeutet nicht, die starken emotionalen Bindungen zwischen Eltern und Kindern im Kibbutz zu leugnen oder sich in der Frage, ob die Beziehungen zu den Eltern für das Kibbuz-

---

254 Vgl. dazu Gerson, a. a. O., S. 80.

255 So auch Liegle: Familie und Kollektiv im Kibbutz, a. a. O., S. 89 f.

256 A. I. Rabin: Jugendliche im Kibbutz, in: „Kollektiverziehung . . .", a. a. O., S. 228 f.

257 M. Kaffmann: Kibbutz-Kinder und Stadtkinder in Israel — Psychopathologie im Vergleich, in: „Kollektiverziehung . . .", a. a. O., S. 250 (Hervorhebung von mir — H. R.). Dies Ergebnis Kaffmanns ist m. E. ein typisches Beispiel für die Auswirkungen einer isolierten Betrachtung der Eltern-Kind-Beziehungen.

Kind primär oder von nachgeordneter Bedeutung sind, für die eine oder andere Position zu entscheiden. Wenn man jedoch die entscheidende Funktion der Familie in der Sozialisation der Kinder sieht, durch diese Funktion gar das „Wesen" der Familie bestimmt, dann kann man m. E. eine Organisation der Eltern-Kind-Beziehung, in der die Eltern weder die ökonomische noch die erzieherische Hauptlast[258] für ihre Kinder tragen, nicht mehr als Familie bezeichnen[259]. Dies festzuhalten ist um so wichtiger, weil die Frage, ob im Kibbuz die Familie weiterexistiert, nicht rein terminologischer Art ist. In diesem Fall würde sich die Auseinandersetzung damit erübrigen. Hingegen impliziert die Subsumtion des Eltern-Kind-Verhältnisses im Kibbuz unter den Begriff Familie bzw. Kernfamilie nicht nur eine vollständige Aushöhlung des Begriffs und eine Bestätigung der These von der Universalität der Familie bzw. Kernfamilie, sondern die Kibbuz-Erziehung bildet dann auch einen weiteren Beweis für die Behauptung, daß die Sozialisation sinnvoll und zweckmäßig einzig in der Kernfamilie erfolgen könne. Dadurch wird die notwendige Reflexion über die in unserer Gesellschaft vorherrschende spezifische Form der Familienerziehung verhindert. Aufgrund der vorstehenden Ausführungen sollte jedoch deutlich werden, daß die kollektive Erziehung im Kibbuz sich von der Familienerziehung, wie sie bei uns praktiziert wird, in wesentlichen Punkten unterscheidet und deshalb die Bezeichnung „Kibbuz-Familie" unangemessen ist[260].

2. Die gesellschaftliche Bedingtheit psychoanalytischer Grundaxiome

Daß trotz des gelungenen Experiments der kollektiven Erziehung die These von der Familie als einzig möglicher und optimaler Sozialisationsagentur immer noch aufrecht erhalten wird und deren Nachweis einen wesentlichen Teil der familiensoziologischen Arbeit der strukturell-funktionalen Theoretiker ausmacht, beruht offensichtlich auf folgendem: Die die meisten familiensoziologischen Arbeiten fundierenden Annahmen über Struktur und Verlauf psychischer Prozesse bestehen aus Teilstücken der psychoanalytischen Theorie. Diese wiederum ist in den mittel- und westeuropäischen Staaten sowie den USA entwickelt und vorangetrieben worden, also in

---

258 Die Auffassung, daß zumindest eine Teilung der erzieherischen Funktionen auf die beiden Zentren: Eltern einerseits, Metapelet und Kindergruppe andererseits vorhanden ist, ist allgemein vorherrschend (vgl. z. B. Gerson, a. a. O., S. 78; Lewin, a. a. O., S. 93). Andere, wie z. B. Golan betonen die Funktion der homogenen Altersgruppe als „Grundpfeiler der Kollektiverziehung". (S. Golan: Der Chinuch Hameshutaf als pädagogische Lehre, in: „Kollektiverziehung ...", a. a. O., S. 70, ähnlich auch S. 72 f.).

259 Bestenfalls kann man sagen, daß der Kibbuz als Ganzer hinsichtlich der gemeinsamen Besitzverhältnisse, der gegenseitigen Hilfeleistung und Verantwortung der Familie ähnelt. (Vgl. Bettelheim, a. a. O., S. 57.) Zu diesem Ergebnis war anfangs auch Spiro gekommen (Is the Family Universal?, a. a. O., S. 72).

260 Die Differenz zur Familie betont gleichfalls Fürstenau, a. a. O., S. 109 ff. Auch H. Stierlein weist darauf hin, daß die Kibbuzim eine mögliche Alternative zur Familie als Aufzuchtinstitution darstellen. (Die Familienbeziehung, in: Psyche, 24. Jg. [1970], S. 679.)

Gesellschaften gleicher oder ähnlicher Wirtschafts- und Sozialstruktur und gleicher oder ähnlicher Familienstrukturen. Infolgedessen haben nur wenige Analytiker, zumal sie sich wesentlich auf das isolierte, behandlungsbedürftige Individuum konzentrierten und dessen Beziehungen zu anderen Personen weitgehend außer acht ließen — erst neuerdings wird die Familie des Patienten in die Behandlung einbezogen[261] —, sich mit der Abhängigkeit ihrer Erkenntnisse von der Struktur der Gesellschaft beschäftigt. Deshalb lag es nahe, diese Erkenntnisse nicht als historisch bedingte, sondern als anthropologische Konstanten aufzufassen. Diese Behauptung soll im folgenden anhand des von Erikson entworfenen Wachstumsmodells der „gesunden Persönlichkeit" erhärtet werden[262].

Erikson geht davon aus, daß das Wachstum eines jeden Organismus einem in ihm angelegten Grundplan folgt, dessen einzelne Teile sich im Laufe eines komplizierten Entwicklungsprozesses zu einem funktionierenden Ganzen zusammenfügen[263]. Die einzelnen Wachstumsstadien setzen sich aus verschiedenen Komponenten zusammen. Erikson unterscheidet: Psychosoziale Krisen, Umkreis der Beziehungspersonen, Elemente der sozialen Ordnung, psychosoziale Modalitäten und psychosexuelle Phasen. In der Entwicklungsphase, die von der Jugend zum Erwachsenendasein hinüberleitet, muß der Heranwachsende seine Ich-Identität herausbilden. Mit diesem Begriff bezeichnet Erikson einen spezifischen „Zuwachs an Persönlichkeitsreife . . ., den das Individuum am Ende der Adoleszenz der Fülle seiner Kindheitserfahrungen entnommen haben muß, um für die Aufgaben des Erwachsenenlebens gerüstet zu sein"[264]. Auch diese Identität ist etwas im Kern des Individuums Angelegtes[265], das dem einzelnen „die Fähigkeit vermittelt, sein Selbst als etwas zu erleben, das Kontinuität besitzt, das das gleiche bleibt, und dementsprechend handeln zu können"[266].

Zum Gelingen oder Mißlingen der Identitätsbildung tragen alle vorhergehenden Entwicklungsstadien bei. Insofern kann man schlecht von einer größeren oder geringeren Bedeutung einzelner Phasen sprechen. Dennoch besteht bei den meisten Psychoanalytikern und Soziologen Einigkeit darüber, daß die positive Bewältigung der ersten psychosozialen Krise, in der Urvertrauen gegen Urmißtrauen steht, von

---

261 Vgl. H.-E. Richter: Eltern, Kind und Neurose, Hamburg 1969; ders.: Patient Familie, Hamburg 1970; Bateson, Jackson, Laing, Lidz, Wynne u. a.: Schizophrenie und Familie, Frankfurt/M. 1969.

262 Abgedruckt in: E. H. Erikson: Identität und Lebenszyklus, Frankfurt/M. 1966, S. 214/215. Die Beschränkung auf das Eriksonsche Modell ist zweifach begründet. Einmal handelt es sich dabei wohl um das gegenwärtig bedeutendste Modell der Individuation, zum anderen hat Erikson dieses Modell auch unter Berücksichtigung der Entwicklung der Persönlichkeit in anderen Kulturen entwickelt. Vgl. z. B. seine Studien über Indianerstämme (Erikson: Kindheit und Gesellschaft, 3. Aufl., Stuttgart 1968, S. 107 ff.).

263 Erikson: Identität und Lebenszyklus, a. a. O., S. 57; ähnlich in Kindheit und Gesellschaft, a. a. O., S. 265.

264 Erikson: Identität und Lebenszyklus, a. a. O., S. 123.

265 Vgl. ebenda, S. 124.

266 Erikson: Kindheit und Gesellschaft, a. a. O., S. 36.

dem Gelingen der Mutter-Kind-Beziehung abhängt, da die Mutter in dieser Phase die einzige Beziehungsperson ist[267]. Das Gelingen dieser Beziehung entscheidet über den Erfolg aller späteren Identifikationen und damit auch über die Chance zur Herausbildung der Ich-Identität[268]. „Die Binsenwahrheit, daß das Grundproblem in der Mutter-Kind-Beziehung liegt“[269], ist erhärtet worden durch die Untersuchungen von René Spitz. Der Vergleich der Entwicklung von Säuglingen in einem Findelhaus, wo lediglich eine Schwester für acht Säuglinge zur Verfügung stand, und in einem einer Strafanstalt für Frauen angeschlossenen Säuglingsheim, wo die Mütter intensiven Kontakt mit ihren Kindern hatten, führte Spitz zu dem Ergebnis, daß es ein Maß gebe, „unter das man die Mutter-Kind-Beziehungen im ersten Lebensjahr des Kindes nicht herabsetzen kann, ohne einen Schaden anzurichten, der nicht wiedergutzumachen ist“[270]; und positiv formuliert: „Alle späteren Beziehungen mit Objektqualität, die Liebesbeziehung . . ., und letzten Endes alle zwischenmenschlichen Beziehungen haben ihren ersten Ursprung in der Mutter-Kind-Beziehung“[271]. Diese entscheidet letztlich also auch darüber, ob das menschliche Individuum am Ende der Pubertät jenes Identitätsgefühl herausbilden kann: das Bewußtsein von sich selbst als einer Einheit, die in wechselnden sozialen Bezügen in ihrer Substanz unverändert bleibt, zugleich aber auch wesentliche Charakterzüge mit der jeweiligen Gruppe oder Kultur gemeinsam hat[272]. In Eriksons Modell ist in der ersten Entwicklungsphase des Menschen, in der der Konflikt zwischen Urvertrauen und Urmißtrauen gelöst werden muß, die Mutter die einzige Beziehungsperson. Die vorstehende Beschreibung der Erziehung im Kibbuz hat jedoch deutlich gemacht, daß der Säugling dort schon in einem sehr frühen Stadium seiner Entwicklung die ausschließliche Beziehung zu seiner Mutter aufgeben lernen muß, dafür aber durch die Metapelet und die anderen Säuglinge einen weiteren emotionalen Bezugspunkt erhält[273]. Seine Situation unterscheidet sich dadurch entscheidend von der eines Säuglings, der in einer Familie in unserer Gesellschaft aufwächst. Schon die Tatsache, daß stets mehrere andere Säuglinge anwesend sind, trägt offensichtlich dazu bei, daß das Gefühl des „Verlassen-Werdens“ und „Verlassen-Seins“ beim Kibbuz-Säugling nie so total sein kann, wie bei einem Säugling, der

---

[267] Vgl. im Diagramm I/B (Identität und Lebenszyklus, a. a. O., S. 214 f.).

[268] Zur großen Bedeutung der Mutter-Kind-Beziehung vgl. ebenda, S. 140, 193; Kindheit und Gesellschaft, a. a. O., S. 202.

[269] Erikson: Kindheit und Gesellschaft, a. a. O., S. 202.

[270] Spitz: Hospitalismus, a. a. O., S. 187.

[271] Ders.: Vom Säugling zum Kleinkind, Stuttgart 1967, S. 307. Spitz geht davon aus, daß seine in diesem Buch niedergeschriebenen Beobachtungen über die Notwendigkeit der engen Mutter-Kind-Beziehung von allgemeiner Gültigkeit sind und den Normalfall darstellen. Dies wird deutlich, wenn er anschließend an dieses Zitat den „negativen“ Fall des Stammes der Alor schildert (S. 308 f.).

[272] Zu diesem doppelten Aspekt der Identität vgl. Erikson: Identität und Lebenszyklus, a. a. O., S. 124.

[273] Vgl. Lewin, a. a. O., S. 93.

in dem Moment, in dem die Mutter sein Zimmer verläßt, — und dies geschieht häufig — wirklich vollkommen allein ist[274]. So weist auch Lewin darauf hin, daß beide emotionale Zentren „das Ich des Kleinkindes stärken. Die Identifizierung mit mehr als einem Objekt entschärft Entbehrungen und Konflikte und kompensiert das Leid jener Trennungen, die von den Notwendigkeiten des Lebens diktiert werden“[275].

Diese Bemerkungen lassen erkennen, daß der Möglichkeit, eine große Vertrauensbasis durch die Beziehung zu nur einer Person zu entwickeln, die vollständige Abhängigkeit des Säuglings von einer Person entspricht, die ihm auch reichliche Gelegenheit zur Entwicklung von Angst und Mißtrauen bietet. Eine positive Bilanz von Urvertrauen und Urmißtrauen, auf die es letztlich ankommt, kann offensichtlich auch dann entstehen, wenn den geringeren Möglichkeiten, Vertrauen zu entwickeln, gleichfalls wenige Anlässe zur Entwicklung von Mißtrauen und Angst entsprechen[276]. Bei der Entwicklung des Kibbuzkindes fehlen diese Extreme der großen Bedeutung eines Menschen und der großen Abhängigkeit von ihm von Anfang an. „Die Betreuung durch verschiedene Personen gibt dem Kind nicht die absolute Sicherheit, die das Gefühl, im Zentrum des mütterlichen Daseins zu stehen, mit sich bringt. Aber das Kind wird auch nicht die absolute Abhängigkeit kennenlernen, die dieses Gefühl hervorbringen kann[277].“

Diese Feststellung Bettelheims wird gestützt durch Lewin, der aus der andersartigen Situation des Kibbuz-Säuglings in seinen ersten Lebensmonaten folgert: „Wenn wir dieses Stadium der Entwicklung (in Übereinstimmung mit der psychoanalytischen Theorie — H. R.) als den Beginn persönlicher und sozialer Beziehungen ansehen, können wir behaupten, daß ein Kleinkind im Kinderhaus Befriedigung von *jedem Menschen* in seiner Umgebung erwartet; und da es auch wirklich Aufmerksamkeit und Trost von mehr Personen als nur seiner Mutter erfährt, lernt es, seiner Umgebung *im ganzen* zu vertrauen[278].“

Das Beispiel der Kibbuzerziehung lehrt nicht nur, daß eine positive Gesamtbilanz zwischen Vertrauen und Mißtrauen offensichtlich vom Säugling unter sehr verschiedenen Bedingungen, speziell: auch ohne Beschränkung einzig auf die Mutter-Kind-Beziehung, erzielt werden kann, sondern verweist auch darauf, daß das Eriksonsche Modell lediglich die spezielle Situation eines Kindes in einer Mittelschichtenfamilie der USA bzw. anderer gegenwärtiger kapitalistischer Gesellschaften erfaßt[279].

---

274 Vgl. Bettelheim, a. a. O., S. 302 f.; ähnlich Gerson, a. a. O., S. 82.

275 Lewin, a. a. O., S. 93 f.

276 So Bettelheim, a. a. O., S. 303.

277 Ebenda, S. 304 f.

278 Lewin, a. a. O., S. 93.

279 Vgl. dazu insbesondere die Spalte B (Umkreis der Bezugspersonen) in Eriksons Diagramm und die Ausführungen Bettelheims (a. a. O., S. 297 ff.).

Die Erfahrung, nicht von einer einzigen Person versorgt zu werden und abhängig zu sein, verhindert jedoch auch jene, in den kapitalistischen Gesellschaften des „Westens“ für die Persönlichkeitsentwicklung typischen Identifizierungen mit einzelnen Personen, für die die Erfahrung „der grundlegenden Gegenseitigkeit“[280] der Mutter-Kind-Beziehung die Voraussetzung schafft.

Die Tatsache, daß die Eltern insgesamt im Leben des Kibbuzkindes zwar eine wichtige Rolle spielen, aber in ihrer Bedeutung durch die Existenz der Altersgruppe, in der das Kind ständig lebt, und dem Kibbuz als Ganzem, der sein Versorger ist, relativiert werden, verhindert eine starke Identifizierung mit den Eltern, mindert den ödipalen Konflikt[281] und verhütet die Ausbildung jenes Über-Ichs, das wesentlich durch die Internalisierung der Gebote und Verbote der Eltern entsteht[282].

Wenn Freud schreibt: das Über-Ich „vertritt für alle späteren Lebenszeiten den Einfluß der Kindheit des Individuums, Kinderpflege, Erziehung und Abhängigkeit von den Eltern, der Kinderzeit ... Und damit kommen nicht nur die persönlichen Eigenschaften dieser Eltern zur Geltung, sondern auch ... die Neigungen und Anforderungen des sozialen Zustandes, in dem sie leben ...“[283], so beschreibt er die Komponenten des Über-Ich eines in der bürgerlichen Kleinfamilie aufgewachsenen Menschen. Das Über-Ich des Kibbuzkindes entsteht nicht überwiegend durch die Internalisierung der elterlichen Ge- und Verbote, sondern hauptsächlich durch die Verinnerlichung dessen, was die Gruppe, peer-group und Kibbuz, denkt. Da nicht persönliche, sondern kollektive Gebote internalisiert werden, entwickelt sich ein kollektives Über-Ich[284], und damit entsteht zugleich auch ein kollektives Ich-Ideal. Die An-

---

280 Erikson: Identität und Lebenszyklus, a. a. O., S. 140.

281 Vgl. Rabin, a. a. O., S. 227; ebenso Liegle: Familie und Kollektiv im Kibbutz, a. a. O., S. 103; Bettelheim, a. a. O., S. 168 ff. G. u. R. Biermann berichten allerdings von einer „intensiver erlebten ödipalen Phase der Kibbuzkinder“ (a. a. O., S. 100). Diese Feststellung ist unwahrscheinlich. Der ödipale Konflikt ist engstens verbunden mit der Situation des Kindes in der Kleinfamilie, der engen Mutter-Kind-Beziehung, die dazu führt, daß die Mutter zum ersten Liebesobjekt wird etc. Die Vielfalt der Bezugspersonen in der Kibbuzerziehung verhindert die starke Fixierung des Kindes auf die Eltern — sowohl allgemein als auch in sexueller Hinsicht. Hinzu kommt, daß abgesehen von oralen Versagungen die Entwicklung der kindlichen Sexualität nicht eingeschränkt wird. Damit aber entfallen entscheidende Voraussetzungen für die Intensität des ödipalen Konflikts. Diese Überlegung wird gestützt durch analoge Beobachtungen bei Erziehungsformen, in die eine Vielzahl von Personen einbezogen sind. Vgl. dazu M. Mead: Leben in der Südsee, München 1965, S. 135; ähnlich auch E. Wulff: Grundfragen transkultureller Psychiatrie, in: Das Argument 50/3 (1969), S. 240 f.

282 Vgl. dazu Bettelheim, a. a. O., S. 129 ff.

283 S. Freud: Abriß der Psychoanalyse, in: ders.: Abriß der Psychoanalyse. Das Unbehagen in der Kultur, Frankfurt/M., Hamburg 1965, S. 60.

284 Vgl. dazu Bettelheim, a. a. O., S. 129 ff. „Das Kibbutz-Kind verinnerlicht die von seiner Altersgruppe entwickelten Werte, und wenn dies der Fall ist, wächst es in einer besonders sicheren emotionalen Umgebung auf. Es ist ständig von Mitgliedern seiner Gruppe umgeben, die eine äußere Kontrolle seines Verhaltens ausüben, die mit den verinnerlichten

forderungen des Über-Ich sind für das Kind dadurch weniger zwanghaft, daß es selbst ein Teil jenes „Wir" ist, dessen Gebote sein Über-Ich bestimmen. Zwischen den Anforderungen des Über-Ich und denen der Außenwelt besteht eine weitgehende Identität[285]. Die Aufgabe des Ich, die Freud als die Vermittlung zwischen den divergierenden Ansprüchen des Es, des Über-Ich und der Realität bestimmte[286], wird im Kibbuz durch die Übereinstimmung zwischen den Forderungen des kollektiven Über-Ich und denen der Umwelt erleichtert. Das Ich des Kibbuz-Kindes muß sich also in einem ganz anderen Spannungsverhältnis verschiedener Ansprüche behaupten und entwickeln als das eines Kindes in unserer Gesellschaft, das Freud zu seinem Gegenstand machte. Das Ich des Kibbuz-Kindes hat weniger Kämpfe auszufechten, ist weniger zerrissen, aber auch weniger komplex. Es kann einerseits sehr gut zwischen den Anforderungen von Umwelt und Über-Ich vermitteln; seine Schwäche besteht andererseits jedoch darin, daß es ihm unmöglich ist, sich gegen die nahezu übereinstimmenden Ansprüche von Über-Ich und Umwelt durchzusetzen. Das Ich des Kibbuznik ist also dann am stärksten, wenn es mit den Vorstellungen seiner Gruppe, die zugleich Umwelt- und Über-Ich-Anforderungen sind, konform geht. Diese zunächst abstrakt-theoretische Ableitung wird gestützt durch Untersuchungsergebnisse, denen zufolge „die Herausbildung einer eng zusammenhängenden Gruppe mit verinnerlichten gemeinsamen Werten . . . der Kristallisationspunkt (ist) für kollektive Züge im Verhalten und in den Einstellungen der Kinder . . ."[287]. Infolgedessen reagieren die jungen Kibbuzniks außerordentlich sensibel gegenüber der Bestätigung durch die Altersgruppe[288], deren Wirkung tiefgreifend und langdauernd ist[289] und von der sie in hohem Maße Verhaltenssicherheit beziehen[290]. Bettelheims Feststellung, daß die Kibbuz-Erziehung die Entwicklung eines Gruppen-Ich fördere[291], ist in der Tendenz offensichtlich zutreffend.

Sie wird bestätigt durch Ergebnisse Handels, nach denen das Selbstbild der im Kibbuz Geborenen relativ viel häufiger als das des Stadtkindes einen Unterton von

---

Kräften des Über-Ichs übereinstimmt." (G. Caplan: Clinical Observations on the Emotional Life of Children in the Communal Settlements in Israel, zustimmend zitiert von Golan: Kollektiverziehung im Kibbutz, a. a. O., S. 59.)

285 Vgl. Golan: Kollektiverziehung im Kibbutz, a. a. O., S. 59.

286 Vgl. S. Freud: Neue Folge der Vorlesungen zur Einführung in die Psychoanalyse, in: Sigmund Freud Studienausgabe, Bd. I, Frankfurt/M. 1969, S. 514.

287 Kaffmann, a. a. O., S. 257. Dieser Prozeß, betont Kaffmann, schließe die gleichzeitige Entwicklung der Individuation nicht aus. Diese werde jedoch nur soweit toleriert, als sie dem Gruppenrahmen und -standard angepaßt ist. (Ebenda.)

288 Vgl. M. E. Spiro: Die Erziehung in einem Gemeinschaftsdorf in Israel, in: „Kollektiverziehung . . .", a. a. O., S. 131, 133.

289 Vgl. Gerson, a. a. O., S. 83.

290 Vgl. Spiro, a. a. O., S. 133.

291 So auch Stierlin, a. a. O., S. 679.

Scheu und mangelnder Selbstsicherheit aufweist[292], hingegen die Bestätigung durch die Gruppe Verhaltenssicherheit hervorruft[293]. Diese Erkenntnis gewinnt man auch anhand der Überlegung, daß Voraussetzung für die Entwicklung einer Ich-Identität, dem Bewußtsein von sich selbst als etwas Gleichbleibendem, gelungene Identifikationen mit einzelnen Personen in der Kindheit sind, die in der Pubertät vom einzelnen wieder aufgegeben und zu einer nur für ihn charakteristischen Synthese zusammengefaßt werden[294]. Dem Kibbuz-Kind sind — im Vergleich zu den Bedingungen unserer Gesellschaft — Identifizierungen mit einzelnen Personen von Anfang an erschwert. Dafür wird die Identifizierung mit der Altersgruppe erleichtert, eine Identifizierung, die zudem nicht wieder aufgegeben werden braucht. Jenes Stadium der Persönlichkeitsentwicklung, das in Eriksons Schema die Schwelle zum Erwachsenendasein kennzeichnet, die Herausbildung der Ich-Identität, wird beim Kibbuznik durch seine Zugehörigkeit zur peer-group geprägt. Seine Persönlichkeit ist daher stärker durch kollektive Züge bestimmt[295].

Es liegt nahe, diese Modifizierung in der Persönlichkeitsentwicklung als eine pathogene Erscheinung zu deuten. Zu diesem Ergebnis kommt man allerdings nur, wenn man das Eriksonsche Modell der Persönlichkeitsentwicklung als das einzig normale und natürliche ansieht. Nun berichtet aber Wulff, daß die vietnamesische Gesellschaft einen Menschentyp, oder besser: Sozialcharakter formt, bei dem jene für den Kibbuznik konstatierten kollektiven Züge des Ich derart ausgeprägt sind, daß man von einem Gruppen-Ego sprechen kann. Die Ich-Leistung des Vietnamesen besteht darin, „sich zu jeder ‚Zeit' und in jeder Situation mit der Rolle, die diesen entsprechend vorgeschrieben wird, restlos, d. h. ohne jeden persönlichkeitsbedingten, individuell-privaten Bodensatz zu identifizieren"[296]. Ich-Identität, in dem von Erikson beschriebenen Sinne, die „die Fähigkeit vermittelt, sein Selbst als etwas zu erleben, das Kontinuität besitzt, ‚das Gleiche' bleibt und dementsprechend handeln zu können"[297], wird in der Persönlichkeitsentwicklung des Vietnamesen nicht erreicht.

Diese — zunächst noch oberflächliche — Parallelität in der Persönlichkeitsentwicklung eines israelischen Kibbuzniks und eines vietnamesischen Dorfbewohners führt zu der Frage nach möglichen Gemeinsamkeiten zwischen einem Kibbuz und einem vietnamesischen Dorf, die die Ausbildung eines ähnlichen Sozialcharakters bewir-

---

[292] Vgl. A. Handel: Das Selbstbild des heranwachsenden Kibbutzniks, in: „Kollektiverziehung...", a. a. O., S. 238 ff.

[293] Vgl. dazu die Beobachtungen Bettelheims, a. a. O., S. 214 ff.

[294] Vgl. dazu Erikson: Identität und Lebenszyklus, a. a. O., S. 106 ff., 140.

[295] So — wenn auch die Tendenz überspitzend — Bettelheim, a. a. O., S. 313 f.

[296] Wulff, a. a. O., S. 237. Wulff stellt einen Zusammenhang zwischen der Ausbildung eines Gruppen-Ich beim Vietnamesen und den spezifischen Erscheinungsformen der Schizophrenie in Vietnam her. (Vgl. a. a. O.)

[297] Erikson: Kindheit und Gesellschaft, a. a. O., S. 36.

ken[298]. Eine ausführliche Untersuchung und ein Vergleich der Sozialstrukturen im Kibbuz und im vietnamesischen Dorf können im Rahmen dieser Arbeit nicht durchgeführt werden. Einige Ähnlichkeiten fallen jedoch schnell ins Auge:

Sowohl im Kibbuz als auch im vietnamesischen Dorf hat *kollektive Arbeit* einen hohen Stellenwert[299]. In beiden Sozialformen wird von den Mitgliedern *Konsens* bezüglich der Familien- und Dorfgemeinschaft bzw. des Kibbuz' gefordert[300], beiden kommt hinsichtlich der ökonomischen Versorgung oder der ökonomischen Sicherung in Notzeiten eine überragende Bedeutung für die einzelnen Mitglieder zu[301]. In beiden Sozialformen wird durch die Vielzahl der in die Erziehung des Kindes einbezogenen Personen[302] die *Identifizierung mit der ganzen Gruppe* begünstigt. Die Identifizierung des Vietnamesen mit der Gruppe „Gemeinde" geht so weit, daß er nicht denkt „ich", sondern „die Gemeinde", „das Dorf" etc.[303]. Phan Thi Dac berichtet: „Sa vie sociale ne se pense ainsi qu'en termes de groupe depuis l'enfance jusqu'à la vieillesse, car seul le groupe possède une individualité et une puissance qui comptent, l'individu n'existe pas, il ne saurait vivre, en tout cas, dans la commune vietnamienne[304]."

Die Kinder werden im Kibbuz und in Vietnam keiner strengen Sauberkeitsdressur unterworfen[305]. Die Besitzproblematik wird dadurch sowie durch andere Elemente der Sozialisation (z. B. geringfügige Bedeutung von Eigentum[306]) wenig ausgebildet. Sowohl im vietnamesischen Haus, das zumeist nur aus einem Raum besteht, in dem sich alle Lebensvorgänge abspielen[307], wie auch im Kibbuz, wo jeder das Recht hat, jeden zu jeder Zeit aufzusuchen[308], kann sich keine Privat- und Intimsphäre herausbilden, die eine wichtige Voraussetzung für die Entwicklung einer ausgeprägten Individualität ist.

---

298 Es muß von vornherein vor zu weitreichenden Analogien gewarnt werden, denn der Kibbuz und die vietnamesische Dorfgemeinde sind nur bedingt vergleichbar. Während die Kibbuzim erst gerade so lange bestehen, daß sie ansatzweise Traditionen entwickeln können und zudem durch die Einflüsse einer andersartigen Umwelt geprägt sind, hat sich die vietnamesische Dorfgemeinde in einem Jahrhunderte währenden Prozeß herausgebildet. Daher trägt in Vietnam selbst die Sprache zum Aufbau eines Gruppen-Ego bei. Vgl. Wulff, a. a. O., S. 237; Phan Thi Dac: Situation de la Personne au Viet-Nam, Paris 1966, S. 133 ff.

299 Vgl. Bettelheim, a. a. O.; Wulff, a. a. O., S. 253; J. Chesneaux: Geschichte Vietnams, Berlin 1963, S. 18; Nguyen Khac Vien: Expériences Vietnamiennes, Paris 1970, S. 74 f.

300 Vgl. Bettelheim, a. a. O., S. 56, 247; Wulff, a. a. O., S. 241.

301 Vgl. Bettelheim, a. a. O., S. 92 ff., 227 ff.; Wulff, a. a. O., S. 241, 253.

302 Vgl. Wulff, a. a. O., S. 240.

303 Vgl. Phan Thi Dac, a. a. O., S. 30.

304 Ebenda, S. 33.

305 Vgl. dazu Bettelheim, a. a. O., S. 147 ff.; Wulff, a. a. O., S. 240.

306 Vgl. Bettelheim, a. a. O., S. 23, 36; Wulff, a. a. O., S. 242.

307 Vgl. Wulff, a. a. O., S. 241 ff.

308 Vgl. Bettelheim Schilderung der „Qualen", die ein seine Privatsphäre als Selbstverständlichkeit gewohnter Nordamerikaner im Kibbuz erleidet (a. a. O., S. 249).

Soziale Ordnungen wie die des Kibbuz' und der vietnamesischen Familien- und Dorfgemeinschaft, die wesentlich auf der ökonomischen und sozialen Kooperation aller Mitglieder beruhen, fordern von diesen Unter- und Einordnung in die soziale Struktur. Dies wiederum ist nur einem Persönlichkeitstypus möglich, der in seinem Beitrag zum Gelingen der kollektiven Beziehungen und nicht in seiner individuellen Selbstverwirklichung sein Ziel findet[309].

Ein- und Unterordnung in die vorgegebene soziale Struktur wird in Vietnam durch die Ausbildung des Gruppen-Ich beim Vietnamesen gewährleistet. Tendenziell wirkt auch die Kollektiverziehung im Kibbuz in diese Richtung[310]. Infolge der äußeren Bedingungen und Einflüsse, unter denen die Kibbuzim existieren, sowie ihres, im Vergleich zur vietnamesischen Gesellschaft, kurzen Bestehens, sind diese Tendenzen jedoch viel weniger ausgeprägt.

Sozialisationsziel und Sozialisationsformen sind demnach in hohem Maße abhängig von der sozialen Struktur einer Gesellschaft, konkret: von den realen Lebens- und Arbeitsverhältnissen, in die der einzelne einbezogen ist[311]. D. h. aber, daß es kein allgemeingültig zu bestimmendes Sozialisationsziel geben kann.

Wenn Erikson die Entwicklung der Ich-Identität als eine notwendige Voraussetzung für die Bewältigung des Erwachsenendaseins herausstellt[312] und Identität definiert als „etwas im Kern des Individuums Angelegtes“, das „sowohl ein dauerndes inneres Sich-Selbst-Gleichsein wie ein dauerndes Teilhaben an bestimmten gruppenspezifischen Charakterzügen umfaßt“[313], so beschreibt er lediglich eine notwendige Stufe in der Persönlichkeitsentwicklung der Menschen in den modernen kapitalistischen Gesellschaften.

Die Notwendigkeit des Bewußtseins von sich selbst als einer relativ stabilen Einheit und als etwas Einzigartigem, ist überhaupt erst vorhanden in Gesellschaften mit einer sehr differenzierten Struktur und der für die kapitalistische Gesellschaft spezifischen Form der Arbeitsteilung. Hier zerfällt der vormals einheitliche Lebensprozeß in eine Vielzahl voneinander getrennt erscheinender Lebenssphären, in denen der einzelne je verschiedene Rollen ausüben muß. Nur wenn sein Selbst innerhalb einer derart differenzierten und sich schnell wandelnden Umwelt einen Fixpunkt bildet, in wechselnden sozialen Bezügen gleich bleibt, ist es dem einzelnen möglich, sich zu orientieren, sein Leben sinnvoll zu organisieren. Obschon der einzelne in die Vielfalt seiner sozialen Bezüge in vielen Rollen agiert, gleichsam selbst lediglich als ein

---

[309] Vgl. dazu die Ausführungen Bettelheims (a. a. O., S. 258 ff.) mit denen Wulffs (a. a. O., S. 235 ff.). Eine anschauliche Schilderung dieser Zusammenhänge bietet die Beschreibung des Stammes der Berg-Arapesh durch M. Mead (in: Leben in der Südsee, a. a. O., S. 343 ff.).

[310] Vgl. dazu die explizierten Erziehungsziele bei Spiro (Die Erziehung in einem Gemeinschaftsdorf in Israel, in: „Kollektiverziehung ...“, a. a. O., S. 133).

[311] Vgl. dazu Wulff, a. a. O., S. 252 ff.

[312] Vgl. Erikson: Identität und Lebenszyklus, a. a. O., S. 123.

[313] Ebenda, S. 124.

Rollenbündel erscheint, kann er die Anforderung der einzelnen Rollen nur bewältigen, wenn es ihm gelingt, durch die Ausbildung einer Ich-Identität sie unter „einen Hut zu bringen“[314].

Die Koordination des Lebensprozesses zu einer Einheit durch das einzelne Individuum ist hingegen in relativ geschlossenen und statischen Gesellschaften[315], in denen Lebens- und Arbeitsprozeß noch eine Einheit bilden, die soziale Ordnung als vorgegebene „Ordnung der Dinge“ aufgefaßt wird, die immer „da“ und in der der einzelne von Anfang an fest verankert ist, nicht vonnöten. Hier besteht seine Ich-Leistung im wesentlichen in der Einfügung in die vorgegebene Welt- bzw. Sozialordnung.

Auf diesen Zusammenhang zwischen der Notwendigkeit von Ich-Identität und der spezifischen Form der Differenzierung und Arbeitsteilung der kapitalistischen Gesellschaft verweist auch die Tatsache, daß in Europa erst in der Renaissance der Mensch als Individuum sowohl in der Eigenart seines Charakters wie auch seines persönlichen Lebens entdeckt wird[316]. Die Geschlossenheit der mittelalterlichen Welt, in die der einzelne einbezogen war, in der er seinen Platz bzw. Stand hatte, den er nicht tätig verändern konnte, ist zerbrochen. Das starke, einzigartige Individuum tritt der Welt als selbständiger Gegenspieler gegenüber[317]. „Schon bei seinem ersten Auftreten meint der Begriff Individuum ein Faktisches, Abgeschlossenes, für sich Bestehendes, Einzelnes, ausgezeichnet durch besondere Eigenschaften, die nur ihm allein zukommen sollen[318].“

Die reale Basis für diese neue Auffassung vom Menschen bildet das mit der Auflösung der mittelalterlichen Verflechtungen und Bindungen[319] — auch der Wirtschaftsmittel — entstehende private Eigentum an den Produktionsmitteln, die Ausbreitung der Geldwirtschaft, kurz: der Beginn der kapitalistischen Wirtschaftsweise. Die gesellschaftliche Stellung des Handel oder Gewerbe treibenden Bürgers ist nicht durch die mit der Geburt verbundene Standeszugehörigkeit festgelegt, sondern richtet sich nach dem Erwerb. Dessen Umfang hängt unter den veränderten gesellschaftlichen Bedingungen ganz erheblich von der *individuellen Fähigkeit* des einzelnen ab, seine Wirtschaftsmittel optimal zu kombinieren und einzusetzen, von seinem Ideenreichtum, kurz: von seiner Fähigkeit, sich im wirtschaftlichen Konkurrenzkampf

---

314 D. Riesmann hat den dazu notwendigen psychologischen Mechanismus als einen seelischen „Kreiselkompaß“ bezeichnet (vgl. Die einsame Masse, Hamburg 1962, S. 32).

315 Bettelheim vertritt die Ansicht, daß auch der Kibbuz eine statische Gesellschaft ist (a. a. O., S. 283).

316 Vgl. A. Buck: Die Rangstellung des Menschen in der Renaissance, in: Archiv für Kulturgeschichte, Bd. 42 (1960), S. 63.

317 Vgl. E. Cassirer: Individuum und Kosmos in der Philosophie der Renaissance, Darmstadt 1963, S. 83.

318 Institut für Sozialforschung, a. a. O., S. 41.

319 Zur mittelalterlichen Wirtschaftsmoral vgl. von Aster, a. a. O., S. 183.

zu behaupten und erfolgreich zu sein[320]. Die Möglichkeit des Angehörigen der neuen bürgerlichen Klasse, aus eigener Kraft seine Stellung in der Gesellschaft zu verändern, bildet die Grundlage jenes Anscheins von Freiheit von der Gesellschaft, der sich mit dem Begriff des Individuums von Anfang an verbindet[321, 322].

Die volle Entfaltung des Kapitalismus bewirkte jene oben schon beschriebene Trennung der verschiedenen gesellschaftlichen Lebensbereiche[323], in die der einzelne einbezogen ist, und jenes gesellschaftliche Bewußtsein, dem der reale Zusammenhang der einzelnen Teilbereiche nicht erkennbar ist. Sie führte auch zur Herausbildung der für die modernen kapitalistischen Gesellschaften typischen und vorherrschenden Form der Klein-Familie, in der jener Persönlichkeitstyp geformt wird, dessen Entwicklung Erikson in seinem Modell erfaßt hat. Erst durch die spezifische Erziehungssituation in der modernen Kleinfamilie, die dem Kind frühzeitig die Befriedigung oraler und analer Wünsche verwehrt und somit Aneignungs-, Festhalte- und Exklusionsstreben fördert, in der durch die geringe Zahl der Erziehungspersonen und die vollständige Abhängigkeit von ihnen nicht nur der ödipale Konflikt mit besonderer Intensität erlebt wird und zugleich unilaterale Identifikationen gefördert werden, entsteht die Vorstellung von der individuellen Einzigartigkeit und Unersetzlichkeit[324], die mit der Entwicklung des Identitätsgefühls — so wie es Erikson definiert hat — untrennbar verbunden ist.

Diese restriktiven Sozialisationspraktiken sind wesentlich eine Folge der oben beschriebenen ökonomischen Situation, in der sich die meisten Familien in unserer Gesellschaft befinden[325]. In den Familien von Arbeitern und Angestellten, in denen die Mutter selbst berufstätig ist und/oder einen technisch nicht optimal ausgestatteten, mehrere Personen umfassenden Haushalt zu führen hat, sind „reglementierte Stillzeiten, frühzeitige Entwöhnung . . ., aber auch vorzeitige, mit Züchtigungen oder Androhung von Liebesentzug verbundene Reinlichkeitsdressur . . . deshalb erforder-

---

320 Vgl. dazu: A. Hauser: Sozialgeschichte der Kunst und Literatur, München 1967, S. 204.

321 Dieser enge Zusammenhang zwischen dem Eigentum an Produktionsmitteln und der Möglichkeit, seine einzigartige Individualität zu entwickeln, offenbart sich am deutlichsten in der Auffassung Lockes, daß derjenige, der kein materielles Eigentum besitzt, das volle Eigentum an seiner Person verliert, das die Grundlage der gleichen natürlichen Rechte war. (Vgl. C. B. Macpherson: Die politische Theorie des Besitzindividualismus, Frankfurt/M. 1967, S. 261.) In der Verbindung von Produktionsmitteleigentum und dem Begriff des Individuums liegt auch die Wurzel für das bürgerliche Ich-Ideal der Selbstverwirklichung (vgl. dazu Wulff, a. a. O., S. 243 ff.).

322 „Und diese Idee der Isoliertheit, des In-Sich-Abgeschlossenseins der menschlichen Persönlichkeit, dieser ‚natürliche Zustand' . . . entspricht vollkommen der warenmäßigen Produktion, in der die Produzenten formell voneinander unabhängig . . . und außer durch die künstlich geschaffene Rechtsordnung durch nichts miteinander verbunden sind." (W. Paschukanis: Allgemeine Rechtslehre und Marxismus, Frankfurt/M. 1967, S. 92.)

323 Vgl. oben, S. 130 ff.

324 Vgl. zu diesem Gedankengang Wulff, a. a. O., S. 248 f.

325 Vgl. dazu oben, S. 115 ff.

lich, um den größten Teil der Tageszeit der Eltern . . . für die Arbeit sowie für die zur Erhaltung der Arbeitsfähigkeit nötige Freizeit und Erholung zur Verfügung zu halten. Die Folge dessen sind sozialtypische orale und anale Versagungen, die nicht auf die nötigen Lernprozesse der Kinder, sondern nahezu ausschließlich auf das Ruhebedürfnis der Eltern zugeschnitten sind"[326].

3. Schlußfolgerungen

Als Ergebnis läßt sich festhalten: Die von einer großen Anzahl von Vertretern der psychoanalytischen Theorie aufgestellte Behauptung von der Unabdingbarkeit einer engen und intensiven Mutter-Kind-Beziehung als Voraussetzung für die gesunde Entwicklung der Persönlichkeit ist nicht aufrecht zu erhalten. Das Beispiel der Kibbuz-Erziehung lehrt, daß eine kollektive Kindererziehung, die schon früh die Ausschließlichkeit einer engen Mutter-Kind-Beziehung durch das Vorhandensein mehrerer Bezugspersonen verhindert, ohne Schaden für die Persönlichkeitsentwicklung des Kindes möglich ist. Der spezifische Sozialcharakter des Kibbuzniks entsteht jedoch nicht ausschließlich aufgrund der früh einsetzenden bizentralen Erziehung, sondern zu seiner Ausprägung tragen eine Vielzahl von Faktoren bei, die alle in die gleiche Richtung wirken[327]. Auch die Ergebnisse anthropologischer Untersuchungen stützen die These von der Notwendigkeit der engen Mutter-Kind-Symbiose gleichfalls nicht. M. Mead hat schon seit langem darauf hingewiesen, daß „die besondere biologische Situation der fortdauernden Beziehung des Kindes zu seiner biologischen Mutter und die Notwendigkeit seiner Betreuung durch menschliche Wesen hoffnungslos durcheinandergeworfen (werden) bei der immer entschiedeneren Behauptung, daß Kind und biologische Mutter, oder Kind und Mutterersatz, nie getrennt werden dürften, daß jede Trennung, selbst für ein paar Tage, unweigerlich schädlich sei und daß sie bei längerer Dauer nicht wiedergutzumachenden Schaden ausrichte". Sie fügt hinzu: „In Wirklichkeit gibt es nach dem gegenwärtigen Stand der Anthropologie nichts, was eine derartige starke Betonung der Bindung zwischen Mutter und Kind rechtfertigen würde. Im Gegenteil weisen kulturelle Querschnittsuntersuchungen darauf hin, daß die Anpassung dann besonders leicht vonstatten geht, wenn das Kind von vielen freundlichen Menschen umsorgt wird"[328].

---

326 Wulff, a. a. O., S. 254.

327 Vgl. dazu die Ausführungen Bettelheims über den Zusammenhang zwischen Besitz und Bindungsfähigkeit (a. a. O., S. 258), sowie die vollständige Ausrichtung aller Erziehungsmaßnahmen auf die Bildung eines Persönlichkeitstypes, der geeignet ist, das Kibbuzleben zu führen (vgl. insbesondere ebenda, S. 84 ff., 90 ff., 99 ff., 103, 105 ff., 127, 158 ff., 217 ff., 224 f., 309 f.).

328 M. Mead: Some Theoretical Considerations on the Problem of Mother-Child-Separation, in: American Journal of Orthopsychiatry, Bd. XXIV (1954), S. 477; zitiert nach: A. Myrdal und V. Klein: Die Doppelrolle der Frau in Familie und Beruf, 3. erw. Aufl., Köln, Berlin 1971, S. 203 f. Vgl. dazu auch die anthropologischen Untersuchungen M. Meads.

Ebenso wie die These von der Unabdingbarkeit der engen Mutter-Kind-Beziehung beruhen auch andere Teilstücke der psychoanalytischen Theorie über die Entwicklung der gesunden Persönlichkeit auf einer Verabsolutierung der spezifischen Erziehungssituation in der Kleinfamilie der modernen kapitalistischen Gesellschaften[329]. Diese Verabsolutierung kommt dadurch zustande, daß ein erheblicher Teil der Psychoanalytiker eine Reflexion über und eine Untersuchung der Beziehungen zwischen der sozialökonomischen Struktur der Gesellschaft, der davon abhängigen Organisation und Verteilung der Arbeit auf die einzelnen Gesellschaftsklassen und den dadurch bedingten Erziehungspraktiken nicht vornimmt. Wenn Wulff feststellt, daß „die Strukturen der Arbeitswelt der jeweiligen Produktionsweise . . . in gewissem Sinne das Negativ-Bild der ‚Privatsphäre', einschließlich der Sozialisationsvorgänge dar" (-stellen)[330], so muß ergänzend hinzugefügt werden, daß diese Beziehung vermutlich nicht ganz so eindeutig ist. Wie oben nachgewiesen, entwickelt sich ein Gruppen-Ego sowohl bei der Erziehung in der erweiterten Familie des vietnamesischen Dorfes als auch — tendenziell — bei der kollektiven Erziehung im Kibbuz. Eine bestimmte Produktionsweise und -organisation verlangt zwar einen „passenden" Sozialcharakter. Dieser kann offensichtlich — wie die Beispiele zeigen — durch unterschiedliche gesellschaftliche Organisation der Erziehung, die jedoch auf denselben Grundprinzipien basieren muß, geformt werden.

Das Aufweisen dieser konkreten Beziehungen zwischen der sozialökonomischen Struktur der Gesellschaft und der ökonomischen Basis der Sozialisationsinstanzen einerseits und den Sozialisationspraktiken andererseits wird weder von den meisten psychoanalytischen Theoretikern noch von der Mehrzahl der Familiensoziologen, die auf den Ergebnissen der psychoanalytischen Theorie aufbauen, vorgenommen. Dies wird am deutlichsten an der Betonung der Notwendigkeit der engen Mutter-Kind-Beziehung, die nicht nur als unabdingbar für die Formung eines an das Leben in einer modernen kapitalistischen Gesellschaft angepaßten Persönlichkeitstypus dargestellt wird, sondern als anthropologische Konstante, aus der sich wiederum die These von der Familie als einzig möglicher Sozialisationsinstanz ableiten läßt.

Die beiden ersten Teile dieser Arbeit beschäftigten sich mit den zwei zentralen theoretisch-methodischen Ansätzen in der westdeutschen Familiensoziologie. Dabei wurde eine Übereinstimmung dieser beiden Ansätze in der Ausklammerung der konkreten historischen und ökonomischen Grundlagen festgestellt, deren Berücksichtigung allein eine adäquate Analyse der jeweiligen Familienstruktur ermöglichen kann. Jede Familiensoziologie, die anstelle der Untersuchung der Entstehungs- und Existenzbedingungen der konkreten Familienformen nach den Invarianten des „menschlichen Zusammenlebens" sucht, muß zwangsläufig die historische und ökonomische Dimension aus ihren Arbeiten ausklammern. Aus einer Vielzahl anthropologischer Untersuchungen werden stattdessen die oberflächlichen Ähnlichkeiten mit den Strukturen

---

[329] Vgl. dazu oben, S. 162 ff.

[330] Wulff, a. a. O., S. 252.

der modernen Kleinfamilie in den spätkapitalistischen Gesellschaften registriert und mittels deren Verabsolutierung zur Norm erhoben[331].

Die ebenfalls aufgrund dieser Verabsolutierung zustande gekommene, vermeintlich allgemeingültige[332] Erkenntnis, die frühkindliche Sozialisation könne zweckmäßig und optimal nur in der Familie erfolgen, kann als Ergebnis der vorstehenden Überlegungen als unzutreffend zurückgewiesen werden. Deshalb ist denjenigen zuzustimmen, die darauf hinweisen, daß es „zwischen der ausschließlich familialen Früherziehung und der traditionalen mit Hospitalismusschäden einhergehenden unpersönlichen Anstaltserziehung ... offenbar eine Skala weder im einzelnen durchdachter noch bisher praktizierter organisatorischer Möglichkeiten" gibt[333].

Angesichts der erwähnten strukturellen Mängel der frühkindlichen Sozialisation[334] ist die Reflexion über Alternativen nötiger denn je.

---

331 Diese Vorgehensweise wird sinnfällig demonstriert von M. Zelditch, der anhand eines Samples von 56 anthropologischen Untersuchungen verschiedener Kulturen die folgende, auf gruppendynamischen Untersuchungen basierende Hypothese untersuchte: „If the nuclear family constitutes a social system stable over time, it will differentiate roles such that instrumental leadership and expressiv leadership of the system are discriminated." (M. Zelditch: Role Differentiation in the Nuclear Family: A Comparative Study, in: Parsons and Bales: Family, Socialization and Interaction Process, a. a. O., S. 320). Seine Überprüfung ergab, daß die vermutete Differenzierung in 46 Fällen vorhanden war, in 10 dagegen nicht. Daraufhin wurden von Zelditch einzig die zehn abweichenden, seine Hypothese nicht stützenden Fälle auf die Zuverlässigkeit des Forschungsberichtes hin überprüft. (Vgl. S. 320 ff.) Auf die Idee, daß auch die anderen Berichte möglicherweise unzuverlässig sein könnten und nur deshalb seine Hypothese bestätigten, ist er offensichtlich nicht gekommen — eine Überlegung, die angesichts der Tatsache, daß es sich bei dem Material um ethnologische Forschungen handelte, die nicht unter dem Aspekt durchgeführt wurden, die Übereinstimmungen der betreffenden Familienstruktur mit derjenigen in den Vereinigten Staaten festzustellen, hätte naheliegen müssen.

332 Vgl. z. B. Claessens (Familie und Wertsystem, a. a. O.), der die Kernfamilie allein als anthropologisch-soziale Formalgruppe, aller ethnischen Bedingtheit entkleidet, untersucht (S. 10, 12), um dann zu dem Ergebnis zu kommen, daß diese Kernfamilie die Aufgabe der „Tradierung wertorientiert-normgebundenen Verhaltens" (S. 150) optimal erfüllen kann (S. 145 f.).

333 Fürstenau, a. a. O., S. 111.

334 Vgl. dazu oben, S. 154 f. Vgl. auch Claessens: Familie und Wertsystem, a. a. O., S. 157 ff.; Mitscherlich: Auf dem Weg zur vaterlosen Gesellschaft, a. a. O., S. 79 f.

Literatur

Adorno, Th. W., u. a.: The Authoritarian Personality. New York 1950.

Adorno, Th. W.: Zum gegenwärtigen Stand der deutschen Soziologie. In: KZfSS, Bd. 11 (1959), S. 257 ff.

Adorno, Th. W.: Soziologie und empirische Forschung. In: *E. Topitsch* (Hrsg.): Logik der Sozialwissenschaften. Köln/Berlin 1965, S. 511 ff.

Adorno, Th. W., u. a.: Der Positivismusstreit in der deutschen Soziologie. Neuwied, Berlin 1969.

Albert, H.: Modell-Platonismus. Der neoklassische Stil des ökonomischen Denkens in kritischer Beleuchtung. In: *E. Topitsch* (Hrsg.): Logik der Sozialwissenschaften. Köln/Berlin 1965, S. 406 ff.

Ambros, D.: Über Wesen und Formen organischer Gesellschaftsauffassung. In: Soziale Welt, Bd. 14 (1963), S. 14 ff.

Apel, K. O.: Arnold Gehlens Philosophie der Institution. In: Philosophische Rundschau, Bd. 10 (1962), S. 1 ff.

Aron, R.: Deutsche Soziologie der Gegenwart. Stuttgart 1965.

Aster, E. v.: Geschichte der Philosophie. 14. Aufl. Stuttgart 1963.

Bahrdt, H. P.: Industriebürokratie. Versuch einer Soziologie des industrialisierten Bürobetriebes und seiner Angestellten. Stuttgart 1963.

Bahrdt, H. P.: Die Krise der Hierarchie im Wandel der Kooperationsformen. In: Soziologie und moderne Gesellschaft. Verhandlungen des 14. deutschen Soziologentages. Stuttgart 1959, S. 113 ff.

Bahrdt, H. P.: Die moderne Großstadt. Soziologische Überlegungen zum Städtebau. Hamburg 1961.

Bahrdt, H. P.: Die Angestellten. In: *M. Feuersenger* (Hrsg.): Gibt es noch ein Proletariat? Frankfurt/M. 1962, S. 15 ff.

Bahrdt, H. P.: Die Industriearbeiter. In: *M. Feuersenger* (Hrsg.): Gibt es noch ein Proletariat? Frankfurt/M. 1962, S. 25 ff.

Baran, P. A., P. M. Sweezy: Monopolkapital. Ein Essay über die amerikanische Wirtschafts- und Gesellschaftsordnung. Frankfurt 1967.

Bateson, Jackson, Laing, Lidz, Wynne, u. a: Schizophrenie und Familie. Frankfurt/M. 1969.

Baumert, G., E. Hünninger: Deutsche Familien nach dem Kriege, Darmstadt 1954. (Gemeindestudie des Instituts für Sozialwissenschaftliche Forschung, Darmstadt, Monographie 5.)

Beauvoir, S. de: Das andere Geschlecht. Sitte und Sexus der Frau. Hamburg 1968.

Begemann, H.: Strukturwandel der Familie. Eine sozial-theologische Untersuchung über den Strukturwandel von der patriarchalischen zur partnerschaftlichen Familie. Hamburg 1960.

Benedict, R.: Urformen der Kultur. Hamburg 1955.

Bergmann, J. E.: Talcott Parsons' Theorie des sozialen Systems. Eine kritische Analyse. Frankfurt/M. 1967.

Bericht der Bundesregierung über die Situation der Frauen in Beruf, Familie und Gesellschaft. Bonn 1966.

Berliner Kinderläden. Antiautoritäre Erziehung und Sozialistischer Kampf. 2. Aufl. Köln/Berlin 1970.

Bernsdorf, W.: „Vierkandt". In: *W. Bernsdorf* (Hrsg.): Internationales Soziologenlexikon. Stuttgart 1959, S. 594 ff.

Bernsdorf, W.: „Gruppe". In: *W. Bernsdorf* (Hrsg.): Wörterbuch der Soziologie. 2. neubearb. u. erweiterte Aufl. Stuttgart 1969, S. 384 ff.

Bernstein, B.: Soziale Struktur, Sozialisation und Sprachverhalten. Aufsätze 1958—1970. Amsterdam 1970.

Bettelheim, B.: Die Kinder der Zukunft. Gemeinschaftserziehung als Weg einer neuen Pädagogik. Wien/München/Zürich 1971.

Bidney, D.: Theoretical Anthropology. 3. Aufl. New York 1960.

Biermann, G. u. R.: Kinder in Israel. In: Praxis der Kinderpsychologie, 16. Jg. (1967), S. 97 ff.

Biermann, G.: Kinderzüchtigung und Kindesmißhandlung. München/Basel 1969.

Black, M. (Hrsg.): The Social Theories of Talcott Parsons. A Critical Examination. Englewood Cliffs, N. J. 1961.

Bleuel, H. P.: Kinder in Deutschland. München 1971.

Blochmann, E.: Das „Frauenzimmer" und die „Gelehrsamkeit". Eine Studie über die Anfänge des Mädchenschulwesens in Deutschland (Anthropologie und Erziehung, 17). Heidelberg 1966.

Blücher, V. Graf: Das Freizeitproblem und seine praktische Bewältigung. In: *H. Giesecke* (Hrsg.): Freizeit- und Konsumerziehung. Göttingen 1968, S. 75 ff.

Boris, D.: Krise und Planung. Die politische Soziologie im Spätwerk Karl Mannheims. Stuttgart 1971.

Boulding, K. E.: Der Institutionalismus in neuerer Sicht. In: *A. Montaner* (Hrsg.): Geschichte der Volkswirtschaftslehre. Köln/Berlin 1967, S. 62 ff.

Braun, S.: Zur Soziologie der Angestellten. Frankfurt/M. 1964.

Briefs, G.: Das gewerbliche Proletariat. In: Grundriß der Sozialökonomik. IX. Abt. Das Soziale System des Kapitalismus. I. Teil: Die gesellschaftliche Schichtung im Kapitalismus. Tübingen 1926, S. 142 ff.

Briffault, R.: Family Sentiments. In: Zeitschrift für Sozialforschung, Bd. 2 (1935), S. 355 ff.

Brunner, O.: Das „ganze Haus" und die alteuropäische „Ökonomik". In: *F. Oeter* (Hrsg.): Familie und Gesellschaft. Tübingen 1966, S. 23 ff.

Buck, A.: Die Rangstellung des Menschen in der Renaissance. In: Archiv für Kulturgeschichte, Bd. 42 (1960), S. 61 ff.

Die Budgets ausgewählter privater Haushalte 1969. Ergebnis der laufenden Erhebungen von Wirtschaftsrechnungen. In: Wirtschaft und Statistik, H. 7 (1970), S. 362 ff.

Bücher, K.: Die Entstehung der Volkswirtschaft. 2. Sammlg., 5. u. 6. vermehrte und verb. Aufl. Tübingen 1921.

Calliess, R. P.: Eigentum als Institution, München 1962.

Cassirer, E.: Individuum und Kosmos in der Philosophie der Renaissance. Darmstadt 1963.

Chesneaux, J.: Geschichte Vietnams. Berlin 1963.

Claessens, D.: Familie und Wertsystem. Eine Studie zur „zweiten, sozio-kulturellen Geburt" des Menschen. Berlin 1962.

Claessens, D.: Die Familie in der modernen Gesellschaft. In: *F. Oeter* (Hrsg.): Familie und Gesellschaft, Tübingen 1966, S. 235 ff.

Claessens, D., F. W. Menne: Zur Dynamik der bürgerlichen Familie und ihrer möglichen Alternativen. In: *G. Lüschen* u. *E. Lupri* (Hrsg.): Soziologie der Familie, Sonderheft 17 der KZfSS, Opladen 1970, S. 169 ff.

Cooley, Ch. H., R. C. Angell, L. J. Carr: Introductory Sociology. New York 1933.

Cooley, Ch. H.: The Two Major Works of Ch. H. Cooley: Social Organization. Human Nature and the Social Order. Hrsg. v. *R. C. Angell.* Glencoe, Ill. 1956.

Croner, F.: Soziologie der Angestellten. Köln/Berlin 1962.

Dahrendorf, R.: Drei Soziologien: Zu Helmut Schelskys Ortsbestimmung der deutschen Soziologie. In: KZfSS, Bd. 12 (1960), S. 120 ff.

Dahrendorf, R.: Industrie- und Betriebssoziologie. Berlin 1962.

Dahrendorf, R.: Struktur und Funktion. Talcott Parsons und die Entwicklung der soziologischen Theorie. In: *R. Dahrendorf:* Gesellschaft und Freiheit. Zur soziologischen Analyse der Gegenwart. München 1963, S. 49 ff.

Dahrendorf, R.: Pfade aus Utopia. Zu einer Neuorientierung der soziologischen Analyse. In: *R. Dahrendorf* (Hrsg.): Gesellschaft und Freiheit. Zur soziologischen Analyse der Gegenwart. München 1963, S. 85 ff.

Delius, K.: Der Institutionalismus als Richtung der amerikanischen Nationalökonomie. Diss. Köln 1957.

Deppe, F., H. Lange: Zur Soziologie des Arbeiter- und Klassenbewußtseins, Teil I. In: Das Argument 61, 12. Jg. (1970), S. 699 ff.

Deppe, H. U.: Die technische Effizienz in Schelskys „Wissenschaftlicher Zivilisation". In: Das Argument, 50/2 (1969), S. 141 ff.

Deppe-Wolfinger, H., J. v. Freyberg: Zur sozialen Lage der Frauen in der BRD und in der DDR. In: Blätter für deutsche und internationale Politik, 16. Jg. (1971), S. 406 ff.

Desqueyrat, A.: Die Institution. Ihre Natur, ihre Arten, ihre Probleme. In: *R. Schnur* (Hrsg.): Institution und Recht, Darmstadt 1968, S. 118 ff. (Wege der Forschung, Bd. CLXXII).

Dörner, K.: Natur, Geschichte und Entfremdung bei Arnold Gehlen. In: Archiv für Rechts- und Sozialphilosophie, Bd. 51 (1965), S. 109 ff.

Dreitzel, H. P.: Die gesellschaftlichen Leiden und die Leiden der Gesellschaft. Vorstudien zu einer Pathologie des Rollenverhaltens. Stuttgart 1968.

Durkheim, E.: Regeln der soziologischen Methode. Hrsg. u. eingel. von *R. König.* Neuwied/Berlin 1961.

Ebel, H.: Arbeitszeit und Familienstruktur. In: Arbeitswissenschaft, 3. Jg. (1964), S. 137 ff.

Egner, E.: Studien über Haushalt und Verbrauch. Berlin 1963.

Egner, E.: Epochen im Wandel des Familienhaushaltes. In: *F. Oeter* (Hrsg.): Familie und Gesellschaft. Tübingen 1966, S. 57 ff.

Eisermann, G.: Die Grundlagen des Historismus in der deutschen Nationalökonomie. Stuttgart 1956.

Eisermann, G.: Bedeutende Soziologen. Stuttgart 1968.

Engels, F., K. Kautsky: Juristensozialismus. In: MEW, Bd. 21, Berlin 1962, S. 491 ff.

Erikson, E. H.: Identität und Lebenszyklus. Drei Aufsätze, Frankfurt/M. 1966.

Erikson, E. H.: Kindheit und Gesellschaft. 3. Aufl. Stuttgart 1968.

Euler, M.: Die Nachfrage privater Haushalte unterschiedlicher Größe und Einkommensverhältnisse nach Nahrungs- und Genußmitteln. In: Wirtschaft und Statistik, Jg. 1965, S. 654 ff.

Ferber, Ch. v.: Gesellschaftswissenschaften und Sozialpolitik. In: Die moderne Demokratie und ihr Recht. Festschrift für Gerhard Leibholz zum 65. Geburtstag. Hrsg. von *K.-D. Bracher, Ch. Dawson, W. Geiger, R. Smend.* Bd. I. Tübingen 1966, S. 323 ff.

Fijalkowski, J.: Über einige Theorie-Begriffe der deutschen Soziologie der Gegenwart. In: KZfSS, Bd. 13 (1961), S. 88 ff.

Firth, R. (Hrsg.): Man and Culture. An Evalution of the Work of Bronislaw Malinowski, 2. erw. Aufl. London 1960.

Firth, R.: Social Anthropology. In: International Encyclopedia of the Social Sciences, Vol. I, New York usw. 1968, S. 320 ff.

Flügge, E.: "Institutionalismus" in der Nationalökonomie der Vereinigten Staaten. In: Jahrbuch für Nationalökonomie und Statistik, Bd. 126 (1927, I), S. 337 ff.

Forsthoff, E.: Lehrbuch des Verwaltungsrechts. 8. Aufl. München/Berlin 1961.

Fraenkel, E.: Die repräsentative und die plebiszitäre Komponente im demokratischen Verfassungsstaat. Tübingen 1958.

Freud, S.: Neue Folge der Vorlesungen zur Einführung in die Psychoanalyse. In: Sigmund Freud Studienausgabe. Bd. I: Vorlesungen zur Einführung in die Psychoanalyse und Neue Folge. Frankfurt 1969, S. 448 ff.

Freud, S.: Abriß der Psychoanalyse. In: *S. Freud:* Abriß der Psychoanalyse. Das Unbehagen in der Kultur. Frankfurt/Hamburg 1965, S. 9 ff.

Freudenthal, M.: Gestaltwandel der städtischen, bürgerlichen und proletarischen Hauswirtschaft, I. Teil (einziger): Von 1760—1910. Frankfurter Diss., Würzburg 1934.

Friedan, B.: Der Weiblichkeitswahn. Hamburg 1970.

Friedmann, G.: Zukunft der Arbeit. Perspektiven der industriellen Gesellschaft. Köln 1953.

Friedmann, W.: Legal Theory, 5. Aufl. London 1967.

Friedrich, H.: Die Institutionenlehre Maurice Haurious. Jur. Diss., Mainz 1963.

Fromm, E., M. Horkheimer, H. Mayer, H. Marcuse u. a.: Studien über Autorität und Familie. Paris 1936.

Fürstenau, P.: Soziologie der Kindheit. Heidelberg 1967.

Fürstenberg, F.: Wirtschaftssoziologie. Berlin 1961.

Fürstenberg, F.: Grundfragen der Betriebssoziologie. Köln/Opladen 1964.

Fürstenberg, F.: Normenkonflikte beim Eintritt in das Berufsleben. In: *Th. Scharmann* (Hrsg.): Schule und Beruf als Sozialisationsfaktoren. Stuttgart 1966, S. 190 ff.

Galbraith, J. K.: Gesellschaft im Überfluß. München/Zürich 1959.

Gehlen, A.: Der Mensch. Seine Natur und seine Stellung in der Welt. 4. verb. Aufl. Bonn 1950.

Gehlen, A.: Urmensch und Spätkultur. Bonn 1956.

Gehlen, A.: Die Seele im technischen Zeitalter. Sozialpsychologische Probleme in der industriellen Gesellschaft. Hamburg 1957.

Gehlen, A.: Anthropologische Forschung. Hamburg 1961.

Gehlen, A.: Probleme einer soziologischen Handlungslehre. In: *A. Gehlen:* Studien zur Anthropologie und Soziologie. Neuwied/Berlin 1963, S. 196 ff.

Gehlen, A.: Über die Geburt der Freiheit aus der Entfremdung. In: *A. Gehlen:* Studien zur Anthropologie und Soziologie. Neuwied/Berlin 1963, S. 232 ff.

Gehlen, A.: Moral und Hypermoral. Eine pluralistische Ethik. Bonn 1969.

Geiger, Th.: Die Gruppe und die Kategorien Gemeinschaft und Gesellschaft. In: Archiv für Sozialwissenschaft und Sozialpolitik, Bd. 58 (1927), S. 338 ff.

Geiger, Th.: Die Gestalten der Gesellung. Karlsruhe 1928.

Geiger, Th.: „Gemeinschaft". In: *A. Vierkandt* (Hrsg.): Handwörterbuch der Soziologie. Stuttgart 1931, S. 173 ff.

Geiger, Th: Arbeiten zur Soziologie. Hrsg. v. *P. Trappe.* Neuwied/Berlin 1962.

Geiger, Th.: Die soziale Schichtung des deutschen Volkes. Darmstadt 1967.

Gerson, M.: Die Familie und andere Sozialisationsträger im Kibbutz. In: *L. Liegle* (Hrsg.): Kollektiverziehung im Kibbutz. München 1971, S. 78 ff.

Golan, S.: Kollektiverziehung im Kibbutz. In: *L. Liegle* (Hrsg.): Kollektiverziehung im Kibbutz. München 1971, S. 52 ff.

Golan, S.: Der Chinuch Hameshutaf als pädagogische Lehre. In: *Liegle* (Hrsg.): Kollektiverziehung im Kibbutz. München 1971, S. 70 ff.

Goode, W. J.: Die Struktur der Familie. 3. Aufl. Köln/Opladen 1967.

Gough, E. K.: Is the Family Universal? — The Nayar Case. In: *N. W. Bell, E. F. Vogel* (Hrsg.): A Modern Introduction to the Family. Glencoe, Ill. 1960, S. 76 ff.

Gregg/Williams: The Dismal Science of Functionalism. In: AA, Bd. 50 (1948), S. 594 ff.

Gurvitch, G.: Die Hauptideen Maurice Haurious. In: *R. Schnur* (Hrsg.): Institution und Recht. Darmstadt 1968, S. 23 ff.

Habermas, J.: „Anthropologie". In: Philosophie. Das Fischer Lexikon. Hrsg. von *A. Diemer* u. *I. Frenzel.* Frankfurt/M. 1958.

Habermas, J.: Soziologische Notizen zum Verhältnis von Arbeit und Freizeit. In: *G. Funke* (Hrsg.): Konkrete Vernunft. Festschrift f. E. Rothacker. Bonn 1958. S. 219 ff.

Habermas, J.: Strukturwandel der Öffentlichkeit. Neuwied 1962.

Habermas, J.: Theorie und Praxis. Sozialphilosophische Studien. Neuwied/Berlin 1963.

Habermas, J.: Analytische Wissenschaftstheorie und Dialektik. Ein Nachtrag zur Kontroverse zwischen Popper und Adorno. In: *E. Topitsch* (Hrsg.): Logik der Sozialwissenschaften. Köln/Berlin 1965, S. 291 ff.

Habermas, J.: Zur Logik der Sozialwissenschaften, Beiheft 5 der Philosophischen Rundschau, Tübingen, Februar 1967.

Habermas, J.: Zur Logik der Sozialwissenschaften. Materialien. Frankfurt 1970.

Häpke: Die Bevölkerung des Mittelalters und der neueren Zeit bis Ende des 18. Jahrhunderts in Europa. In: Handwörterbuch der Staatswissenschaften, Bd. II, 4. Aufl. Jena 1924, S. 670 ff.

Hahn, E.: Soziale Wirklichkeit und soziologische Erkenntnis. Berlin 1965.

Hahn, E.: Bürgerliche und marxistische Gruppensoziologie. In: Deutsche Zeitschrift für Philosophie, Bd. 13,1 (1965), S. 504 ff.

Hahn, E.: Historischer Materialismus und dialektische Soziologie. Berlin 1968.

Handel, A.: Das Selbstbild des heranwachsenden Kibbutzniks. In: *L. Liegle* (Hrsg.): Kollektiverziehung im Kibbutz. München 1971, S. 230 ff.

Hartmann, H.: Stand und Entwicklung der amerikanischen Soziologie. In: *H. Hartmann* (Hrsg.): Moderne amerikanische Soziologie. Neuere Beiträge zur soziologischen Theorie. Stuttgart 1967, S. 1 ff.

Hauptergebnisse der Arbeits- und Sozialstatistik 1967. Hrsg. v. Bundesministerium für Arbeit und Sozialordnung, Statistik, o. O., o. J.

Hauriou, M.: Aux sources du droit. Le pouvoir, l'ordre et la liberté. Paris 1923 (Cahiers de la nouvelle journée, Nr. 23).

Hauriou, M.: Précis élémentaire de droit administratif. 4. Aufl. Paris 1938.

Hauriou, M.: Die Theorie der Institution und der Gründung. Essay über den sozialen Vitalismus. In: *R. Schnur* (Hrsg.): Die Theorie der Institution und zwei andere Aufsätze von Maurice Hauriou. Berlin 1965 (Schriften zur Rechtstheorie, H. 5).

Hauriou, M.: Sozialordnung, Gerechtigkeit und Recht. In: *R. Schnur* (Hrsg.): Die Theorie der Institution und zwei andere Aufsätze von Maurice Hauriou. Berlin 1965, S. 67 ff.

Hauriou, M.: Macht, Ordnung, Freiheit und die Verwirrungen der objektivistischen Systeme. In: *R. Schnur* (Hrsg.): Die Theorie der Institution und zwei andere Aufsätze von Maurice Hauriou. Berlin 1965, S. 96 ff.

Hauser, A.: Sozialgeschichte der Kunst und Literatur. (Sonderausgabe) München 1967.

Hempel, C.: The Logic of Functional Analysis. In: *L. Gross* (Hrsg.): Symposium on Sociological Theory. New York/Evanston/London 1959.

Hessen, J. S. van: Familie, Freizeit und Sozialisation der jungen Generation. In: *G. Wurzbacher* (Hrsg.): Die Familie als Sozialisationsfaktor. Stuttgart 1968, S. 63 ff.

Hillen, K. B.: Arbeitnehmer nach einem Arbeitsplatzverlust. Auswirkungen von Unsicherheit über Wirtschaftsentwicklung und Arbeitsplatzsicherung (Forschungsbericht des Landes Nordrhein-Westfalen, Bd. 2183). Opladen 1971.

Hochheimer, W.: Aufklärung und Gegenaufklärung in der Sozialanthropologie. Zur Problematik der Kontroverse Schelsky—Kinsey. In: Psyche, Bd. X (1956), S. 763 ff.

Hofmann, H.: Legitimität gegen Legalität. Der Weg der politischen Philosophie C. Schmitts. Neuwied 1964.

Hofmann, W.: Die säkulare Inflation. Berlin 1962.

Hofmann, W.: Sozialökonomische Studientexte. Bd. I: Wert- und Preislehre, Berlin 1964.

Hofmann, W.: Ideengeschichte der sozialen Bewegung des 19. und 20. Jahrhunderts. 2. neubearb. u. erg. Aufl. Berlin 1968.

Hofstätter, P. R.: Einführung in die Sozialpsychologie. Stuttgart 1959.

Homans, G. C.: Theorie der sozialen Gruppe. Köln/Opladen 1960.

Homans, G. C.: Elementarformen sozialen Verhaltens. Köln/Opladen 1968.

Homans, G. C.: Funktionalismus, Verhaltenstheorie und sozialer Wandel. In: *W. Zapf* (Hrsg.): Theorien des sozialen Wandels. Köln/Berlin 1969, S. 95 ff.

Horkheimer, M.: Geschichte und Psychologie. In: Zeitschrift für Sozialforschung, Bd. 1 (1932), S. 125 ff.

Horkheimer, M.: Philosophische Anthropologie. In: Zeitschrift für Sozialforschung, Bd. 4 (1935), S. 1 ff.
lie. Paris 1936, S. 3 ff.

Horkheimer, M.: Allgemeiner Teil. In: *Fromm, Horkheimer, Mayer, Marcuse* (Hrsg.): Studien über Autorität und Fami-

Hueck, A., H. C. Nipperdey: Lehrbuch des Arbeitsrechts. Bd. I, 7. Aufl. Berlin/Frankfurt 1963.

Institut f. Sozialforschung: Soziologische Exkurse. 3. Aufl. Frankfurt/M. 1967.

Jaeggi, U., H. Wiedemann: Der Angestellte in der Industriegesellschaft. Stuttgart/Berlin/Köln/Mainz 1966.

Jonas, F.: Zur Institutionenlehre von A. Gehlen. Tübingen 1966.

Kaberry, P.: Malinowski's Contribution to Field-Work Methods and the Writing of Ethnography. In: *R. Firth* (Hrsg.): Man and Culture. 2. erw. Aufl. London 1960, S. 71 ff.

Kaffmann, M.: Kibbutzkinder und Stadtkinder in Israel — Psychopathologie im Vergleich. In: *L. Liegle* (Hrsg.): Kollektiverziehung im Kibbutz. München 1971, S. 249 ff.

Kahn-Freund, O.: Einleitung, zu: *K. Renner:* Die Rechtsinstitute des Privatrechts und ihre soziale Funktion. Stuttgart 1965, S. 1 ff.

Kellermann, P.: Kritik einer Soziologie der Ordnung. Organismus und System bei Comte, Spencer und Parsons. Freiburg 1967.

Kern, H., M. Schumann: Industriearbeit und Arbeiterbewußtsein. Teil I. Frankfurt 1970.

König, R.: Materialien zur Soziologie der Familie. Bern 1946.

König, R.: Abhängigkeit und Selbständigkeit in der Familie. In: *L. v. Wiese* (Hrsg.): Abhängigkeit und Selbständigkeit im sozialen Leben. Opladen 1951, S. 232 ff.

König, R.: Die Familie der Nachkriegszeit. In: Hessische Hochschulwochen für staatswissenschaftliche Fortbildung. Bd. 13. Bad Homburg v. d. H. 1957.

König, R.: Family and Authority: The German Father 1955. In: The Sociological Review. Bd. V (1957), S. 107 ff.

König, R.: „Familie". In: *R. König* (Hrsg.): Soziologie. Das Fischer Lexikon. Frankfurt/M. 1958, S. 63 ff.

König, R.: „Gruppe". In: *R. König* (Hrsg): Soziologie. Das Fischer Lexikon. Frankfurt/M. 1958, S. 104 ff.

König, R.: „Institution". In: *R. König* (Hrsg.): Soziologie. Das Fischer Lexikon. Frankfurt/M. 1958, S. 134 ff.

König, R.: „Organisation". In: *R. König* (Hrsg.): Soziologie. Das Fischer Lexikon. Frankfurt/M. 1958. S. 214 ff.

König, R.: Grundlagenprobleme der soziologischen Forschungsmethoden (Modelle, Theorien, Kategorien). In: *F. Karrenberg, H. Albert* (Hrsg.): Sozialwissenschaft und Gesellschaftsgestaltung. Festschrift für Gerhard Weisser. Berlin 1963, S. 23 ff.

König, R.: Soziologie der Familie. In: *A. Gehlen, H. Schelsky* (Hrsg.): Soziologie.. Ein Lehr- und Handbuch. 5. Aufl. Köln/Düsseldorf 1964, S. 121 ff.

König, R.: Der Mensch in der Sicht des Soziologen. In: *R. König:* Soziologische Orientierungen. Köln/Berlin 1965, S. 29 ff.

König, R.: Sozialpsychologie der gegenwärtigen Familie. In: *R. König:* Soziologische Orientierungen. Köln/Berlin 1965, S. 109 ff.

König, R.: Gestaltungsprobleme der Massengesellschaft. In: *R. König:* Soziologische Orientierungen. Köln/Berlin 1965, S. 461 ff.

König, R.: Staat und Familie in der Sicht des Soziologen. In: *H. Conrad, R. König:* Der Schutz der Familie. Hannover 1966.

König, R.: „Allgemeine Soziologie". In: *R. König* (Hrsg.): Soziologie. Das Fischer Lexikon, umgearb. u. erw. Neuausgabe. Frankfurt 1967, S. 17 ff.

König, R.: „Gruppe". In: *R. König* (Hrsg.): Soziologie. Das Fischer Lexikon, umgearb. u. erw. Neuauflage, Frankfurt (M.) 1967, S. 112 ff.

König, R.: „Soziologische Theorie". In: *R. König* (Hrsg.): Soziologie. Das Fischer Lexikon, umgearb. u. erw. Neuausgabe. Frankfurt/M. 1967, S. 305 ff.

König, R.: Einleitung. In: Handbuch der empirischen Sozialforschung. Bd. I. Hrsg. von *R. König, H. Maus*, 2., erw. Aufl. Stuttgart 1967.

König, R.: „Ehe und Ehescheidung". In: *W. Bernsdorf* (Hrsg.): Wörterbuch der Soziologie. 2., neubearb. und erw. Aufl. Stuttgart 1969, S. 197 ff.

König, R.: „Familie und Familiensoziologie". In: *W. Bernsdorf* (Hrsg.): Wörterbuch der Soziologie. 2., neubearb. und erw. Aufl. Stuttgart 1969, S. 247 ff.

König, R.: Die Stellung der Frau in der modernen Gesellschaft. In: *O. Käser* u. a. (Hrsg.): Gynäkologie und Geburtshilfe. Bd. I: Die geschlechtsspezifischen Funktionen der Frau und ihre Störungen. Stuttgart 1969.

König, R.: Soziologie der Familie. In: *R. König* (Hrsg.): Handbuch der empirischen Sozialforschung. Bd. II. Stuttgart 1969, S. 172 ff.

Kon, J. S.: Der Positivismus in der Soziologie. Geschichtlicher Abriß. Berlin 1968.

Kulischer, J.: Allgemeine Wirtschaftsgeschichte des Mittelalters und der Neuzeit. Bd. I: Das Mittelalter, Bd. II: Die Neuzeit. 3. Aufl. München/Wien 1965.

Larenz, K.: Methodenlehre der Rechtswissenschaft. Berlin/Göttingen/Heidelberg 1960.

Leach, E. R.: The Epistemological Background to Malinowski's Empirism. In: *R. Firth* (Hrsg.): Man and Culture. 2., erw. Aufl. London 1960, S. 119 ff.

Lehmann, G.: Lärmeinwirkungen auf den heutigen Menschen — Ergebnisse medizinischer Forschung. In: *A. Mitscherlich* (Hrsg.): Der Kranke in der modernen Gesellschaft. Köln/Berlin 1967, S. 196 ff.

Lenk, K.: „Wesensschau (Phänomenologische Methode)". In: *W. Bernsdorf* (Hrsg.): Wörterbuch der Soziologie. 2., neubearb. u. erw. Aufl. Stuttgart 1969, S. 1282 f.

Leontovitsch, V.: Die Theorie der Institution bei Maurice Hauriou. In: *R. Schnur* (Hrsg.): Institution und Recht. Darmstadt 1968, 176 ff.

Lepenies, W.: Handlung und Reflexion. Aspekte der Anthropologie Arnold Gehlens. In: Soziale Welt, Bd. 18 (1967), S. 41 ff.

Lesser, A.: Functionalism in Social Anthropology. In: AA, Bd. 37 (1935), S. 386 ff.

Lévi-Strauss, C.: Das Ende des Totemismus. Frankfurt/M. 2. Aufl., 1968.

Lévi-Strauss, C.: Strukturale Anthropologie. (Wissenschaftliche Sonderausgabe.) Frankfurt/M. 1969.

Levy, M. J.: Some Questions about Parsons' Treatment of the Incest Problem. In: BJS, Bd. 6 (1955), S. 277 ff.

Levy, M. J., L. A. Fallers: The Family: Some Comparative Considerations. In: AA, Bd. 61 (1959), S. 647 ff.

Levy, M. J.: The Structure of Society. 6. Aufl. Princeton 1966.

Lewin, G.: Kindheit in der Kollektiverziehung. In: *L. Liegle* (Hrsg.): Kollektiverziehung im Kibbutz. München 1971, S. 91 ff.

Lieber, H. J.: Ideologische Elemente in der Sozialkritik der Gegenwart. In: Festgabe für Friedrich Bülow. Hrsg. v. *O. Stammer* und *K. C. Thalheim.* Berlin 1960, S. 223 ff.

Liegle, L.: Kibbutzerziehung. Zu *Bruno Bettelheim:* The Children of the Dream. In: Zeitschrift für Pädagogik, 1970, S. 305 ff.

Liegle, L.: Kollektiverziehung: Das Modell Kibbutz I, II. In: betrifft: erziehung, 1/71, S. 15 ff., 2/71, S. 29 ff.

Liegle, L.: Familie und Kollektiv im Kibbutz. Weinheim/Berlin/Basel 1971.

Liegle, L. (Hrsg.): Kollektiverziehung im Kibbutz. Texte zur vergleichenden Sozialisationsforschung. München 1971 (zitiert als „Kollektiverziehung . . .").

Loomis, Ch. P., Z. K. Loomis: Modern Social Theories. Selected American Writers. 2. Aufl. Princeton, N. J./Toronto/London 1965; reprinted 1967.

Lorenz, K.: Der Kumpan in der Umwelt des Vogels (1935). In: *K. Lorenz:* Gesammelte Abhandlungen, Bd. I. München 1965, S. 115 ff.

Lüschen, G., R. König: Jugend in der Familie. München 1965.

Lüschen, G., E. Lupri (Hrsg.): Soziologie d. Familie, Sonderheft 14/1970 der KZfSS. Opladen 1970.

Luhmann, N.: Moderne Systemtheorien als Form gesamtgesellschaftlicher Analyse. In: Spätkapitalismus oder Industriegesellschaft? Verhandlungen des 16. Deutschen Soziologentages, hrsg. v. *Th. W. Adorno.* Stuttgart 1969, S. 253 ff.

Lukács, G.: Die Verdinglichung und das Bewußtsein des Proletariats. In: *G. Lukács:* Geschichte und Klassenbewußtsein. Studien über marxistische Dialektik. Berlin 1923, S. 94 ff.

Lukács, G.: Die Zerstörung der Vernunft. Neuwied/Berlin 1962 (G. Lukács Werke, Bd. 9).

Mackenroth, G.: Bevölkerungslehre. Berlin 1954.

Mackensen, R., J. Ch. Papalekas, E. Pfeil, W. Schütte, L. Burckhardt: Daseinsformen der Großstadt. Tübingen 1959.

Macpherson, C. B.: Die politische Theorie des Besitzindividualismus. Von Hobbes bis Locke. Frankfurt/M. 1967.

Malinowski, B.: Argonauts of the Western Pacific. An Account of Native Enterprise and Adventure in the Archipelagos of Melanesian New Guinea. London 1922.

Malinowski, B.: "Anthropology". In: The Encyclopedia Britannica. 13. Aufl. Supplementary Vol. I. London/New York 1926, S. 131 ff.

Malinowski, B.: "Culture". In: Encyclopedia of the Social Sciences, Vol. 4. New York 1931, S. 621 ff.

Malinowski, B.: The Group and the Individual in Functional Analysis. In: AJS, Bd. 44 (1939), S. 938 ff.

Malinowski, B.: Eine wissenschaftliche Theorie der Kultur und andere Aufsätze. Zürich 1949.

Malinowski, B.: Kultur und Freiheit. Wien/Stuttgart 1951.

Mannheim, K.: Das konservative Denken. In: *K. Mannheim:* Wissenssoziologie. Berlin/Neuwied 1964, S. 408 ff.

Mannheim, K.: Zum Problem der Generationen. In: *K. Mannheim:* Wissenssoziologie. Neuwied/Berlin 1964, S. 509 ff.

Marcuse, H.: Autorität und Familie in d. deutschen Soziologie vor 1933. In: *E. Fromm, M. Horkheimer, H. Mayer, H. Marcuse* u. a.: Studien über Autorität und Familie. Paris 1936, S. 737 ff.

Marcuse, H.: Triebstruktur und Gesellschaft. Ein philosophischer Beitrag zu Sigmund Freud. Frankfurt/M. 1965.

Martindale, D.: The Nature and Types of Sociological Theory. Boston 1960.

Marx, K.: Der achtzehnte Brumaire des Louis Bonaparte. In: MEW, Bd. 8. Berlin 1960, S. 111 ff.

Marx, K.: Die deutsche Ideologie. In: MEW, Bd. 3. Berlin 1962, S. 9 ff.

Marx, K.: Zur Kritik der Politischen Ökonomie. In: MEW, Bd. 13. Berlin 1964, S. 3 ff.

Marx, K.: Das Kapital. Bd. I. In: MEW, Bd. 23, Berlin 1968.

Maus, H.: Geschichte der Soziologie. In: *W. Ziegenfuß* (Hrsg.): Handbuch der Soziologie. Stuttgart 1956, S. 1 ff.

Mayntz, R.: Die moderne Familie. Stuttgart 1955.

Mayntz, R.: Soziale Schichtung und sozialer Wandel in einer Industriegemeinde. Stuttgart 1958.

Mayntz, R.: Soziologie in der Eremitage? In: KZfSS, Bd. 13 (1961), S. 110 ff.

Mead, M.: Some Theoretical Considerations on the Problem of Mother — Child Separation. In: American Journal of Orthopsychiatry, Bd. XXIV (Juli 1954).

Mead, M.: Leben in der Südsee. Jugend und Sexualität in primitiven Gesellschaften. München 1965.

Mead, M.: Mann und Weib. Das Verhältnis der Geschlechter in einer sich wandelnden Welt (Gekürzte Ausgabe), Hamburg 1970.

Miehe, J.: Schichtarbeit. In: *K. Thomas:* Analyse der Arbeit. Stuttgart 1969, S. 233 ff.

Mills, C. W.: Menschen im Büro. Ein Beitrag zur Soziologie der Angestellten. Köln 1955.

Mills, C. W.: Kritik der soziologischen Denkweise. Neuwied/Berlin 1963.

Mills, Th. M.: Soziologie der Gruppe. München 1969.

Mierendorff, M.: „Alfred Vierkandt". In: KZfSS, Bd. 2 (1949—50), S. 251 ff.

Mitscherlich, A.: Die Ehe als Krankheitsursache. In: Krise der Ehe? München 1966, S. 97 ff.

Mitscherlich, A.: Auf dem Weg zur vaterlosen Gesellschaft. Ideen zur Sozialpsychologie. München 1967.

Möller, H.: Die kleinbürgerliche Familie im 18. Jahrhundert. Berlin 1969.

Molitor, B.: Konzept einer rationalen Familienpolitik. In: Hamburger Jahrbuch für Wirtschafts- und Gesellschaftspolitik, Bd. 13 (1968), S. 170 ff.

Moreno, J. L.: Die Soziometrie und ihre Anwendung auf die praktische Politik der Gegenwart. In: *K. G. Specht* (Hrsg.): Soziologische Forschung in unserer Zeit. Leopold von Wiese zum 75. Geburtstag. Köln/Opladen 1951, S. 158 ff.

Mühlmann, W. E., E. W. Müller: Einführung. In: *Mühlmann, W. E., E. W. Müller* (Hrsg.): Kulturanthropologie. Köln/Berlin 1966, S. 9 ff.

Mühlmann, W. E.: Geschichte der Anthropologie. 2., verb. u. erw. Aufl. Frankfurt (M.)/Bonn 1968.

Mühlmann, W. E.: „Institution". In: *W. Bernsdorf* (Hrsg.): Wörterbuch der Soziologie. 2., neubearb. u. erw. Aufl. Stuttgart 1969, S. 466 ff.

Mühlmann, W. E.: Die Bevölkerungsexplosion und die Zukunft der Familie. Einleitender Essay zu *G. Schwägler:* Soziologie der Familie. Tübingen 1970.

Müller-Freienfels, W.: Ehe und Recht, Tübingen 1962.

Murdock, G. P.: Social Structure. 3. Aufl. New York/London 1967.

Myrdal, A., V. Klein: Die Doppelrolle der Frau in Familie und Beruf. 3., überarb. u. erw. Aufl. Köln/Berlin 1971.

Narr, W.-D.: Vorwort zu *P. Kellermann:* Kritik einer Soziologie der Ordnung. Freiburg 1967, S. 7 ff.

Neidhardt, F.: Die Familie in Deutschland. Opladen 1966.

Neidhardt, F.: Schichtspezifische Elterneinflüsse im Sozialisationsprozeß. In: *G. Wurzbacher* (Hrsg.): Die Familie als Sozialisationsfaktor. Stuttgart 1968, S. 174 ff.

Neidhardt, F.: Stabilisierungseffekte der Familie. In: Hamburger Jahrbuch für Wirtschafts- und Gesellschaftspolitik. Bd. 14. Tübingen 1969, S. 53 ff.

Neidhardt, F.: Die Familie in Deutschland. In: *M. Bolte, F. Neidhardt, H. Holzer:* Deutsche Gesellschaft im Wandel, Bd. 2. Opladen 1970.

Neidhardt, F.: Strukturbedingungen und Probleme familialer Sozialisation. In: *G. Lüschen, E. Lupri* (Hrsg.): Soziologie der Familie, Sonderheft 14/1970 der KZfSS, Opladen 1970, S. 144 ff.

Neumann, F.: Der Funktionswandel des Gesetzes im Recht der bürgerlichen Gesellschaft. In: *F. Neumann:* Demokratischer und autoritärer Staat. Frankfurt/Wien 1967, S. 31 ff.

Nguyen Khac Vien: Expériences Vietnamiennes. Paris 1970.

Nolte, H: Psychoanalyse und Soziologie. Die Systemtheorien Sigmund Freuds und Talcott Parsons'. Bern/Stuttgart/Wien 1970.

Oeter, F. (Hrsg.): Familie im Umbruch. Gütersloh 1960.

Oeter, F.: Die Wiederertüchtigung der Familie. In: *F. Oeter* (Hrsg.): Familie im Umbruch. Gütersloh 1960, S. 318 ff.

Oeter, F. (Hrsg.): Familie und Gesellschaft. Tübingen 1966.

Oeter, F.: Die Familie als soziale Funktionseinheit. In: *F. Oeter* (Hrsg.): Familie und Gesellschaft. Tübingen 1966, S. 1 ff.

Oevermann, K.: Schichtspezifische Formen des Sprachverhaltens und ihr Einfluß auf die kognitiven Prozesse. In: *H. Roth* (Hrsg.): Begabung und Lernen. Stuttgart 1969, S. 297 ff.

Parsons, T.: The Social System. Glencoe, Ill. 1951.

Parsons, T., R. F. Bales, E. A. Shils: Working Papers in the Theory of Action. Glencoe, Ill. 1953.

Parsons, T., R. F. Bales: Family, Socialization and Interaction Process. New York/London 1955.

Parsons, T.: Die Stellung der Soziologie innerhalb der Sozialwissenschaften. In: *W. Bernsdorf, G. Eisermann* (Hrsg.): Die Einheit der Sozialwissenschaften. Franz Eulenberg zum Gedächtnis. Stuttgart 1955, S. 64 ff.

Parsons, T., E. A. Shils (Hrsg.): Towards a General Theory of Action, 4. Aufl. Cambridge, Mass. 1959.

Parsons, T.: Malinowski and the Theory of Social Systems. In: *R. Firth* (Hrsg.): Man and Culture, 2. erw. Aufl. London 1960, S. 53 ff.

Parsons, T., E. Shils (Hrsg.): Theories of Society, Foundations of Modern Theory. New York 1961.

Parsons, T.: Die jüngsten Entwicklungen in der strukturell-funktionalen Soziologie. In: KZfSS, Bd. 16 (1964), S. 30 ff.

Parsons, T.: Beiträge zur soziologischen Theorie. Hrsg. u. eingel. v. *D. Rüschemeyer.* Neuwied/Berlin 1964.

Parsons, T.: Systematische Theorie in der Soziologie. Gegenwärtiger Stand und Ausblick. In: *T. Parsons:* Beiträge zur soziologischen Theorie, hrsg. u. eingel. v. *D. Rüschemeyer.* Neuwied/Berlin 1964, S. 31 ff.

Parsons, T.: Das Inzesttabu in seiner Beziehung zur Sozialstruktur und zur Sozialisierung des Kindes. In: *T. Parsons:* Beiträge zur soziologischen Theorie, hrsg. u. eingel. v. *D. Rüschemeyer.* Neuwied/Berlin 1964, S. 109 ff.

Parsons, T.: Ansatz zu einer analytischen Theorie der sozialen Schichtung. In: *T. Parsons:* Beiträge zur soziologischen Theorie, hrsg. u. eingel. v. *D. Rüschemeyer.* Neuwied/Berlin 1964, S. 180 ff.

Parsons, T.: „Interaction: Social Interaction". In: International Encyclopedia of the Social Sciences, Vol. 7, New York usw. 1968, S. 429 ff.

Paschukanis, E.: Allgemeine Rechtslehre und Marxismus. archiv sozialistischer literatur, Bd. 3, Frankfurt/M. 1967.

Pfeil, E.: Die Familie im Gefüge der Großstadt. Zur Sozialtopographie der Stadt. Hamburg 1965.

Pflanz, M.: Sozialer Wandel und Krankheit. Ergebnisse und Probleme der medizinischen Soziologie. Stuttgart 1962.

Phan Thi Dac: Situation de la Personne au Viet-Nam. Paris 1966.

Piddington, R.: Malinowski's Theory of Needs. In: *R. Firth* (Hrsg.): Man and Culture, 2., erw. Aufl. London 1960, S. 33 ff.

Pitt, J. R.: The Structural-Functional Approach. In: *H. T. Christensen* (Hrsg.): Handbook of Marriage and the Family, 2. Aufl. Chicago 1967, S. 51 ff.

Planck, U.: Der bäuerliche Familienbetrieb. Zwischen Patriarchat und Partnerschaft. Stuttgart 1964.

Popitz, H., H. P. Bahrdt, E. A. Jüres, H. Kesting: Das Gesellschaftsbild des Arbeiters. Tübingen 1957.

Rabin, A. I.: Jugendliche im Kibbutz. In: *L. Liegle* (Hrsg.): Kollektiverziehung im Kibbutz. München 1971, S. 219 ff.

Radcliffe-Brown, A. R.: The Andaman Islanders. Cambridge 1922.

Radcliffe-Brown, A. R.: Functionalism: A Protest. In: AA, Bd. 51 (1949), S. 320 ff.

Radcliffe-Brown, A. R.: Method in Social Anthropology. Hrsg. u. eingel. v. *M. N. Srinivas.* Chicago 1958.

Rehbinder, M.: Wandlungen der Rechtsstruktur im Sozialstaat. In: *E. E. Hirsch, M. Rehbinder* (Hrsg.): Studien und Materialien zur Rechtssoziologie, Sonderheft 11/1967 der KZfSS, Köln/Opladen 1967, S. 197 ff.

Reich, W.: Die sexuelle Revolution. Frankfurt/M. 1966.

Renard, G.: La théorie de l'institution. Essai d'ontologie juridique. Vol. I: Partie juridique. Paris 1930.

Renard, G.: L'institution. Fondement d'une rénovation de l'ordre social. Paris 1933.

Renner, K.: Die Rechtsinstitute des Privatrechts und ihre soziale Funktion. Arbeits- und Sozialrechtliche Studien, Heft 4. Stuttgart 1965.

Richards, A. J.: The Concept of Culture in Malinowski's Work. In: *R. Firth* (Hrsg.): Man and Culture, 2., erw. Aufl. London 1960, S. 15 ff.

Richter, H.-E.: Eltern, Kind und Neurose. Psychoanalyse der kindlichen Rolle. Hamburg 1969.

Richter, H.-E.: Patient Familie. Entstehung, Struktur und Therapie von Konflikten in Ehe und Familie. Hamburg 1970.

Riesman, D., u. a.: Die einsame Masse. Eine Untersuchung der Wandlungen des amerikanischen Charakters. Hamburg 1962.

Rudolph, W.: Die amerikanische „Cultural Anthropology“ und das Wertproblem. Berlin 1959. (Forschungen zur Ethnologie und Sozialpsychologie, Bd. 3.)

Rudolph, W.: Der kulturelle Relativismus, Berlin 1968. (Forschungen zur Ethnologie und Sozialpsychologie, Bd. 6.)

Rüschemeyer, D.: Einleitung, zu *T. Parsons:* Beiträge zur soziologischen Theorie. Hrsg. u. eingel. v. *D. Rüschemeyer*. Neuwied/ Berlin 1964, S. 9 ff.

Rüthers, B.: Die unbegrenzte Auslegung. Zum Wandel der Privatrechtsordnung im Nationalsozialismus. Tübingen 1968.

Rüthers, B.: Institutionelles Rechtsdenken im Wandel der Verfassungsepochen. Berlin/Zürich 1970.

Ryffel, H.: Die Institutionen. Verhängnisse oder Aufgaben? Zum Buch von *F. Jonas:* „Die Institutionenlehre A. Gehlens“. In: Soziale Welt, Bd. 18 (1967), S. 253 ff.

Salomon-Delatour, G.: Moderne Staatslehren. Neuwied/Berlin 1965.

Sarbin, Th. R.: Role Theory. In: *G. Lindzey* (Hrsg.): Handbook of Social Psychology, Vol. I: Theory and Method. 3. Aufl. London 1959, S. 223 ff.

Savigny, F. C. v.: System des heutigen römischen Rechts. Bd. I, Berlin 1840.

Schäffle, A.: Bau und Leben des sozialen Körpers. Bd. I: Allgemeine Sociologie, Bd. II: Specielle Sociologie. 2. Aufl. Tübingen 1896.

Scharmann, Th.: Zur Systematik des „Gruppen“-Begriffes in der neueren deutschen Psychologie und Soziologie. In: Psychologische Rundschau, Bd. 10 (1959), S. 16 ff.

Scharmann, D.-L.: Probleme der personalen Selbstentfaltung in der industriellen Arbeitswelt. In: *Th. Scharmann* (Hrsg.): Schule und Beruf als Sozialisationsfaktoren. Stuttgart 1966, S. 200 ff.

Scharmann, D.-L., Th.: Das Verhältnis von Familie, Beruf und Arbeit in ihren Sozialisationswirkungen. In: *G. Wurzbacher* (Hrsg.): Die Familie als Sozialisationsfaktor. Stuttgart 1968, S. 248 ff.

Schelsky, H.: Wandlungen der deutschen Familie in der Gegenwart. Stuttgart 1953. 5., unveränderte Aufl. Stuttgart 1967.

Schelsky, H.: Soziologie der Sexualität. Hamburg 1955.

Schelsky, H.: Verdunkelung und Gegenaufklärung in der Soziologie der Sexualität. Zur Kontroverse Hochheimer—Schelsky. In: Psyche, Bd. X (1956), S. 837 ff.

Schelsky, H.: Schule und Erziehung in der industriellen Gesellschaft. 2. Aufl. Würzburg 1959.

Schelsky, H.: Ortsbestimmung der deutschen Soziologie. Düsseldorf/Köln 1959.

Schelsky, H.: Einführung, zu: *D. Riesman* u. a.: Die einsame Masse. Hamburg 1962, S. 7 ff.

Schelsky, H.: Die skeptische Generation. Eine Soziologie der deutschen Jugend (Gekürzte Sonderausgabe). Düsseldorf/ Köln 1963.

Schelsky, H.: Industrie- und Betriebssoziologie. In: *Gehlen/Schelsky* (Hrsg.): Soziologie, 5. Aufl. Düsseldorf/Köln 1964, S. 159 ff.

Schelsky, H.: Ist die Dauerreflektion institutionalisierbar? In: *H. Schelsky:* Auf der Suche nach der Wirklichkeit. Düsseldorf 1965, S. 250 ff.

Schelsky, H.: Soziologische Bemerkungen zur Rolle der Schule in unserer Gesellschaftsverfassung. In: *H. Schelsky:* Auf der Suche nach der Wirklichkeit. Düsseldorf/Köln 1965, S. 131 ff.

Schelsky, H.: Die Bedeutung des Schichtungsbegriffes für die Analyse der gegenwärtigen deutschen Gesellschaft. In: *H. Schelsky:* Auf der Suche nach der Wirklichkeit. Düsseldorf/Köln 1965, S. 331 ff.

Schelsky, H.: Der Realitätsverlust der modernen Gesellschaft. In: *H. Schelsky:* Auf der Suche nach der Wirklichkeit. Düsseldorf/Köln 1965, S. 391 ff.

Schelsky, H.: Über das Restaurative in unserer Zeit. In: *H. Schelsky:* Auf der Suche nach der Wirklichkeit. Düsseldorf/Köln 1965, S. 405 ff.

Schelsky, H.: Der Mensch in der wissenschaftlichen Zivilisation. In: *H. Schelsky:* Auf der Suche nach der Wirklichkeit. Düsseldorf/Köln, 1965, S. 439 ff.

Schelsky, H.: Das Recht auf die Freizeit der anderen. In: *H. Giesecke* (Hrsg.): Freizeit- und Konsumerziehung. Göttingen 1968, S. 122 ff.

Schelsky, H.: Über die Stabilität von Institutionen, besonders Verfassungen. In: *R. Schnur* (Hrsg.): Institution und Recht. Darmstadt 1968, S. 265 ff.

Schelsky, H.: Zur soziologischen Theorie der Institution. In: *H. Schelsky* (Hrsg.): Zur Theorie der Institution. Gütersloh 1970, S. 9 ff.

Scheuch, E. K., H. Daheim: Sozialprestige und soziale Schichtung. In: *D. V. Glass, R. König* (Hrsg.): Soziale Schichtung und Mobilität, Sonderheft 5 der KZfSS. Köln/Opladen 1961, S. 65 ff.

Scheuch, E. K.: Soziologie der Freizeit. In: *R. König* (Hrsg.): Handbuch der empirischen Sozialforschung. Bd. II. Stuttgart 1969, S. 735 ff.

Schmidt, W.: Psychoanalytische Kindererziehung in Rußland (1924). In: Antiautoritäre Erziehung, Revolutionäre Schriften IV. Underground Press, Berlin 1968, S. 3 ff.

Schmidtke, H.: Arbeitswissenschaftliche Aspekte einer Theorie des Sozialisationsprozesses. In: *G. Wurzbacher* (Hrsg.): Der Mensch als soziales und personales Wesen. Stuttgart 1963, S. 57 ff.

Schmitt, C.: Über die drei Arten des rechtswissenschaftlichen Denkens. Hamburg 1934.

Schmoller, G.: Zur Geschichte der deutschen Kleingewerbe im 19. Jahrhundert. Statistische und nationalökonomische Untersuchungen. Halle 1870.

Schmucker, H., u. a.: Die ökonomische Lage der Familie in der Bundesrepublik Deutschland. Stuttgart 1961.

Schneider, L.: Der Arbeiterhaushalt im 18. und 19. Jahrhundert. Berlin 1967.

Schneider, P.: „Hauriou". In: Staatslexikon der Görres-Gesellschaft. Bd. IV, Freiburg 1959, S. 2 ff.

Schneider, P.: Ausnahmezustand und Norm. Studie zur Rechtslehre von C. Schmitt. Stuttgart 1967.

Schnur, R. (Hrsg.): Die Theorie der Institution und zwei andere Aufsätze von Maurice Hauriou. Berlin 1965.

Schnur, R. (Hrsg.): Institution und Recht. Darmstadt 1968.

Schumpeter, J. A.: Kapitalismus, Sozialismus und Demokratie. 2. erw. Aufl. Bern 1950.

Schwägler, G.: Soziologie der Familie. Ursprung und Entwicklung. Mit einem einleitenden Essay: Die Bevölkerungsexplosion und die Zukunft der Familie v. W. E. Mühlmann. Tübingen 1970.

Schwarz, H. P.: Vom Reich zur Bundesrepublik. Deutschland im Widerstreit der außenpolitischen Konzeptionen in den Jahren der Besatzungsherrschaft 1945—1949. Neuwied/Berlin 1966.

Simmel, G.: Soziologie. Untersuchung über die Formen der Vergesellschaftung. 3. Aufl. München, Leipzig 1923.

Spiro, M. E.: Kibbutz: Venture in Utopia. Cambridge 1956.

Spiro, M. E.: Is the Family Universal? — The Israeli Case. In: *N. W. Bell, E. F. Vogel* (Hrsg.): A modern Introduction to the Family. Glencoe, Ill. 1960, S. 64 ff.

Spiro, M. E.: Children of the Kibbutz. 3. Aufl. New York 1967.

Spiro, M. E.: Die Erziehung in einem Gemeinschaftsdorf in Israel. In: *Liegle* (Hrsg.): Kollektiverziehung im Kibbutz, München 1971, S. 127 ff.

Spitz, R. A.: Hospitalismus. In: *A. Mitscherlich* u. a. (Hrsg.): Der Kranke in der modernen Gesellschaft. Köln/Berlin 1967, S. 172 ff.

Spitz, R. A.: Vom Säugling zum Kleinkind. Naturgeschichte der Mutter-Kind-Beziehungen im ersten Lebensjahr. Stuttgart 1967.

Slater, P. E.: Parental Role Differentiation. In: AJS, Bd. 67 (1961), S. 296 ff.

Smelser, N. J.: Soziologie der Wirtschaft. München 1968.

Sohm, R.: Institutionen. Geschichte und System des römischen Rechts. Bearb. v. *L. Mitteis.* 17. Aufl. Berlin 1949.

Sombart, W.: Der moderne Kapitalismus. Bd. I: Die Genesis des Kapitalismus. Leipzig 1902.

Sombart, W.: Die deutsche Volkswirtschaft im neunzehnten Jahrhundert und im Anfang des 20. Jahrhunderts. Eine Einführung in die Nationalökonomie. 7. Aufl. Berlin 1927.

Spaemann, R.: Der Ursprung der Soziologie aus dem Geist der Restauration. Studien über L. G. A. de Bonald. München 1959.

Srinivas, M. N.: Introduction. In: *Radcliffe-Brown:* Method in Social Anthropology. Hrsg. v. *M. N. Srinivas,* Chicago 1958.

Statistisches Jahrbuch für die Bundesrepublik Deutschland 1970, Wiesbaden 1970.

Steudel, U.: Familie als Institution. Die Auffassung H. Schelskys und ihre Grundlegung bei A. Gehlen. Soziologische Diplomarbeit, FU Berlin 1963.

Stierlin, H.: Die Familienbeziehung. In: Psyche, 24. Jg. (1970), S. 678 ff.

Stone, J.: Die Abhängigkeit des Rechts. Die Institutionenlehre. In: *R. Schnur* (Hrsg.): Institution und Recht. Darmstadt 1968, S. 312 ff.

Strycker, S.: The Interactional and Situational Approaches. In: *H. T. Christensen* (Hrsg.): Handbook of Marriage and the Family, 2. Aufl. Chicago 1967, S. 125 ff.

Suttles, W.: Affinal Ties, Subsistence and Prestige among the Coast Salish. In: AA, Bd. 62 (1960), S. 296 ff.

Taubes, J.: Das Unbehagen an den Institutionen. Zur Kritik der soziologischen Institutionenlehre. In: *H. Schelsky* (Hrsg.): Zur Theorie der Institution. Gütersloh 1970, S. 67 ff.

Thomas, K.: Arbeiter im Betrieb. (Schriftenreihe der Niedersächsischen Landeszentrale für politische Bildung.) Hannover 1969.

Thoss, P.: Das subjektive Recht in der gliedschaftlichen Bindung. Zum Verhältnis von Nationalsozialismus und Privatrecht, Frankfurt/M. 1968.

Tjaden, K.-H.: Soziales System und Sozialer Wandel. Untersuchung zur Geschichte und Bedeutung zweier Begriffe. Stuttgart 1969.

Tjaden, K.-H.: Konservative Gehalte soziologischer Theorien. In: Das Argument, 50/1 (1969), S. 34 ff.

Topitsch, E. (Hrsg.): Logik der Sozialwissenschaften. Köln/Berlin 1965.

Übersicht über die Soziale Sicherung. Hrsg. v. Bundesminister für Arbeit und Sozialordnung, Bonn 1970.

Veblen, Th. B.: Theorie der feinen Leute. Köln/Berlin o. J.

Vierkandt, A.: Die Überwindung des Positivismus. In: Jahrbuch für Soziologie, Bd. II, hrsg. v. *G. Salomon*. Karlsruhe 1926, S. 66 ff.

Vierkandt, A.: Gesellschaftslehre, 2. Aufl. Stuttgart 1928.

Vierkandt, A.: „Gruppe". In: *A. Vierkandt* (Hrsg.): Handwörterbuch der Soziologie. Stuttgart 1931, S. 239 ff.

Vierkandt, A.: Familie, Volk und Staat in ihren gesellschaftlichen Lebensvorgängen. Eine Einführung in die Gesellschaftslehre. Stuttgart 1936.

Vierkandt, A.: Kleine Gesellschaftslehre, 3. Aufl. (von „Familie, Volk und Staat . . ."). Stuttgart 1961.

Wagner, E.: Protokoll der Sitzung über familiensoziologische Probleme vom 7. Januar 1955. In: KZfSS, Bd. 7 (1955), S. 334 ff.

Wald, R.: Industriearbeiter privat. Eine Studie über private Lebensformen und persönliche Interessen. Stuttgart 1966.

Weber, M. (Marianne): Ehefrau und Mutter in der Rechtsentwicklung. Tübingen 1907.

Weber, M. (Max): Gesammelte politische Schriften. München 1921.

Weber, M.: Die „Objektivität" sozialwissenschaftlicher Erkenntnisse. In: *M. Weber*: Soziologie. Weltgeschichtliche Analysen. Politik. Hrsg. v. *J. Winckelmann*. Stuttgart 1956, S. 186 ff.

Weber, M.: Wirtschaft und Gesellschaft. Studienausgabe. Hrsg. v. *J. Winckelmann*, Bd. I, II, Köln/Berlin 1964.

Weber-Kellermann, I: Kontinuität und Familienstruktur. W. H. Riehl und das Problem der Geschichtlichkeit von Primärgruppen. In: *H. Bausinger, W. Brückner* (Hrsg.): Kontinuität? Geschichtlichkeit und Dauer als volkskundliches Problem. Berlin 1969, S. 143 ff.

Wendland, H. D.: Person und Gesellschaft in evangelischer Sicht, Hannover 1963. (Schriftenreihe der Niedersächsischen Landeszentrale für Politische Bildung: Individuum und Gemeinschaft, H. 3.)

Wilhelm, W.: Zur juristischen Methodenlehre im 19. Jahrhundert. Die Herkunft der Methode Paul Labands aus der Privatrechtswissenschaft. Frankfurt/M. 1958.

Wiedemann, H.: Die Rationalisierung aus der Sicht des Arbeiters. Köln/Opladen 1964.

Wiese, L. v.: „Organisation". In: HdSW, Bd. 8, Stuttgart/Göttingen/Tübingen 1964, S. 108 ff.

Wrong, D. H.: The Oversocialized Conception of Man in Modern Sociology. In: ASR, Bd. 26 (1961), S. 183 ff.

Wulff, E.: Grundfragen transkultureller Psychiatrie. In: Das Argument 50/3 (1969), S. 227 ff.

Wurzbacher, G.: Leitbilder gegenwärtigen deutschen Familienlebens, 1. Aufl., Stuttgart 1952 (4. unveränd. Aufl., Stuttgart 1969).

Wurzbacher, G. (Hrsg.): Der Mensch als soziales und personales Wesen. Beiträge zu Begriff und Theorie der Sozialisation. Stuttgart 1963.

Wurzbacher, G., U. Schlottmann: Beruf und Schule als Faktoren sozio-kultureller und personaler Strukturierung und Veränderung. In: *Th. Scharmann* (Hrsg.): Schule und Beruf als Sozialisationsfaktoren. Stuttgart 1966, S. 74 ff.

Wurzbacher, G.: Die Analyse der erzieherischen Situation der Familie. In: Die Erziehungskraft der Familie, hrsg. vom Kulturbeirat beim Zentralkomitee der deutschen Katholiken. Köln 1967, S. 9 ff.

Wurzbacher, G. (Hrsg.): Die Familie als Sozialisationsfaktor, Stuttgart 1968.

Wurzbacher, G., H. Kipp: Das Verhältnis von Familie und öffentlichem Raum unter besonderer Berücksichtigung der BRD. In: *G. Wurzbacher* (Hrsg.): Die Familie als Sozialisationsfaktor. Stuttgart 1968, S. 1 ff.

Zelditch, M.: Role Differentiation in the Nuclear Family: A Comperative Study. In: *T. Parsons, R. F. Bales:* Family, Socialization and Interaction Process, New York/London 1955, S. 307 ff.

Abkürzungen:

AA = American Anthropologist
AJS = American Journal of Sociology
ASR = American Sociological Review
BJS = British Journal of Sociology
HdSW = Handwörterbuch der Sozialwissenschaften
KZfSS = Kölner Zeitschrift für Soziologie und Sozialpsychologie
MEW = Marx-Engels-Werke, Berlin 1956 ff.